Esta colecção visa essencialmente
o estudo da evolução do homem
sob os aspectos mais genericamente antropológicos
– isto é, a visão do homem como um ser
que se destacou do conjunto da natureza,
que soube modelar-se a si próprio,
que foi capaz de criar técnicas e artes,
sociedades e culturas

PERSPECTIVAS DO HOMEM

(AS CULTURAS AS SOCIEDADES)

TÍTULOS PUBLICADOS:

1. A CONSTRUÇÃO DO MUNDO, dir. *Marc Augé*
2. OS DOMÍNIOS DO PARENTESCO, dir. *Marc Augé*
3. ANTROPOLOGIA SOCIAL, de *E.E. Evans-Pritchard*
4. A ANTROPOLOGIA ECONÓMICA, dir. *François Pouillon*
5. O MITO DO ETERNO RETORNO, de *Mircea Eliade*
6. INTRODUÇÃO AOS ESTUDOS ETNO-ANTROPOLÓGICOS, de *Bernardo Bernardi*
7. TRISTES TRÓPICOS, de *Claude Lévi-Strauss*
8. MITO E SIGNIFICADO, de *Claude Lévi-Strauss*
9. A IDEIA DE RAÇA, de *Michael Banton*
10. O HOMEM E O SAGRADO, de *Roger Callois*
11. GUERRA, RELIGIÃO, PODER, de *Pierre Clastres, Alfred Adler e outros*
12. O MITO E O HOMEM, de *Roger Callois*
13. ANTROPOLOGIA: CIÊNCIA DAS SOCIEDADES PRIMITIVAS?, de *J. Copans, S. Tornay, M. Godelier e C. Backés-Clement*
14. HORIZONTES DA ANTROPOLOGIA, de *Maurice Godelier*
15. CRÍTICAS E POLÍTICAS DA ANTROPOLOGIA, *de Jean Copans*
16. O GESTO E A PALAVRA — I TÉCNICA E LINGUAGEM, de *André Leroi-Gourhan*
17. AS RELIGIÕES DA PRÉ-HISTÓRIA, de *André Leroi-Gourhan*
18. O GESTO E A PALAVRA — II A MEMÓRIA E OS RITMOS, de *André Leroi-Gourhan*
19. ASPECTOS DO MITO, de *Mircea Eliade*
20. EVOLUÇÃO E TÉCNICAS — I O HOMEM E A MATÉRIA, de *André Leroi-Gourhan*
21. EVOLUÇÃO E TÉCNICAS — II O MEIO E AS TÉCNICAS, de *André Leroi-Gourhan*
22. OS CAÇADORES DA PRÉ-HISTÓRIA, de *André Leroi-Gourhan*
23. AS EPIDEMIAS NA HISTÓRIA DO HOMEM, de *Jacques Ruffé e Jean-Charles Sournia*
24. O OLHAR DISTANCIADO, de *Claude Lévi-Strauss*
25. MAGIA, CIÊNCIA E CIVILIZAÇÃO, de *J. Bronowski*
26. O TOTEMISMO HOJE, de *Claude Lévi-Strauss*
27. A OLEIRA CIUMENTA, de *Claude Lévi-Strauss*
28. A LÓGICA DA ESCRITA E A ORGANIZAÇÃO DA SOCIEDADE, de *Jack Goody*
29. O ENSAIO SOBRE A DÁDIVA, de *Marcel Mauss*
30. MAGIA, CIÊNCIA E RELIGIÃO, de *Bronislaw Malinowski*
31. O INDIVÍDUO E PODER, de *Paul Veyne, Jean Pierre Vernant, Louis Dumont, Paul Ricoeur, François Dolto e outros*
32. MITOS, SONHOS E MISTÉRIOS, de *Mircea Eliade*
33. HISTÓRIA DO PENSAMENTO ANTROPOLÓGICO, de *E. E. Evans-Pritchard*
34. ORIGENS, de *Mircea Eliade*
35. A DIVERSIDADE DA ANTROPOLOGIA, de *Edmund Leach*
36. ESTRUTURA E FUNÇÃO NAS SOCIEDADES PRIMITIVAS, de *A. R. Radcliffe-Brown*
37. CANIBAIS E REIS, de *Marvin Harris*
38. HISTÓRIA DAS RELIGIÕES, de *Maurilio Adriani*
39. PUREZA E PERIGO, de *Mary Douglas*
40. MITO E MITOLOGIA, de *Walter Burkert*
41. O SAGRADO, de *Rudolf Otto*
42. CULTURA E COMUNICAÇÃO, de *Edmund Leach*
43. O SABER DOS ANTROPÓLOGOS, de *Dan Sperber*
44. A NATUREZA DA CULTURA, de *A. L. Kroeber*
45. A IMAGINAÇÃO SIMBÓLOCA, de *Gilbert Durand*
46. ANIMAIS, DEUSES E HOMENS, de *Pierre Lévêque*
47. UMA TEORIA CIENTÍFICA DA CULTURA, de *Bronislaw Malinowski*
48. SIGNOS, SÍMBOLOS E MITOS, de *Luc Benoist*
49. INTRODUÇÃO À ANTROPOLOGIA, de *Claude Rivière*
50. ESBOÇO DE UMA TEORIA GERAL DA MAGIA, de *Marcel Mauss*
51. O ENIGMA DA DÁDIVA, de *Maurice Godelier*
52. A CIÊNCIA DOS SÍMBOLOS, de *René Alleau*

A CIÊNCIA
DOS SÍMBOLOS

Título original:
La Science des Symboles

© Payot, Paris, 1976

Tradução: Isabel Braga

Capa de Edições 70

Depósito Legal nº 162546/01

ISBN 972-44-1064-1

Direitos reservados para todos os países de língua portuguesa
por Edições 70 - Lisboa - Portugal

EDIÇÕES 70
Rua Luciano Cordeiro, 123 - 2º esqº - 1069-157 Lisboa / Portugal
Telefs.: 21 3190240
Fax: 21 3190249
e-mail: edi.70@mail.telepac.pt

Esta obra está protegida pela lei. Não pode ser reproduzida,
no todo ou em parte, qualquer que seja o modo utilizado,
incluindo fotocópia e xerocópia, sem prévia autorização do Editor.
Qualquer transgressão à lei dos Direitos de Autor será passível
de procedimento judicial.

A CIÊNCIA DOS SÍMBOLOS

CONTRIBUIÇÃO AO ESTUDO DOS PRINCÍPIOS E DOS MÉTODOS DA SIMBÓLICA GERAL

RENÉ ALLEAU

INTRODUÇÃO

Para vós, todas as visões são como as palavras
de um livro selado. Da-mo-lo a alguém que saiba ler,
dizendo-lhe «Lê isto!», essa pessoa responde: «Não
posso, porque o livro está selado». Ou então, da-mo-lo
a alguém que não sabe ler, dizendo-lhe «Lê isto!», e
essa pessoa responde: «Não sei ler».

Isaías, XXIX, 11

A abordagem metodológica de um símbolo não é menos importante que a análise das suas funções antropológicas e teológicas. Epistemologicamente, não há nenhum domínio do conhecimento mais difícil de delimitar, pois o processo de simbolização intervém a múltiplos níveis da experiência, desde o jogo complexo das nossas percepções até aos mais elevados graus de elaboração e de sistematização das nossas representações do mundo. Numa época em que uma vida inteira de pesquisas quase não basta para realizar as tarefas cada vez mais difíceis da informação, mesmo quando especializada, pretender estudar todos os aspectos de um assunto vasto como o do simbolismo seria uma empresa desmedida, estéril e individualmente irrealizável.

Não é esse o objectivo do presente ensaio, cujos limites vêm especificados no subtítulo: os de uma contribuição para o estudo dos problemas postos pelos métodos e pelos princípios

A CIÊNCIA DOS SÍMBOLOS

da «Simbólica geral», por vezes abreviadamente denominada a «Simbólica», ou ainda a «ciência dos símbolos».

É importante não confundir esta disciplina, relativamente recente, com o *simbolismo*, termo que designa o *uso* dos símbolos, que remonta à pré-história. As primeiras tentativas de classificação coerente, de comparação sistemática e de interpretação dos símbolos antigos não são anteriores ao século XVI e às obras eruditas dos iconólogos e dos mitólogos da Renascença. Estas investigações foram aprofundadas no século XVIII e no século passado, em função dos progressos consideráveis da arqueologia e das outras ciências da história.

No entanto, só na nossa época, mais ou menos durante os últimos cinquenta anos, é que a evolução da linguística, da psicologia, da etnologia, da história das religiões e da história da arte pôs realmente o problema dos signos, dos símbolos e dos mitos nas suas relações com os métodos e os princípios das suas diversas interpretações. Assim, surgiram entre os especialistas profundas divergências, que Paul Ricoeur rotulou de «conflito das hermenêuticas» ([1]). São conhecidas, por exemplo, as profundas divergências que, a este respeito, dividiram os psicanalistas freudianos e junguianos, os «fenomenólogos» e os «estruturalistas» e muitas outras escolas ou grupos, inclusive aqueles que se opunham em nome de uma mesma tradição iniciática ou religiosa.

Por todas estas razões, optei prudentemente por referir em primeiro lugar a importância da *terminologia* da simbólica geral. Poder-se-á até considerar excessivo o desenvolvimento que dei à pesquisa das definições, ao estudo dos sinónimos e às diferenças, muitas vezes subtis, que existem entre eles. Assim, dediquei o primeiro capítulo deste ensaio ao estudo de origem etimológica e da semântica da palavra «símbolo». Da mesma forma, insisti várias vezes na necessidade de preferir a palavra «sintema» à palavra «símbolo», no vocabulário lógico-científico. Há aqui uma aposta que ultrapassa, efectivamente, as regras do uso e da propriedade das palavras. É a da verdade das noções que elas exprimem e do rigor dos raciocínios e dos seus métodos. Uma falta de precisão tolerável noutros domínios do conhecimento não o é na linguagem matemática e na axiomática.

([1]) Cf. Bibliografia.

INTRODUÇÃO

Disso depende a sua coerência e eu desejaria que os lógicos compreendessem a necessidade desta reforma no seu vocabulário.

O leitor não deve esperar que a presente obra contenha um «dicionário dos símbolos» que lhe permita, sem grande esforço, compreender uma linguagem obscura e velada, a partir de uma tradução e de uma interpretação dos seus signos. Este género enciclopédico dispõe já de numerosos exemplos, antigos e modernos. Na bibliografia que apresento, assinalei os mais importantes. A utilidade deles é tão real como a sua insuficiência didáctica. Efectivamente, não existe nada tão próximo da linguagem dos símbolos como a linguagem da música. Para verdadeiramente a aprender, temos que nos resignar ao trabalho ingrato e paciente da aprendizagem dos seus princípios teóricos. Se ignorarmos o solfejo, as escalas, os tons, os acordes, as regras da harmonia, tal como se nos recusarmos a estudar a gramática de uma língua, nem o melhor dicionário do mundo nos ajudará a entendê-la realmente e, menos ainda, a falá-la.

Além disso, no domínio da simbólica não há um código *geral* de decifração, mas apenas códigos *particulares* que, também eles, exigem uma interpretação. *Um símbolo não significa*: evoca e focaliza, reúne e concentra, de forma analogicamente polivalente, uma multiplicidade de sentidos que não se reduzem a um único significado, nem apenas a alguns. Uma nota de música também não tem um sentido determinado e definitivo, embora não seja um sinal qualquer. Depende tão intimamente do seu contexto rítmico e sonoro como o símbolo depende do contexto mítico e ritual que lhe está associado.

Penetrar no mundo dos símbolos é tentar perceber as vibrações harmónicas e, de certa forma, *adivinhar uma música do universo*. Para isso não é necessário apenas intuição, mas também um sentido inato de analogia, um dom que pode ser desenvolvido pelo exercício, mas que não se adquire. Há um «ouvido simbólico», tal como há um «ouvido musical», que é parcialmente independente do grau de evolução cultural dos indivíduos. O «ouvido simbólico» do aborígene australiano, por exemplo, encontra-se muito mais desenvolvido que o do homem civilizado moderno.

Atribui-se geralmente este fenómeno à natureza arcaica do inconsciente que, sendo mais activa no primitivo, se exprime mais facilmente através de uma linguagem simbólica, «imedia-

A CIÊNCIA DOS SÍMBOLOS

ta e espontânea». Podemos interrogar-nos acerca do valor desta explicação. Quando se estuda com um certo pormenor a vida mítica e religiosa dos aborígenes australianos, fica-se impressionado com a extraordinária complexidade das suas formas e das suas expressões, mais do que pela simplicidade das suas estruturas analógicas e simbólicas. Se o inconsciente, por si só, é capaz de elaborar e de distinguir tantas diferenças subtis nas relações do homem com o seu meio interior e exterior, por que razão a consciência e a inteligência «evoluídas» se tornaram incapazes disso?

A menos que se confunda abusivamente dois fenómenos distintos. Um, que tem o seu fundamento numa vida natural ainda muito próxima da animalidade devido a obstáculos múltiplos do meio natural e de um desenvolvimento quase nulo da tecnologia, estado que é realmente «arcaico» em relação ao nosso, e um outro fenómeno: o da elaboração de uma linguagem destinada a interpretar e a suportar estas condições, assim como a adaptar-se a elas. Nesta perspectiva, seria natural que a compensação trazida ao primitivo pelos mitos e pelos símbolos fosse muito mais desenvolvida que a nossa porque os obstáculos quotidianos que o aborígene se via obrigado a enfrentar eram mais difíceis de superar. No entanto, nem tudo é inconsciente na resposta da «logosfera» humana às pressões da «biosfera»: grande parte das religiões e das iniciações australianas parece voluntariamente organizada e logicamente concertada. O «ouvido simbólico» dos primitivos, embora provavelmente inato tal como o faro dos cães de caça, desenvolveu-se e apurou-se através do exercício das suas funções. Ele existe ainda em estado latente no homem civilizado e se este o utiliza menos, é porque ele se atrofiou uma vez que já não parece necessário à vida interior e exterior quotidiana.

Outro exemplo do fenómeno de esgotamento das fontes da intuição analógica e simbólica pelo desenvolvimento tecnológico é o dos estilos regionais da arquitectura. Enquanto os materiais puseram problemas de fabrico industrial e de transporte, as casas dos camponeses eram construídas com os recursos locais e retiravam do território envolvente os produtos minerais e vegetais, o que adaptava o *habitat* humano às paisagens naturais, às suas cores e às suas formas. A feliz analogia das estruturas, as suas correspondências harmónicas com o meio, o esti-

INTRODUÇÃO

lo pessoal de que dava prova a parede mais insignificante, a beleza das harmonias simbólicas assim realizadas, não provinham apenas da paciência e do sentido das justas proporções que os construtores testemunhavam, mas também da inexistência de outros meios de produção, para além dos do artesanato. Quando se tornou mais fácil utilizar aglomerados do que as pedras de cantaria, a chapa de zinco em vez do colmo ou do xisto, o *habitat* campestre uniformizou-se, o estilo regional desapareceu e uma vez que a intuição da sua adaptação à paisagem já não era necessária, deixou de exercer-se e atrofiou-se.

Penso que é necessário separar o homem, enquanto «animal simbolizante», das condições concretas, corporais e materiais da sua existência quotidiana e tende-se demasiadas vezes a esquecê-las, considerando apenas as relações do simbolismo com a vida cultural, artística, religiosa e iniciática ou, então, com a psicologia individual e colectiva.

Sem negar a importância bastante evidente destas relações, estas não são os dados principais nem originais do processo analógico. Este provém de uma fonte longínqua e profunda que é puramente experimental e comum, aliás, a todos os seres vivos. Não se trata apenas da sexualidade, como pensou Freud: é a *nutrição* ou, mais exactamente, a *assimilação do vivo pelo vivo*, da qual a reprodução é apenas uma das consequências. A lógica da analogia impôs-se ao homem desde a pré-história através das condições concretas da economia da caça e da tecnologia do mimetismo e da armadilha. O processo analógico não é, de resto, apenas humano: dei vários exemplos da sua importância na vida animal. Podemos, pois, considerá-lo universal. Eis porque a analogia é a chave da simbólica geral; por isso, foi sobre este ponto e não sobre o símbolo propriamente dito que fiz incidir as minhas investigações.

As bases da simbólica geral

Qualquer ciência, inclusivamente a da história, tem a obrigação lógica de operar com um certo número de conceitos que não pode justificar nem por dedução nem por indução, pois eles constituem as bases das suas próprias operações. Quando o físi-

A CIÊNCIA DOS SÍMBOLOS

co garante que «definiu» a força como uma grandeza proporcional ao produto da massa pela aceleração, nada mais enuncia do que uma regra operatória formal, que lhe permite constatar num caso experimental se o fenómeno em questão está presente ou ausente, se se produziu, em que condições e em que medida.

A «simbólica geral» tem também que admitir noções primeiras absolutamente injustificáveis ainda que elas se imponham pelas suas relações constantes com todas as suas operações. A primeira é a da *existência de ordem no universo*. Na realidade, tal ordem é indemonstrável humanamente, uma vez que os nossos sistemas de referência são mais particulares do que o seu objecto. No entanto, todas as nossas ciências admitem esta hipótese e verificam-na parcialmente quando descobrem leis. Podemos, portanto, atribuir à simbólica aquilo que não recusamos às outras ciências, físicas e humanas.

O seu segundo postulado parece mais facilmente contestável. É o da *probabilidade da analogia ou da homologia das estruturas entre uma ordem parcial e uma ordem total*. Esta noção é menos evidente que a anterior. No entanto, a observação da natureza não a desmente. De facto, constatamos, numa sucessão de sistemas ordenados, que a probabilidade das suas semelhanças é maior do que a das suas diferenças. Por exemplo, poderíamos esperar encontrar no espaço elementos químicos sem qualquer relação com o carbono, base da vida orgânica terrestre. Ora, os astrónomos descobrem constantemente corpos derivados desse elemento, mais do que de outros, que, teoricamente, poderiam formar-se com a mesma facilidade nos imensos laboratórios espaciais. A bioastronomia reserva-nos, aliás, outras analogias desse género ainda insuspeitas. Os Antigos afirmavam que «a natureza gosta de se imitar a si própria nas suas operações mais complexas pelas vias mais simples». Se a analogia nunca é uma prova, pode incitar-nos pelo menos à exploração das similitudes em todos os domínios. O seu papel na ciência dos símbolos é fundamental.

Se admitirmos as duas hipóteses iniciais – *a existência de ordem no universo* e a *lógica da analogia* –, elas bastam, de facto, para fundamentar a simbólica geral e para estudar as suas formas mais diversas. Constituíram as bases da presente obra que tentou extrair os princípios e os métodos de uma ciência nova a partir de um uso imemorial. Efectivamente, tal como a

INTRODUÇÃO

aritmética se constituiu após milénios de experiência da «arte de contar», podemos esperar da mesma maneira que, ao cabo de longas pesquisas interdisciplinares, a *simbólica* se organize pouco a pouco, a partir do estudo do *simbolismo*, isto é, da «arte de simbolizar», do *uso* e da *experiência* dos símbolos.

Não há nada de estranho nisso: *o objecto inicial de um uso é sempre o objecto final de uma ciência.* Prova-o a aritmética. A natureza do número inteiro ainda põe problemas, embora o génio de alguns matemáticos ilustres se tenha esforçado em vão por resolvê-los. Aquilo que menos se sabe acerca de qualquer coisa é o princípio dela.

Numa obra importante e que constitui uma introdução à «arquetipologia geral» e, por isso mesmo, uma das bases do desenvolvimento futuro da ciência dos símbolos, *Les structures anthropologiques de l'imaginaire* ([2]), Gilbert Durand alude à «extrema confusão» que reina na «terminologia demasiado rica» da simbólica geral: «Signos, imagens, símbolos, alegorias, emblemas, arquétipos, figuras, ilustrações, esquemas, representações esquemáticas, diagramas e sinopsias são termos indiferentemente usados pelos analistas do imaginário. Tanto Sartre como Dumas ou Jung dedicam várias páginas à tarefa de definir o vocabulário que utilizam. É também o que vamos tentar fazer» ([3]).

Gilbert Durand deixa de lado tudo o que não se relaciona com a semiologia pura. Quando utiliza a palavra «signo», fá-lo com um sentido muito geral e sem pretender atribuir-lhe o seu sentido exacto de «algoritmo arbitrário», de «signo contingente de um significado». Também não se serve do termo «emblema», embora Dumas admita que os emblemas possam atingir a vida simbólica ([4]). Da mesma forma, G. Durand põe de lado a alegoria, «símbolo arrefecido», como observa Hegel (*Estética*, I, p. 165), «semântica ressequida em semiologia e que apenas tem um valor de sinal convencional e académico» ([5]).

Tal exclusão explica-se, com efeito, na perspectiva «tipológica» de G. Durand. Mais importante, parece ser o «esquema», «generalização dinâmica e afectiva da imagem», o «símbolo funcional» de Piaget, o «símbolo motor» de Bachelard.

---

[2] Presses Universitaires de France, Paris, 1960.
[3] *Op. cit.*, p. 51.
[4] Dumas, *Nouveau Traité de Psychologie*, p. 268.
[5] *Op. cit.*, p. 51.

A CIÊNCIA DOS SÍMBOLOS

Efectivamente, são os esquemas que formam «a mola dinâmica e estruturada da imaginação». Os «arquétipos» constituem «as substantificações dos esquemas». Sartre observara já que o «esquema» surge como o «presentificador» dos gestos e dos impulsos inconscientes. Jung «substantificou» esta noção inspirada em Jacob Burckhardt e transformou-a no sinónimo de «imagem primordial», de «engrama», de «imagem original», de «arquétipo». A «imagem primordial», segundo Jung, deve estar incontestavelmente relacionada com certos processos perceptíveis da natureza que se reproduzem sem cessar e estão sempre em actividade, mas, por outro lado, é também indubitável que ela se reporta «a certas condições interiores da vida do espírito e de vida em geral» ([6]). G. Durand sublinha o papel essencial dos arquétipos que «constituem o ponto de junção entre o imaginário e os processos racionais» ([7]).

No entanto, os «arquétipos» estão igualmente ligados a imagens diferenciadas *culturalmente* pelos grupos sociais e pelas civilizações. Pode admitir-se a existência arcaica de uma «metalurgia sagrada», cuja descoberta foi comum à humanidade nas suas relações com a natureza, tal como a do fogo. No entanto, não se trata neste caso de uma «*imagem original*», mas de uma *experiência concreta primordial* que, num estado ulterior, forneceu a matéria para uma elaboração muito complexa de imagens e de símbolos cujo sistema variou não apenas consoante as diversas áreas da civilização, mas também no interior de cada uma delas, conforme as épocas e as dominantes culturais. Assim, não há um simbolismo, mas *vários* simbolismos alquímicos, embora a sua base experimental arcaica tenha sido inicialmente a mesma. Eis porque as alquimias chinesa, indiana, grega, árabe e medieval exigem outros tantos especialistas em cada um destes domínios culturais, a fim de interpretarem as formas distintas de simbolização que cada uma utiliza.

Nestas condições, quando Jung fala de «arquétipos» alquímicos, a que alquimia e a que época se refere? Se isso se refere a imagens «ligadas a certos processos perceptíveis da natureza que se reproduzem sem cessar e estão sempre activos», estas imagens foram modificadas pelo processo histórico da cultura e

---

([6]) Jung, *Types psycho.*, pp. 387, 454 ss. Citado por G. Durand, p. 52
([7]) *Op. cit.*, p. 53.

INTRODUÇÃO

de uma forma tão constante e profunda que não podem ser consideradas «modelos» originais e «imutáveis» das condições interiores da vida do espírito.

Em contrapartida, podemos aceitar a ideia de um arcaísmo do psiquismo humano, pois nem a biologia nem a psicologia desmentem esta hipótese experimentalmente verificável. Na condição de não esquecer, no entanto, que não há *imagem do primordial* a este nível, pois o primordial não pode ser representado nem sequer imaginado: pode apenas ser vivido na sua opacidade compacta em que a imagem não está ainda diferenciada do objecto, em que uma equivale ao outro e em que a *incapacidade de imaginar* é precisamente um dos sinais clínicos da regressão psíquica. Se existisse um «imaginário original típico», este fenómeno patológico não se produziria.

Podemos constatar, evidentemente, que o símbolo parece perder a sua polivalência, por exemplo, quando o «arquétipo» da roda se transforma em símbolo cruciforme, pois transforma-se no sinal do «sintema» de uma operação abstracta de soma ou de multiplicação, de sentido unívoco e convencional. Tendo ficado impressionado com este processo de redução da polivalência inicial, pensei, em primeiro lugar, que o ponto de partida da simbólica geral era o «tipo» e que o termo dessa degradação crescente era o «sintema» ([8]), porque, tal como os outros especialistas, eu tinha tendência para «substantificar» o «esquema» ou o tipo «primordial», ou seja, para o considerar como um «modelo» ou um «padrão» determinado pela sua estrutura ([9]).

Parece-me agora que não atribuímos a importância suficiente ao facto de tais estruturas corresponderem a *operações* e *à própria lógica da analogia, como às suas origens experimentais arcaicas*, enquanto que, em contrapartida, concentrámos todos os nossos meios analíticos em consequências e resultados, em formas e produtos, atribuindo-lhes um poder próprio e interno de determinação. No entanto, donde provém o *isomorfismo* dos esquemas, dos arquétipos, dos símbolos, no seio dos sistemas místicos, se não do poder permanente da analogia?

([8])Cf. *De la nature du symbole*, pp. 17 e 38, Paris

([9]) Nessa época, eu ignorava um facto capital: que o rinencéfalo se complexificara, ao mesmo tempo que evoluía o neo-córtex, o "cérebro novo". A evolução modernizou o rés-do-chão e ao mesmo tempo construía o primeiro andar. No homem, nem o cérebro antigo nem o novo podem, em estado normal, funcionar isoladamente.

Processo analógico e processo tautológico

Eis porque, na presente obra, é a lógica da analogia, o próprio *processo analógico*, que considero como a base principal da simbólica geral e não o símbolo, da mesma forma que é a lógica da identidade, *o processo tautológico* em si mesmo e não o número, que constitui a base da matemática e da axiomática. «Enquanto o número foi considerado com um objecto 'em si'– lembra Léon Brunschwig –, a filosofia da aritmética oscilava continuamente entre o primado do *cardinal* e o primado do *ordinal*, ao mesmo tempo que a filosofia da lógica era incapaz de pôr um fim à querela da compreensão e da extensão. Os obstáculos foram desaparecendo aqui e ali, quando o *realismo estático do conceito* deu lugar ao *idealismo dinâmico do juízo*. O número constitui-se através da inteligência da operação que faz corresponder a cada um dos actos sucessivos da *seriação* uma imagem nova e progressiva de *colecção*. Mas isto só foi clara e definitivamente reconhecido depois de Georg Cantor, à luz da sua teoria dos conjuntos.» ([10])

Trata-se pois, na perspectiva geral que proponho, de «dessubstantificar» o símbolo, de deixar de fazer dele um «substracto», uma realidade «em si», de não confundir um produto com o seu produtor, uma consequência com a sua causa, mas de restituir à dinâmica da vida da natureza e do espírito, da imaginação e da razão, *a realidade dialéctica* das suas operações. De resto, estas não se dividem entre duas lógicas absolutamente separadas uma da outra, a da analogia e a da identidade, pois qualquer número pode ser também símbolo e qualquer símbolo, número. Além disso, se a analogia não intervém nos métodos da ciência matemática enquanto *instrumento de demonstração*, o seu papel não é menos considerável enquanto *instrumento de descoberta* e a história fornece-nos numerosos exemplos disso.

Foi assim que Kepler pôde deduzir as leis dos movimentos dos planetas a partir das observações de Tico-Brahé, relacio-

---

([10]) Léon Brunschwig: "Double aspect de la philosophie mathématique", em Les grands courants de la pensée mathématique, Paris, 1948, p. 526.

INTRODUÇÃO

nando-as *analogicamente* com as propriedades geométricas da elipse, estudadas pelos antigos matemáticos gregos. Da mesma forma, Henri Poincaré ligou a sua descoberta das «funções fuchsianas» à intuição analógica graças à qual, um dia, durante uma excursão, compreendeu que as transformações em que haviam culminado as suas investigações correspondiam exactamente às da geometria não-euclidiana.

Além disso, as noções matemáticas apresentam exemplos de todos os graus de analogia, desde a identidade literal de dois polinómios inteiros que não têm entre si nenhum carácter de dissemelhança, ou a igualdade de duas figuras geométricas, diferentes entre si no que respeita à sua posição no plano ou no espaço, até à correspondência analógica íntima entre duas figuras tão diferentes na aparência como uma recta do espaço e a esfera associada a essa recta pela transformação de Sophus Lie. A exploração analógica, lembra Robert Deltheil, origina, de resto, em certos domínios, perspectivas de conjunto cuja harmonia constitui um elemento essencial da beleza das matemáticas ([11]).

Como, por outro lado, a analogia é de origem experimental e concreta, ela não pode bastar para a demonstração abstracta que, na lógica axiomática e matemática, realiza antes de tudo *uma economia de pensamento pelo processo tautológico*, isto é, agindo sobre a coerência do mesmo e sobre as suas consequências não contraditórias, mais do que sobre as correspondências do *semelhante* que não conseguem chegar à determinação da identidade pura do objecto do pensamento ou da ideia. No entanto, as noções de *isomorfismo das estruturas* desempenham também um papel capital na axiomática e, sob este ponto de vista, poderíamos em certa medida comparar esta situação àquela que encontramos no domínio da simbólica geral no que se refere aos «esquemas» e aos «tipos».

Também aqui, no entanto, nos devemos prevenir contra uma «substantificação» dos «modelos». Quando a matemática surge como um imenso reservatório de estruturas abstractas, ou a simbólica como uma fonte inesgotável de estruturas analógicas e concretas, não devemos esquecer que essas formas não existem em si próprias nem por si mesmas independentemente da dinâmica do processo lógico que as constitui na linguagem

---

([11]) Robert Deltheil, *L'analogie en mathématiques*, cf. (*op. cit.*), p. 50.

A CIÊNCIA DOS SÍMBOLOS

matemática matemática e na da simbólica, nem sem certos conteúdos experimentais e intuitivos iniciais.

Nestas condições, se quiséssemos admitir que todos os nossos conhecimentos assentam, em última análise, *em duas lógicas* e não numa só, na da *analogia* e na da *identidade*, compreenderíamos talvez, finalmente, a sua igual dignidade epistemológica. A civilização não pode edificar-se sobre uma coluna apenas nem com um único instrumento de saber. As civilizações antigas e medievais desenvolveram os poderes da simbólica e desprezaram abusivamente a ferramenta matemática. Por um excesso inverso, a civilização moderna, essencialmente matemática, científica e tecnológica, reduziu à insignificância o instrumento simbólico, condenando assim não só as religiões como as próprias artes a um «desaparecimento inevitável. Um dos testemunhos mais evidentes deste desprezo não será o facto quase inacreditável de a «ciência dos símbolos», a «simbólica geral», tão necessária a tantas disciplinas, não constituir sequer matéria de ensino e não figurar no programa de nenhuma universidade?

Ela não está ainda verdadeiramente fundada, sem dúvida. No entanto, não basta uma obra individual para a constituir, devido à extensão imensa do seu domínio. Esta ciência nova, essencialmente *interdisciplinar*, ainda confusa e embrionária, tornar-se-á talvez na *metaciência* do próximo século, pois ela é capaz de evidenciar a *estreita solidariedade de todas as hermenêuticas*, na sua tarefa comum de interpretação da natureza, do homem e do universo.

O «não-humano» parece rodear-nos por todos os lados no cosmos e o «infra-humano» das nossas máquinas, capazes de nos opor as suas próprias determinações tecnológicas, tende a reduzir de forma sempre crescente a margem de liberdade das nossas escolhas e das nossas decisões. O nosso mundo foi profundamente transformado e, para o modificar, houve que eliminar em primeiro lugar interpretações que se tornaram caducas e estéreis. *Trata-se agora, uma vez realizada a transformação, de o reinterpretar.*

Os nossos conhecimentos novos podem esclarecer os que nos iluminaram outrora e estes são susceptíveis de aprofundar aqueles. *Reunificar o saber* não é impossível se começarmos por o desejar verdadeiramente e se compreendermos que a tolerância é não só uma exigência moral, mas também e sobretudo *uma necessidade epistemológica.*

No domínio da simbólica geral, os conflitos ideológicos e religiosos processaram-se livremente e o tempo passado a justificar os seus argumentos perdeu-se em detrimento do progresso geral desta disciplina. Esqueceu-se, ao que parece, que todas as hermenêuticas são simultaneamente *necessárias e insuficientes* no seu conjunto tal como cada uma delas o é quando considerada isoladamente. Efectivamente, se o homem é, por excelência, um «animal simbolizante», isso sucede também porque o próprio carácter da função simbólica implica a impossibilidade de ele se satisfazer com um «sentido próprio» das coisas e dos seres, a capacidade de os dotar com o *acréscimo dos outros sentidos que os transfiguram.* Malebranche afirmou-o: «Temos sempre movimento para ir mais longe». E este *acréscimo experimental,* precisamente, ao chamar a si todas as hermenêuticas, condena-as a transformarem-se em estátuas de sal logo que elas, voltando-se para ele, pretendem pará-lo e defini-lo.

O livro selado do universo não pode ser lido em voz alta. A natureza foge da violação da evidência: confiou os seus mistérios aos murmúrios e à penumbra. As suas paisagens só revelam uma autêntica profundidade de madrugada ou ao crepúsculo, através dos vapores e das brumas. Saber não é conhecer: *é saborear o que se entrevê a meio caminho.* A realidade não exige que a reduzamos aos limites do nosso pensamento: convida-nos antes a fundir-nos na ausência dos seus. Assim, a palavra sempre velada do símbolo pode precaver-nos contra o erro mais grave de todos: o da descoberta de um *sentido definitivo e último* das coisas e dos seres. Efectivamente, ninguém se engana tanto como aquele que conhece todas as respostas, com excepção, talvez, daquele que apenas conhece uma.

Assim, uma vez que não tenho a ilusão de ser o único autor deste livro, que me seja permitido ao menos agradecer aos especialistas franceses e estrangeiros que, durante os últimos vinte anos, me foram mantendo a par dos seus trabalhos no domínio do simbolismo, por carta, em encontros particulares ou através das suas publicações. É-me impossível citá-los a todos; desejaria que me desculpassem por isso e que soubessem que acompanhei atentamente o curso das suas investigações.

A CIÊNCIA DOS SÍMBOLOS

Não quero deixar de mencionar ao menos aqueles cujos esforços perseverantes permitiram pôr a descoberto as primeiras vias de acesso à simbólica geral: o doutor Moïse Engelson, de Genebra, e Claire Lejeune, da Universidade de Mons (Bélgica). O papel deles foi determinante, desde 1950, na organização dos primeiros colóquios interdisciplinares neste domínio e, a partir de 1962, na publicação dos *Cahiers Internationaux de Symbolisme*, fonte de documentação da maior importância para a história dos progressos da investigação neste novo domínio. De resto, poderão ler a propósito disto a carta pessoal de Claire Lejeune, que ela me autoriza a publicar na íntegra na última parte deste livro (Anexo I). Contém um breve resumo histórico dessas iniciativas importantes e uma análise muito correcta do espirito que animou os pioneiros dos estudos interdisciplinares do simbolismo.

Na primeira fila, encontramos um homem a quem não podemos deixar de prestar uma homenagem: Gaston Bachelard, meu professor na Sorbonne, sob a presidência do qual, em Junho de 1962, foi organizado no palácio da Unesco o primeiro colóquio acerca dos «fundamentos do simbolismo à luz de várias disciplinas». Como observa Claire Lejeune, nessa época era necessária muita coragem e um elevado ideal da liberdade do espírito para ousar ignorar o real entrave positivista e racionalista criado pelos meios universitários ao estudo dos símbolos e para combater também certas tendências teológicas e «pseudotradicionais», excessivamente conservadoras e dogmáticas.

A maior parte dos jovens estudantes universitários que nessa altura se destacaram nas fileiras dos pioneiros do estudo dos símbolos e dos defensores dos «direitos da imaginação», vivera a experiência da Resistência e não estava disposta a submeter-se à política cultural burguesa e à sua hierarquia de valores. Se nos dermos ao trabalho de reler os textos desse primeiro colóquio de 1962, vemos desenvolvidos neles os principais temas revolucionários de 1968. Existe aí uma convergência, a meu ver significativa, entre o questionar das teses racionalistas do «cientismo e a contestação da sociedade de consumo» e da mitologia da «produção a todo o custo», ambas com base numa alienação do homem e na destruição das suas relações íntimas e profundas com a poesia do mundo e da natureza.

20

INTRODUÇÃO

O principal representante destes «contestatários de 1962» era Gilbert Durand, também ele antigo aluno de Gaston Bachelard, que continua a ser o animador do «Centro de Pesquisas sobre o Imaginário» de Chambéry e um dos melhores especialistas mundiais do simbolismo. Por isso, achei necessário dar-lhe a palavra nesta obra e reproduzo integralmente (Anexo III), com autorização dele, o seu texto intitulado «O universo do símbolo» e a sua apresentação das investigações e dos trabalhos do grupo que ele dirige.

Não poderia esquecer, entre outros correspondentes e amigos, tudo o que devo às obras e aos trabalhos do doutor Durand de Bousingen, de Raymond Ruyer, de Marie-Madeleine Davy e do príncipe Constantino Andronikof, um dos teólogos mais profundos da actualidade, assim como aos documentos amavelmente fornecidos por François Chenique, professor na Escola das Ciências políticas, a propósito da lógica aristotélica e escolástica da analogia.

Desejo também exprimir o meu reconhecimento a Marguerite-Marie de Schloezer, a Élisabeth de Farcy e a Anne Forgeot, que deram um precioso contributo para as minhas pesquisas bibliográficas e iconográficas, assim como para a apresentação material desta obra.

A iconografia necessária a certos capítulos, nomeadamente aos que se ocupam de divisas e emblemas, pôs um problema difícil. Duas soluções, tão pouco satisfatória uma como a outra, eram possíveis: ou reproduzir apenas algumas gravuras, de modo geral antigas, sem comentários pormenorizados, e que apenas teriam um valor estético superficial num estudo principalmente histórico e científico; ou então apresentar numerosas ilustrações explicadas e interpretadas, o que iria aumentar consideravelmente o preço do livro, tornando-o assim inacessível a muitos investigadores.

Preferi, com o acordo do editor, reservar para publicações ulteriores esta documentação iconográfica da qual a presente obra constitui, de certa maneira, a base teórica geral.

PRIMEIRA PARTE

A PROBLEMÁTICA DO SÍMBOLO

I

ORIGEM E SEMÂNTICA DA PALAVRA «SÍMBOLO»

A semântica do símbolo, isto é, o estudo das diversas modificações do sentido do termo e das suas alterações através dos tempos, permitem distinguir certos aspectos do problema permanente posto pelo simbolismo nas diversas épocas da cultura, analisar as suas respostas e as diferentes interpretações de que foi objecto.

A dispersão sémica do símbolo

Um dos exemplos mais significativos da dispersão sémica do «símbolo» parece-me ser a do célebre *Dictionnaire universel* de Trévoux, para cujas expressões características chamo a atenção: «Símbolo: *Sinal, espécie de emblema,* ou *representação de alguma coisa moral,* através das imagens ou das representações das *coisas naturais. Symbolum, signum, typus, emblematis species.* O leão é o *símbolo* do valor; a bola, da inconstância, o pelicano, do amor paternal...»

Este exemplo refere-se, convém sublinhá-lo, não ao *símbolo* mas à *alegoria.* «Os símbolos eram muito apreciados entre os egípcios e abrangiam a maior parte dos *mistérios da moral.* Os *Hiéroglyphes* de Pierius são considerados símbolos». O *Dictionnaire* de Trévoux evoca assim os *Comentaires hiéroglyphiques* de Jean-Pierre Valerian, conhecido por Pierius, obra publicada

A CIÊNCIA DOS SÍMBOLOS

em 1615, em 58 livros, importante do ponto de vista histórico, mas que é principalmente alegórica e iconológica. «As letras dos chineses são, na sua maior parte, *símbolos* significativos. Os medalhistas chamam 'símbolos' a certas *marcas* ou a certos *atributos* característicos de certas *pessoas* ou de certas *divindades*... As Províncias, as Cidades também têm os seus *símbolos* em medalhas.» O redactor do artigo confunde aqui o símbolo, não já com a alegoria, mas com o *emblema*. Aliás, o *Dictionnaire* de Trévoux classifica também as *fábulas* como símbolos. Dentro da mesma categoria, «em termos de religião, chama-se *símbolo* e *símbolos sagrados* aos sinais exteriores dos Sacramentos... Entre os Cristãos, também se designa por *Símbolo* um certo *formulário* que contém os principais artigos da fé».

E, pormenor notável, o *Dictionnaire* de Trévoux utiliza a palavra «simbologia» para designar aquilo que posteriormente se irá chamar «semiologia»: «Parte da patologia, diz ele, que se ocupa dos sinais e dos sintomas das doenças».

A *Encyclopaedia Britannica*, publicada em 1771 em Edimburgo, no mesmo ano do *Dictionnaire* de Trévoux, por uma certa *Society of Gentlemen in Scotland*, resume os dados precedentes com uma concisão exemplar: *«Símbolo, sinal ou representação de alguma coisa moral, através de imagens ou de propriedades das coisas naturais. Há, por isso, símbolos de várias espécies, tais como hieróglifos, tipos, enigmas, parábolas, fábulas, etc. Entre os cristãos, o termo símbolo denota o credo dos Apóstolos».*

Esta assimilação do símbolo à alegoria no século XVIII é muito importante, pois vai inspirar as concepções de Kant sobre o simbolismo, reduzido antropologicamente a uma «hipotipose» ([1]). Aliás, deixou, de haver desde o século XVI, nos livros de retórica, uma distinção entre alegoria e símbolo, ambos considerados «tropos» ou «figuras». Na realidade, a confusão entre eles começa no século XV, como veremos mais tarde. Em contrapartida, o romantismo irá opor, também de uma forma exagerada, a alegoria, considerada como uma «metáfora continuada» sem valor, ao símbolo, portador de sentidos sempre profundos, o que não sucede com todos os símbolos.

O artigo «Símbolo» da «Tábua analítica e raciocinada» das matérias contidas nos XXXIII volumes *in-folio* da *Encyclopédie*

([1]) Cf. cap. XIII: «A filosofia burguesa ou símbolo», p. 227.

de Diderot e d'Alembert (t. II, p. 726-727), publicado em 1780, parece ter inspirado, mais ou menos textualmente, as definições de Trévoux, mas apresenta a vantagem de remeter para a palavra «Mistério»: «Símbolo: Mistério de que se fala nos símbolos dos Cristãos e no tomo X, 921.9 e 922.» Aí encontramos, depois da interpretação dos mistérios cristãos, esta passagem significativa: «Os segredos da religião eram designados por mistérios (no paganismo), não porque fossem *incompreensíveis* ([2]), nem situados demasiado *acima da razão*, mas *apenas* porque se encontravam encobertos e *disfarçados* em *tipos* e *figuras*, a fim de provocar a veneração dos povos, graças a tal *obscuridade*. Os mistérios do Paganismo celebravam-se em grutas mais próprias para esconder *crimes* do que para celebrar os mistérios da religião.»

Neste artigo, a assimilação do símbolo ao sacramento e ao mistério vai muito longe: «A palavra 'mistério' designa também 'sacramento', 'figura', 'sinal', que são termos com o *mesmo significado*, tal como foi demonstrado e provado por M. Rigault.» Por outro lado, a acreditarmos no autor do artigo, o mistério designa sempre, na Escritura, uma «sentença parabólica» que apresenta «um sentido oculto», uma acção mística, que serve de figura e representação a uma outra. Eis agora a *parábola* e o *mistério* confundidos com a *alegoria*.

O artigo mais interessante a este respeito surge. no suplemento da *Encyclopédie* (III, 132), sob a rubrica «Pedreiros-livres» (História moderna): «A sociedade ou a ordem dos pedreiros-livres é a reunião de pessoas escolhidas que estão ligadas entre si pela obrigação de se amarem como irmãos, de se ajudarem em caso de necessidade e de observarem um silêncio inviolável sobre tudo o que diz respeito à ordem...» E, ao falar dos símbolos desta, o autor acrescenta: «Havia, entre os gregos, costumes semelhantes. Os iniciados nos mistérios de Ceres ou a Deusa Boa tinham também palavras e sinais para se reconhecerem uns aos outros, como vemos em Arnóbio ou em Clemente de Alexandria. Chamavam-se *símbolos* ou colações a essas palavras sagradas e essenciais para o reconhecimento dos iniciados. *É daí que vem o nome de símbolo dado à profissão de fé que caracteriza os Cristãos.*»

O autor do artigo propõe uma curiosa interpretação da origem dos sinais e palavras maçónicas de «reconhecimento».

([2]) Destaco as expressões características do autor, que são reproduzidas em itálico.

A CIÊNCIA DOS SÍMBOLOS

Teriam sido utilizadas inicialmente pelos cavaleiros cristãos dispersos no meio dos infiéis como uma forma de comunicarem secretamente entre si, para se juntarem a fim de reconstruir os templos cristãos arruinados. A palavra «franco», evocaria ainda a importância do papel dos cavaleiros franceses na conquista da Terra Santa.

Semanticamente, vemos que a palavra «símbolo» é tomada aqui na acepção bastante estrita de «sinal de reconhecimento», de tipo *convencional* e *críptico*. A etimologia proposta para a palavra «mistério» não é menos singular: «Esta palavra vem do grego *muserion* que se diz ser formado por *muo*, em latim *claudo, taceo*, 'eu fecho, eu calo' e por *soma*, 'boca'. Mas donde vem a letra R incluída na palavra 'mistério'? *Portanto, trata-se de um vocábulo originariamente hebreu*: vem de *sator* que significa 'escondido', donde surge *mystar*, 'uma coisa escondida'» (³).

Temos que confessar que tal etimologia não é menos misteriosa nem menos incompreensível que a própria palavra. Constatamos que em nenhum dos artigos enciclopédicos anteriormente citados é mencionada a origem etimológica da palavra «símbolo» propriamente dita. Por isso, esperamos encontrar alguns esclarecimentos necessários na obra monumental de Du Cange: *Glossarium mediae et infimae latinitatis* (⁴).

A etimologia latina e grega da palavra símbolo

Symbola, diz-nos ele, designava o *ciborium* ou a *pixide* (*pyxis*) onde eram guardadas as hóstias consagradas. Há um decreto do Parlamento de Paris de 1354 respeitante àqueles que, por «um impulso diabólico», *instinctu diabolico*, perfurassem o «símbolo» no qual fora colocado o corpo de Cristo. *Symbolae* corresponde ao grego *agapai*, «ágapes», no sentido de «refeição pública».

Du Cange refere-se em pormenor aos diversos usos da palavra *symbolum* no sentido de «súmula da fé católica» e de

---

(³) *Op. cit.* Cf. art. «Mystère» p, p. 921.

(⁴) Charles Du Fresne, senhor Du Cange (1610-1688). O seu *Glossarium ad scriptores mediae et infimae latinitatis* (1678) foi completado por Dom Carpentier, Heuschel e Favre. É citada aqui a sua edição de Paris, 1846, cf. t. VI, p. 467.

ORIGEM E SEMÂNTICA DA PALAVRA «SIMBOLO»

«colação» e observa que ele evoca a *assembleia* apostólica na qual cada um dos Apóstolos é portador de uma parte da confissão geral da fé. Aliás, é isso que Santo Agostinho declara sobre o assunto: *«Quod Graecae symbolum dicitur, latine collatio nominatur. Collatio ideo, quia in unum collata Catholicae legis fides... Petrus dixit: Credo in unum Patrem, etc. Joanes dixit: Creatorem coeli et terrae. Jacobus dixit..., etc.»* ([5]).

«Violar o símbolo», *Symbolum violare*, diz-nos Du Cange, é «pecar». Só de modo acessório e sem indicação da sua etimologia grega encontramos mencionadas nesse dicionário duas palavras importantes: *symbolum*, no sentido de «téssera», e no sentido de «insígnia, estandarte» (*vexillum*).

Estas observações não bastam, como vemos, para esclarecer o problema do significado exacto da palavra «símbolo».

As várias enciclopédias consultadas não adiantam mais pormenores sobre este assunto. O *Dictionnaire étymologique de la langue française* de Albert Dauzat (1938) apenas indica um empréstimo do vocábulo latino cristão *symbolum* («marca, sinal») pelo grego *súmbolon*, «sinal», de *sumbállein*, «juntar, reunir» (p. 694). Também me parece necessário acrescentar alguns elementos informativos sobre este ponto, que podem ser úteis aos investigadores.

O primeiro sentido grego é *topológico*. É o de *Súmbola*, que encontramos em Pausânias (VIII, 54). Designa a «assembleia das águas», o lugar onde elas se reúnem, se precipitam e «correm». Este sentido verbal de *sumbállein*, essencialmente dinâmico, é utilizado com o mesmo significado desde Homero. Assim, chamava-se *Súmbola* a uma localidade situada no limite da Lacónia e do território de Tegeu, porque naquele lugar se reuniam vários cursos de água.

Súmbola era também um termo técnico da navegação grega. Chamava-se *súmbola* à parte central da verga porque as duas metades desta, uma vez juntas (*sumbállein*), sobrepõem-se no cimo do mastro, sendo nessa altura ligadas por correias.

Em ambos os casos, o sentido concreto, natural e dinâmico do verbo é bastante claro. Evoca um movimento que «junta», que «reúne» elementos anteriormente separados uns dos outros e designa os seus resultados.

([5]) Cf. Lerm. 115. *De tempore*

A CIÊNCIA DOS SÍMBOLOS

Por conseguinte, se se refere ao «acto de reunião» que junta as partes contratantes juridicamente e por escrito, chama-se, ao seu redactor, o notário profissional: *súmbolai graphós*, literalmente, «aquele que escreve o símbolo jurídico».

Eis porque os documentos redigidos pelos notários privados eram designados por *sumboláia* ou, mais exactamente, por *sumboláia agoráia*, na acepção jurídica justiniana. Os derrogatórios de Justiniano usavam o equivalente latino da palavra *súmbolai graphós*, «notário»: *tabéllio*.

O direito grego antigo não tinha ainda termo genérico para exprimir o conceito de «contrato» mas, em direito privado, a palavra *sumboláion* surgiu rapidamente para significar os casos de contestação juridicamente válida. Vemos surgir também outro termo para «convenção», *sunálagma* e *suntéke*, muito mais próximo dos verbos que indicam a acção de «ligar em conjunto» e evocam um «elo» do que *sumbállein*, essencialmente dinâmico. É preciso notar que a noção de «reunir», de «juntar» está ainda subjacente na própria noção de *sumboláion* enquanto «contrato», pois a homologação deste era obtida pela *reunião* de um número determinado de testemunhas ou jurados. A «coisa escrita» e a sua autoridade impuseram-se cedo na Grécia e vamos encontrar o rasto dela em Esparta, onde o devedor escrevia o seu contrato na presença de duas testemunhas. Na origem, a cópia de um acto era apenas a sua prova material, mas desde o século IV que em Atenas ela passou a servir para estabelecer os motivos da responsabilidade jurídica. Podemos perguntar-nos se não se constata já a formação de duas orientações distintas da mesma palavra: uma, a original, era concreta, e evocava um *movimento que reúne e junta*, outra, a segunda, era abstracta e referia-se à consequência desse acto, isto é, à *ligação mútua das partes reunidas*; um dos significados era dinâmico e causal; o outro, estático e efectuado. Aliás, o verbo *sumbállein* apresenta em primeiro lugar um uso *transitivo*: «lançar ou atar em conjunto, pôr em conjunto», daí «trazer em massa», «reunir, aproximar» e, por extensão, «trocar de palavras com alguém», em Platão, por exemplo, na *República, sumbállein sumboláia prós allélous* (425 c), e até «lançar um contra o outro», no sentido de «provocar uma luta», de galos de combate, por exemplo, *sumbállein alectruónas* (Xenofonte, *Banquete* (*Convivium*), 4,9). Neste sentido transitivo, passa-se também de «reunir, aproximar» para «comparar»

ORIGEM E SEMÂNTICA DA PALAVRA «SÍMBOLO»

uma coisa ou uma pessoa com outra, depois para «conjecturar», «interpretar», «calcular», «avaliar». Por exemplo, no *Crátilo*, Platão usa: *sumbállein kresmón*, no sentido de «interpretar um oráculo».

Este mesmo verbo, no seu uso *intransitivo*, liga-se a significados já não «dinâmicos» e «causais», mas «estáticos» e «efectuados». Como o facto de «precipitar-se em conjunto» leva ao mesmo ponto, *sumbállein*, designa então essa consequência enquanto «encontro», por exemplo, de estradas, ou enquanto «relação» entre pessoas; daí o sentido de «encontrar-se com» e de «relacionar-se com».

Todas estas noções verbais são evocadas pelos substantivos derivados de *sumbállein*. O significado de «troca» é confirmado, por exemplo, numa acepção económica: *sumbolatéuo* que se aplica à acção de «fazer uma troca», de «negociar». Da mesma forma, a palavra *sumbolikós* é utilizada simultaneamente num sentido dinâmico para designar «aquilo que se explica com a ajuda de um sinal», o que é «simbólico», por exemplo, em Théon de Alexandria, e o resultado desta propriedade do símbolo, isto é, o próprio «carácter simbólico»: *Tó sumbolikón*, em Plutarco, ou mesmo aquilo que é «convencional», no tratado das conjunções e dos advérbios do gramática Apolónio Díscolo de Alexandria (meados do século II d.C.).

Chegamos assim a *súmbolon*, enquanto «sinal de reconhecimento». A que se refere exactamente o exemplo, tantas vezes citado, do objecto partido em dois, em sinal de «laço de hospitalidade», por exemplo, ficando o hospedeiro com uma das metades e o hóspede com a outra, a fim de poderem reconhecê-lo ao juntar essas duas partes? Devemos lembrar em primeiro lugar que este sentido não é o único do verbo *sumbállein*, muito pelo contrário, como acabamos de ver. Trata-se de um acto em todos os pontos comparável ao evocado por *súmbola*, já referido a propósito da reunião das duas metades da verga, no vocabulário técnico marítimo.

O objecto que se tornava no sinal do «laço mútuo» era transmitido aos filhos e a junção das duas metades servia para que os seus portadores se reconhecessem e para provar a realidade dos elos de hospitalidade contraídos anteriormente pelos pais. Eurípides utiliza a palavra *súmbolon* neste sentido, na tragédia de Medeia. Assim, pessoas separadas há muito tempo dispunham, em resumo, daquilo a que chamei um *sintema mnemotécnico*, simples sinal convencional mais do que «símbolo» de tipo iniciático ou religioso. Aliás, *súmbolon* é utilizado a maior parte das vezes nesta acepção sintemática elementar. As senhas que os juízes atenienses recebiam à entrada do tribunal contra a entrega das quais recebiam o soldo, eram também designadas por essa palavra que se aplicava até à licença de estadia destinada aos estrangeiros de passagem, assim como a toda a espécie de convenções comerciais e políticas.

No entanto, há que ter em conta um pormenor importante a propósito de *súmbolon*. A palavra não se aplica apenas a uma convenção que permite identificar um elo mútuo através da reunião das partes que comunicam entre si. Este aspecto *sintemático* é acompanhado, de certa maneira, de um aspecto propriamente *simbólico*, na medida em que já não se aplica a «objectos» como uma vara partida ou uma senha, mas designa aquilo que permite a *sujeitos reunirem-se* em volta do sinal de uma *crença* ou de um *valor* e menos de um contrato social que de uma *aliança sagrada* ou considerada como tal.

O significado simbólico das insígnias sagradas

É assim que *súmbolon* indica a *insígnia do deus* em Dionísio de Halicarnasso (cerca de 30 a.C.) (*Antiguidades romanas*, Liv. VIII, cap. 38). Ou ainda aquilo que «junta» os soldados em volta de um sinal de reunião, em volta de uma bandeira, por exemplo, num historiador como Herodiano de Alexandria (170-240 d.C.). Neste sentido, o *labarum* de Constantino ou a «auriflama» das tradições medievais francesas não são puras convenções sociais e profanas. Estas «insígnias» tinham um sentido mágico-religioso, pois estavam «imbuídas» de um poder misterioso e considerado capaz de assegurar a vitória do campo que arvorasse tal símbolo sagrado. Da mesma maneira, no Islão, o «estandarte do Profeta», desempenhou um papel essencial na «guerra santa» e nas conquistas muçulmanas. Não devemos esquecer uma tradição arcaica por excelência, a do xamanismo, segundo a qual vencer e matar o adversário de acordo com certos rituais o coloca ao serviço daquele *em nome do qual ele foi morto*.

ORIGEM E SEMÂNTICA DA PALAVRA «SÍMBOLO»

Eis porque o «círculo de caça», em mongol *nerge*, não tem um mero sentido técnico. Da mesma forma, o estandarte mongol que apresenta uma figura animal, muitas vezes a do «lobo azul», ou ainda pêlos, uma crina ou uma cauda de bicho, transpõe para o «círculo de guerra» o valor mágico do «círculo de caça», segundo o tema do «animal-guia» sagrado. O estandarte vai sempre na vanguarda do exército. Nos acampamentos, é colocado em frente da tenda do soberano. Os textos referem que ele é objecto de um culto dirigido ao «espírito» que nele habita. O próprio clã tem origem no «lobo azul» ([6]) e os seus guerreiros, *magicamente transformados em lobos pela presença sagrada do estandarte*, cercam os inimigos que serão transformados em carneiros e depois degolados como estes. Sabe-se que um dos poderes mais frequentemente atribuídos aos xamanes é a transformação do homem em animal. Arvorar o estandarte do «lobo azul» era anunciar também a presença de um poder mágico temível de metamorfose, destinado a aterrorizar o adversário.

A bandeirola, o estandarte, o galhardete desempenharam um papel fundamental entre os povos altaicos. Segundo Minns, os citas já teriam usado o pendão ([7]). O costume de pendurar neste nove caudas de um iaque ou de cavalo é comum a todos os turcos mongóis. Marco Polo refere-se já aos estandartes do império mongol e ao descrever o do Grande Khan afirma que nele existia a imagem da lua e do sol ([8]). Sabe-se que a imagem, o emblema do clã, é sempre «sagrado». Há que distinguir aqui duas funções distintas do símbolo: a função *sociológica* do emblema ou do «sinal de reconhecimento» de um clã, dado necessário para a diferenciação de um grupo tribal, e a função *tipológica* desse mesmo emblema, enquanto «sinal de nascimento» ou de referência mágico-religiosa à linha ancestral. Este dado é simbólico, no sentido em que evoca *uma aliança de tipo sagrado* com forças «infra-humanas» ou com potências «supra-humanas». A dinâmica do «ajuntamento» do clã em volta do sinal das origens não provém do sentido «convencional» e «social» do sintema escolhido, mas da referência do sinal

---

([6]) Cf. *Histoire secrète des Mongols*: «A origem de *Gengis Qayan* (*Khan*) é *Börta Cino* (o Lobo Azul)... Sua esposa é *Qo'ai maral* (a Corça Ruiva). O texto chinês glosa *tsang-so* a propósito do lobo e relaciona-o mais com a cor verde».

([7]) E. H. Minns, *Scythians and Greeks*, Cambridge, 1913, pp. 77-78.

([8]) Marco Polo, LXXIV; *Hambis*, p. 104.

A CIÊNCIA DOS SÍMBOLOS

ao *não-humano* e à energia do seu «modelo» ou do seu «tipo» primordial. Só a nível de interpretação «sacral» temos o direito de considerar o sinal como um *símbolo*, no sentido exacto deste termo.

Aliança e totemismo

Uma «aliança» com potências «numinosas» ou «sagradas», quaisquer que elas sejam, é um pacto; não é um *contrato*. Podem-se trocar contratualmente bens, mulheres, objectos, serviços, em função de certas estruturas das relações sociais definidas pelas suas operações lógicas e por um código determinado. Mas esta função da troca não poderá abranger as relações entre os homens e o *não-humano*, pois nessa altura trata-se de outras estruturas e de outras operações rituais e sacrificiais.

Sabe-se, aliás, que o totem não é apenas a espécie animal ou vegetal, o objecto natural ou o ser mítico com o qual o clã está relacionado. O totem, sempre portador de múltiplos significados, é também a representação plástica ou gráfica essa espécie, desse objecto ou desse ser.

A *questão totémica* é extraordinariamente complexa e, para tentar compreendê-la, devemos examinar não só alguns aspectos da vida dos indígenas, mas *todos os seus aspectos*, sociais, mágicos e religiosos. A definição corrente do totemismo é a de uma relação entre uma pessoa ou um grupo, por um lado, e uma espécie ou objecto pertencente ao mundo natural, por outro; o signo desta relação é o nome do totem usado pela pessoa ou pelo grupo. Esta abordagem é útil, mas põe o problema da *natureza* da relação examinada. Será esta de ordem social e «fisiológica» ou de carácter cultural, mágico ou religioso? «A razão de ser do totem é simplesmente dar um nome ao grupo e fornecer assim um símbolo ao elo que une os seus membros, tornando-se, de forma indirecta, num meio de classificar e de designar as pessoas da tribo? E quando este totem presta auxílio, avisa ou serve de designação simbólica, opera num estado de vigília, de sonho, ou nos dois estados, indiferentemente?» [9] Estas questões,

---

[9] A. P. Elkin, *Les aborigènes australiens*, Paris, 1967, p. 203.

levantadas por um dos melhores especialistas contemporâneos, A. P. Elkin, director do Instituto de Antropologia da Universidade de Sydney, dão uma ideia da dificuldade dos problemas do totemismo que estão muito longe de estar resolvidos.

A. P. Elkin classificou a função e o significado dos fenómenos totémicos em seis categorias distintas: «o totemismo social, cultual, concepcional, de sonho, de classificação cósmica e de assistência» ([10]). A diferença mais importante é a que existe entre as duas primeiras funções: «o totemismo *social* liga-se às relações humanas e ao casamento, ao passo que o segundo, *quase estranho a essas questões*, diz respeito à mitologia, aos rituais, ao aspecto sagrado da vida tribal» (*op. cit.*, p. 209).

Citei esta expressão de Elkin porque, a meu ver, a maior parte dos etnólogos, dos psicólogos e dos sociólogos modernos alimentaram confusões e mal entendidos constantes neste domínio só porque não fizeram essa distinção capital. A. P. Elkin lembra, por exemplo, que o totemismo *cultual* australiano é local e patrilinear, ao passo que o totemismo social opera a transmissão dos tótens quase sempre, ou mesmo sempre, em linha materna. É precisamente este parentesco *matrilinear* de «carne» e de «sangue» que o nome do totem *social* evoca, uma vez que ele significa «carne». Por exemplo, se perguntarmos a um aborígene australiano qual é a sua «carne», ele dá o nome do seu totem matrilinear: «canguru» ou «falcão», por exemplo. Este é o símbolo da «carne» comum a todos os membros do clã que se consideram seus parentes. Por consequência, eles não podem atentar contra «a sua própria carne», matá-la, comê-la ou desposar uma pessoa que possua o mesmo totem que eles. Isso seria, com efeito, uma relação incestuosa pois todos aqueles que fazem parte do mesmo clã social são mães e filhos, irmãos e irmãs.

A. P. Elkin mostra que o totemismo *sexual* não passa de uma variedade do totemismo *social*. Assinala a solidariedade dos indivíduos de cada sexo: «As lutas rituais que opõem homens e mulheres e os preliminares de casamento não passam de demonstrações desta solidariedade que, por outro lado, está simbolizada em cada grupo sexual pela posse de um totem, planta ou ave» (*op. cit.*, p. 211).

([10]) A. P. Elkin, *op. cit.*, p. 208.

A CIÊNCIA DOS SÍMBOLOS

Além disso, no plano sexual, a função do totem não consiste apenas em fornecer um nome ou em servir de emblema, ou seja, não é uma função puramente sintemática de «classificação» social através do sinal. A ligação dos homens e das mulheres com as suas espécies naturais respectivas é quase biológica, pois trata-se de comunidades vivas e que são sentidas como tal. Os homens, por exemplo, são todos «irmãos» e as mulheres todas «irmãs», uma vez que o próprio totem é o «irmão» ou a «irmã» do grupo a que está ligado. Pormenor importante: pode até tratar-se de um homem ou de uma mulher que sofreu uma metamorfose. Embora esta tese não seja formulada por Elkin, podemos relacionar esse facto com experiências de tipo «xamanístico», de «possessão» pelo «espírito» do totem. Desta análise, há que reter, pelo menos, que o totemismo sexual é «social em si, uma vez que funciona como um agrupamento social, que simboliza e fixa as relações sociais e familiares mais ou menos da mesma maneira que o totemismo do clã social» (*op. cit.*, p. 211).

O totemismo cultual

O totemismo *cultual*, muito diferente dos anteriores, «deve ter existido outrora em toda a Austrália e ser considerado, dentro de uma perspectiva correcta, como uma organização cultual ou religiosa secreta», afirma Elkin. Cada tribo comporta um certo número de sociedades cultuais a que podemos ainda chamar «grupos cultuais» ou «células»; estas compõem-se de vários membros do sexo masculino, admitidos por privilégio de nascimento, que receberam a iniciação completa. Cada grupo encarrega-se de um fragmento preciso da mitologia e do ritual totémico da tribo e a sua missão consiste em conservá-lo e transmiti-lo integralmente (*op. cit.*, p. 211).

Por outro lado, encontramos na Austrália um nível de significação do símbolo que fiz derivar já da etimologia do verbo grego *sumbállein*: é o seu sentido *topológico* que geralmente passa despercebido aos especialistas. Os *deuses* estão profundamente ligados aos *lugares*. Toda a geografia é «sagrada» desde a origem, *na medida em que a marcha «recria» o caminho* e comemora a «abertura primordial» da «via» da Terra e dos homens pelos actos dos deuses, ao longo das «pistas» míticas originais.

Assim, cada grupo cultural australiano deve cuidar dos lugares totémicos e sagrados e celebrar as cerimónias rituais em função dos itinerários seguidos e das façanhas realizadas pelos heróis da tribo, no momento em que percorriam a subdivisão do território tribal correspondente ao grupo em questão. Um monte de seixos, uma pedra erguida, um pântano ou qualquer outro acidente de terreno pode assinalar o local onde o herói esteve a descansar, onde se metamorfoseou ou onde aguarda o momento de aparecer de novo. Ele depôs nesse lugar os «espíritos das crianças» que preexistem nestas residências colectivas, ou então, graças aos seus poderes rituais, «abasteceu» certos lugares de princípios vitais e de «espíritos» das espécies naturais, animais ou vegetais. Por consequência, é aí que se devem celebrar as cerimónias graças às quais as espécies se podem multiplicar.

Ora, estes caminhos «cultuais», de natureza *intergrupal* e *intertribal*, atravessam os territórios dos clãs locais e das tribos. Os membros de uma «célula» ou de uma «sociedade de mistérios», que vão realizar os rituais associados ao percurso heróico e mítico, podem, pois, circular, sem medo das reacções hostis dos clãs. Para irem buscar sanguina, por exemplo, os aborígenes do nordeste da Austrália meridional tinham que percorrer perto de setecentos quilómetros até aos depósitos argilosos de Parachilna. O tema mítico da viagem era a comemoração do itinerário do falcão e dos cães cujo sangue formara esse depósito de ocre vermelho.

É importante sublinhar que, para os aborígenes australianos, o *totem cultual não tem qualquer relação com o totem sexual nem com o casamento.* Por vezes, parece desempenhar este último papel, mas isso é uma ilusão que provém do facto dos tótens estarem repartidos pelos grupos exógamos locais da tribo.

A sobreposição totêmica e o «tempo do sonho eterno»

Vemos assim surgir um facto de uma importância antropológica considerável e que poderíamos designar por *sobreposição*

A CIÊNCIA DOS SÍMBOLOS

totémica. Este fenómeno põe em relevo, creio eu, a natureza essencialmente *polivalente* do símbolo, justificando a necessidade da *pluralidade das hermenêuticas* e de uma abordagem pluridisciplinar da simbólica geral. Por exemplo, entre as populações do nordeste da Austrália meridional, um indígena recebe não *um* totem, mas *cinco* tótens: o primeiro, cultual, local e patrilinear; o segundo, cultual, herdado do irmão da mãe; o terceiro, social, «carnal» e matrilinear; o quarto, social e «de metade», pois a tribo está cindida em dois grupos; o quinto, sexual.

Esta *sobreposição* ou «acumulação» põe já problemas consideráveis ao nível do estudo das «estruturas» e dos «códigos». Mas, por outro lado, qual será o «sistema de referência» do observador? O estado de «vigília» ou o estado de «sonho»? Efectivamente, na maior parte das grandes regiões de culto totémico habitadas por aborígenes australianos, o totem «cultual» é identificado por alguns com o totem do «Tempo do Sonho»; para outros, este último será a totem «social». Esta importância do sonho é tal que os aborígenes repetem frequentemente a seguinte máxima, admirável, aliás: «Aquele que perder o seu Sonho está perdido.» E de que «Sonho» se trata? Os símbolos sagrados mais importantes dos aborígenes são os *tjurunga* (ou *churinga*). Trata-se de objectos diversos que não são apenas os *sinais* concretos e sensíveis do «Tempo do Sonho» (*alcheringa*, segundo o termo aranda utilizado por Spencer e Gillen (1899) em vez de *altjiranga*), mas eles próprios são também e como que «substancialmente» dessa natureza da qual dependem a vida e a força que contêm. Assim, passar um *churinga* sobre o corpo de um doente restitui-lhe o vigor. Quando o neófito é friccionado com estes objectos ou autorizado a olhar para aqueles que lho mostram pela primeira vez, ele sabe que entra em contacto com aquilo a que Elkin chama «o Tempo do Sonho eterno».

Pergunto a mim próprio se o nome de «Sonho», dado a essa categoria fundamental do pensamento mítico australiano, é realmente o mais exacto. Ele é, sem dúvida, diferente do tempo «mítico», pois reporta-se *directamente* à experiência do sonho, como Elkin verificou em 1927 no sul, centro, noroeste e norte do continente. Podemos observar, no entanto, que se *altjira* entre os Aranda, e *djugur, bugari, ungud* e *wongar* noutras regiões significam sonho, encontramos também entre os Wongkonguru, povo que habita a nordeste do lago Eyre, um clã cultual cujo nome ou «Sonho» é o *fogo*, obtido por um movimento rápido de fricção, acompanhado de rotação. Enquanto se executam esses movimentos, o ritual exige, para que a operação surta efeito, um cântico do «Tempo do Sonho» entoado por aqueles que descendem do «Sonho-Fogo», seu pai. O «criador do fogo» era um *Yigauara*, um homem com a aparência de um *gato* daquela região. Entre os Wongkonguru, o fogo chama-se *maka* e o «Sonho», o tempo e a natureza do «Sonho», como «categorias míticas», denominam-se *Ularaga* [11].

Pode levantar-se dúvidas acerca da nossa própria interpretação moderna do «mito» e das categorias «míticas» deste género, na medida em que, segundo a nossa lógica, aquilo que é considerado «real» se opõe ao «fictício», ao «imaginário» ou ao «sonho». De facto, nós separamos as imagens das nossas percepções no estado de «vigília», das imagens das nossas percepções em outros estados de consciência, todos eles reduzidos a uma única categoria: o estado de «sonho». Trata-se de uma oposição e de uma simplificação abusivas e sumárias. Na vida de homens para os quais a fome e a sede são habituais, como muitas vezes acontece com os povos primitivos, os estados alucinatórios são muito mais frequentes do que entre os civilizados. Além disso, o uso de estupefacientes vegetais tóxicos corresponde muitas vezes a rituais mágico-religiosos, como sucede, por exemplo, entre os «xamanes» siberianos ou em certos grupos ameríndios. Em suma, a via mística, em si mesma, desempenha um importante papel na experiência quotidiana dos primitivos e favorece, pelo menos no que respeita a alguns deles, o aparecimento de faculdades paranormais e, sobretudo, de fenómenos de telepatia, de premonição e de vidência.

Elkin observa que «muitos brancos que conviveram com os seus empregados indígenas citam exemplos notáveis da faculdade que estes têm de captar aquilo que se passa à distância, mesmo quando o acontecimento tem lugar a centenas de milhas do lugar onde se encontram. Certo homem, que se afastou muito de sua casa para acompanhar o patrão durante uma longa viagem do rebanho, a dada altura, anuncia subitamente que o pai

---

[11] Há que assinalar aqui a existência, na tradição mística ismaelita, do *mundus imaginalis*, o '*âlam al-mithâl*, muito bem analisado por Henry Corbin, e distinto do «mundo imaginário». Cf. Bibliografia, *in fine*.

A CIÊNCIA DOS SÍMBOLOS

acabara de morrer, que a mulher dera à luz um filho, ou ainda que algo estava a correr mal na sua terra. É tal a sua certeza que, se pudesse, regressaria imediatamente e, facto curioso, tudo quanto disse acaba *sempre* por ser confirmado; *todos os patrões atestam* isto». (*op. cit.*, p. 281).

Importa observar que o indígena, nestas alturas, mergulha num estado de receptividade, de recolhimento, que se prolonga por vários minutos. Em muitas tribos, as diversas partes do *corpo* são consideradas como dando cada uma delas informações acerca de certos parentes ou de grupos de parentes muito determinados. Quando tal sucede, a meditação evolui alicerçada em *símbolos* ou em indícios convencionais. Por exemplo, se o indígena divisa *um animal totémico* pertencente ao seu grupo ou ao de um parente chegado, logo se prepara para decifrar a «mensagem» assim transmitida, a fim de compreender o que ela lhe anuncia.

Eu próprio verifiquei, entre os pigmeus dos Camarões, alguns fenómenos «paranormais» análogos, os quais, aliás, foram registados por outras testemunhas dignas de crédito. Pode pôr-se a questão de saber se certas funções do rinencéfalo, que podem actuar no homem primitivo, principalmente nas mulheres, não foram abolidas no ser humano civilizado pelo próprio meio onde este exerce a sua actividade física e mental. Estes fenómenos raramente se verificam porque, numa palavra, as condições em que eles se podem produzir se modificaram por completo. Mas isto não é razão suficiente para negar que eles sejam antropologicamente possíveis e reais em sociedades diferentes da nossa.

No entanto, eles não dependem menos da *percepção* ou da *cenestesia* do primitivo, quer dizer, da sua experiência existencial verdadeira, do que do estado de «sonho» propriamente dito de que se aproximam indubitavelmente, *tal como ele é vivido* e não *tal como nós o conhecemos*. Eis porque o aborígene parece associar este «sonho», não a um enfraquecimento de grau da realidade, mas a uma intensificação superior da percepção dos seres e das coisas, uma vez que ele intui nessa vivência a própria origem da «força» e da «vida». O símbolo torna-lhe assim de novo presente *uma reunião de potências interiores de ordem puramente experimental* e não uma «concepção do mundo», intelectual e abstracta.

Na medida em que tudo quanto o primitivo percebe neste estado particular é por ele aceite como eminentemente *real*, uma vez que o *sente mais profundamente* do que noutros estados, é compreensível que os «tipos» heróicos ou os «modelos» ancestrais tenham agido também, de maneira «exemplar», nesse mesmo «estado», ao qual corresponde um «tempo» privilegiado, uma «visão» eternamente presente à qual a «imitação» iniciática da acção original permite aceder. O símbolo «reconduz» assim os dados concretos separados dos diversos níveis do real ao seu estado interior que permite «reunificá-los» na sua irradiação primordial. O símbolo restitui ao «homem da visão» o espectáculo de um universo «no estado nascente» que se tornou «cristalizado», «solidificado», opaco e como que «fechado» ou interdito ao «homem do pensamento».

II

SINAL E SÍMBOLO

Definições e abordagens semiológicas do símbolo

O símbolo foi muitas vezes definido como um «sinal», seja de «*reconhecimento*, formado, por exemplo, por duas metades de um objecto partido que se juntam, ou, mais tarde, qualquer sinal, senha, sinete, insígnia, palavra de ordem» – segundo Lalande (cf. *Vocabulaire technique et critique de la philosophie*) –, seja *convencional* – como, por exemplo, os sinais utilizados pelos lógicos e matemáticos e pelas diversas disciplinas científicas – ou *analógico* e capaz de evocar uma relação entre uma imagem concreta e uma ideia abstracta – tal como, por exemplo, o ceptro, «símbolo» da realeza.

É neste sentido que Ferdinand de Saussure, ao definir a língua «como um sistema de *signos* que exprimem ideias», a comparou «à escrita, ao alfabeto dos surdos-mudos, aos *rituais simbólicos*, às fórmulas de cortesia, aos sinais militares, etc. Ela é apenas o mais importante destes sistemas. Podemos, pois, conceber uma ciência que estuda a vida dos signos dentro da vida social; ela constituiria uma parte da psicologia social e, por consequência, da psicologia geral; designá-la-emos por *semiologia* (do grego *seméion*, 'sinal'). Ela ensinar-nos-ia em que consistem os signos, quais as leis que os regem» [1].

---

[1] Ferdinand de Saussure, *Cours de linguistique générale*, [a partir de agora *C. L. G.*] Payot, Paris, 1974, p. 33.

A CIÊNCIA DOS SÌMBOLOS

A semiologia pressupõe, nomeadamente, que as formas explícitas do simbolismo são «significantes» associados a «significados» tácitos, que obedecem ao modelo das relações entre «som» e «sentido», na língua. Nestas condições, para interpretar um símbolo, bastaria «decifrá-lo» e integrá-lo nos «sistemas simbólicos» de uma cultura determinada, segundo a concepção de Claude Lévi-Strauss que estendeu o método da «antropologia estrutural» às regras matrimoniais, às relações económicas, à arte, à ciência e à religião.

No que se refere às primeiras definições do símbolo que citei, bastaria compará-las com o meu estudo precedente acerca da origem e da semântica da própria palavra para constatar que elas estão muito longe de explicar a complexidade do seu verdadeiro significado.

O «projecto semiológico» de Saussure é muito mais importante. Por isso, convém defini-lo, antes do mais. O «signo», no sentido saussuriano, não é uma coisa que se substituiu simplesmente a outra ou que está em lugar dela. É um elo e um traço de união entre ambas. «O signo linguístico *une* um conceito e uma imagem acústica», diz ele, isto é, um «significado» e um «significante» (pp. 98-99). Além disso, o signo apresenta duas características essenciais, a *arbitrariedade* (pp. 100-102) e a *linearidade* (p. 103) do *significante*. Com efeito, os signos vocais da linguagem são produzidos e percebidos sucessivamente enquanto que, por exemplo, os sinais gráficos ou picturais são produzidos da mesma maneira mas, em contrapartida, podem ser percebidos globalmente ou numa ordem qualquer.

Além disso, os signos, no sentido saussuriano, não são abstracções; são «entidades concretas» estudadas pela linguística e que se opõem uma à outra no mecanismo da língua. Saussure concebe a língua não como uma «forma», mas como uma «substância». Ela não apresenta nenhum termo *positivo*, mas apenas *diferenças* (p. 166). Daí esta definição muito clara: «Aquilo que distingue um signo é aquilo que o constitui» (p. 168). Podemos dizer o mesmo do *símbolo*?

O próprio Saussure respondeu a esta questão. Declara que os «signos completamente arbitrários realizam melhor que os outros o ideal do processo semiológico» e observa que «a palavra *símbolo* foi usada para designar o signo linguístico, ou mais exactamente, aquilo a que chamamos o significante. Há incon-

44

SINAL E SÍMBOLO

venientes em admiti-lo, precisamente por causa do nosso primeiro princípio. O símbolo tem como característica nunca ser completamente arbitrário; não é vazio, há um rudimento de laço natural entre o significante e o significado. O símbolo da justiça, a balança, não poderia ser substituído por outra coisa qualquer, um carro, por exemplo» ([2]). Além disso, devemos lembrar, a propósito disto, que Saussure entende a palavra «arbitrário» não no sentido de uma «livre escolha» do significante pelo «sujeito falante», mas na acepção de «imotivado», ou seja, «arbitrário em relação ao significado, com o qual não tem qualquer ligação na realidade» ([3]).

Saussure utilizara já o termo «símbolo» em 1894, na sua homenagem a Whitney ([4]), e este texto apresenta a particularidade de nos mostrar a oscilação característica da evolução analítica saussuriana neste domínio: «Filósofos, lógicos e psicólogos ensinaram-nos qual era o acordo fundamental entre a *ideia* e o *símbolo*, em particular um símbolo independente que a representa».

Posteriormente Saussure corrigiu esta primeira redacção, optando, por dizer: «entre um *símbolo convencional* e o *espírito*»([5]).

O ensino saussuriano exposto ao longo de três cursos de linguística geral proferidos em 1906-1907, 1908-1909 e 1910-1911, cujas notas da responsabilidade de diferentes alunos foram refundidas e publicadas por C. Bailly e A. Sechehaye, em 1916, sob o título anteriormente citado, exerceu uma influência capital no desenvolvimento da linguística moderna e, principalmente, sob o «estruturalismo linguístico». Por isso, convém lembrar aqui as distinções, clássicas doravante, propostas por Ferdinand de Saussure, pois algumas delas ultrapassam largamente o domínio das suas aplicações especializadas.

A primeira refere-se à diferença entre «língua» e «fala». Para melhor a compreender é preciso, em primeiro lugar, situar historicamente o pensamento saussuriano. Este desenvolveu-se no âmbito de uma situação cultural ocidental dominada pelo

---

([2]) F. de Saussure, *op. cit.*, p. 101.
([3]) F. de Saussure, *op. cit.*, p. 101.
([4]) O autor de *Vie du langage* (1875).
([5]) F. de Saussure, *op. cit.*, nota 140, p. 445.

A CIÊNCIA DOS SÍMBOLOS

positivismo universitário, mas também dentro da perspectiva de uma *problemática sociológica* que remonta ao fim do século XIX e está marcada pelas oposições entre as perspectivas de Durkheim e de Tarde, a propósito da dominante dos factores de «consciência colectiva do grupo social» ou dos factores de «iniciativa individual». W. Doroszewski assinalou já estas relações entre a sociologia e a linguística ([6]), mas talvez não tenha insistido o suficiente num texto de Tarde, muito pouco conhecido, publicado em 1902, que provavelmente não é estranho às «dicotomias» saussurianas, segundo a expressão de G. C. Lepschy ([7]): «Tudo é simétrico, dualístico, antitético, tanto em matéria de combinações como de lutas - tudo é duelo ou acasalamento.... Bréal, na sua *Sémantique*, é levado a observar, em linguística, uma aplicação totalmente espontânea desta verdade geral. «Qualquer que seja, diz ele, a extensão de um composto, ele só compreende dois termos. Esta regra não é arbitrária: radica na natureza do nosso espírito que associa as suas ideias aos pares» ([8]).

A «fala», no sentido saussuriano, designa o momento individual, base da mudança linguística, e que constitui, de certa maneira, uma polaridade oposta à da «língua», enquanto instituição. No entanto, esta não é uma concepção «neo-idealista» comparável à «intuição-expressão», aposta a uma comunicação formalizada e racionalizada através das instituições sociais. Trata-se de uma oposição entre a realidade psicofisiológica de um acto linguístico particular, um «acto de fala», necessariamente variável e um sistema exterior ao indivíduo, a «parte social da linguagem», isto é, a «língua», que não é «uma função do sujeito falante», mas o «produto que o indivíduo regista passivamente» (*C. L. G.*, p. 30). Não se trata, em suma, e Saussure sublinha-o expressamente, ao separar a «língua» da «fala», de «separar de uma só vez: 1º) Aquilo que é social daquilo que é individual; 2º) Aquilo que é essencial daquilo que é acessório e mais ou menos acidental» (*C. L. G.*, p. 30).

O projecto semiológico saussuriano não é, pois, menos nitidamente «positivista» do que a sua fonte inspiradora: «Se se

---

([6]) W. Doroszewski: «Quelques remarques sur les rapports de la sociologie et de la linguistique: Durkheim et F. de Saussure», *J. Psycho.*, XXX, 1933, 82-91.

([7]) G. C. Lepschy, *La linguistique structurale*, Payot, Paris, 1969, p. 32.

([8]) G. Tarde, *L'invention considérée comme moteur de l'évolution sociale*, Paris, 1902, pp. 5 e 6.

SINAL E SÍMBOLO

considerarem os *rituais*, os costumes, etc., como *sinais*, estes factos serão vistos *a uma luz diferente* e haverá necessidade de *os agrupar* dentro da semiologia e de os *explicar pelas leis desta ciência.»* Sublinhei as expressões características desta conclusão relativa à semiologia (*C. L. G.*, p. 35). Ela esclarece, numa larga medida, a tendência geral do «estruturalismo linguístico» contemporâneo, a sua orientação «racionalista» e «científica».

A distinção saussuriana entre *sincronia* e *diacronia* assenta na anterior, segundo o princípio de que «tudo o que é *diacrónico* na língua, o é através da fala» (*C. L. G.*, p. 38), como testemunha o esquema proposto pelo próprio Saussure para «a forma racional que o estudo linguístico deve assumir»:

$$\text{linguagem} \begin{cases} \text{língua} \begin{cases} \text{sincronia} \\ \text{diacronia} \end{cases} \\ \text{fala} \end{cases}$$

A linguística sincrónica estuda os «factores constitutivos de qualquer estado «de língua», as «relações lógicas e psicológicas que ligam termos coexistentes e que formam sistemas, tais como são percebidos pela consciência colectiva» (*C. L. G.*, pp. 140-141).

A «sincronia», situa-se no «eixo das simultaneidades», respeitantes «às relações entre coisas coexistentes, donde qualquer intervenção do tempo está excluída». A diacronia refere-se ao «eixo das sucessividades», no qual «não se pode nunca considerar senão uma coisa de cada vez, mas onde estão situadas todas as coisas do primeiro eixo, com as suas transformações» (*C. L. G.*, p. 116). É sincrónico tudo o que se refere ao aspecto estático ou a um estado de língua; diacrónico, tudo o que se relaciona com as evoluções ou com uma fase de evolução.

Um dos pontos fundamentais dos ensinamentos de Saussure é a sua afirmação constante do carácter *arbitrário* do signo e da língua. Constata-se, no entanto, que Saussure distingue nitidamente, ainda sob este ponto de vista, a língua dos sistemas de símbolos: «Poder-se-ia discutir um sistema de símbolos, porque o símbolo tem uma relação racional com a coisa significada; mas no que respeita à língua, um sistema de signos

A CIÊNCIA DOS SÍMBOLOS

arbitrários, esta base falha e juntamente com ela desaparece qualquer terreno sólido de discussão; não há nenhum motivo para que se prefira *soeur* a *sister*, *Ochs* a *boeuf*, etc.» (*C. L. G.*, p. 106).

Podemos detectar aqui uma contradição bastante evidente com o «projecto semiológico» anteriormente mencionado, segundo o qual «os rituais», incontestavelmente simbólicos, são no entanto considerados «signos». Da mesma maneira, Edward Sapir, um «estruturalista» americano, nunca deixou de acentuar o carácter fundamentalmente «simbólico» da linguagem que ele considera como «uma actualização vocal da tendência para ver a realidade de *forma simbólica*, e é precisamente esta qualidade que faz dela um instrumento adaptado à comunicação ([9]).

Estas contradições e dificuldades não são as únicas que o estudo das abordagens semiológicas e linguísticas do símbolo apresenta. Convém talvez procurar as causas dela em primeiro lugar num facto importante, referido pelo próprio Saussure: «Quanto à palavra 'signo', se nos contentamos com ela, é porque não sabemos como substituí-la, pois a língua vulgar não sugere mais nenhuma» (*C. L. G.*, p. 100).

A necessidade da palavra «sintema»

Por isso, parece-me importante recomendar o uso da palavra «sintema» ([10]) para designar, em geral, todo o sinal arbitrário e «convencional» cujo sentido unívoco e constante é voluntariamente fixado pelas partes que comunicam entre si através dele. Posteriormente, especificarei a sua etimologia e definição. Podemos, com efeito, distinguir assim mais facilmente, por um lado, o sintema do símbolo e, por outro, o sintema do signo «linguístico» propriamente dito, no sentido saussuriano. Com efeito, este último é arbitrário não em função de uma «livre escolha», do significante pelo sujeito falante, mas na acepção de «imotiva-

---

([9]) E. Sapir, *Langage*, 1933, *in Encyclopaedia of the Social Sciences*, IX-155-69.

([10]) Esta palavra foi utilizada pela primeira vez em 1958 na minha obra, *De la nature des symboles*.

do», em relação ao significado, pois não possui qualquer ligação real com ele. O uso da palavra «sintema» acrescenta assim à noção de «arbitrário», as de «livre escolha» e de «convenção» que não são expressas por mais nenhuma palavra da língua usual.

No entanto, existe uma diferença essencial entre um sinal ligado a uma coisa ou a uma ideia através de uma *convenção* que pode ser modificada por uma decisão inicial das partes que têm poderes para decidir sobre isso e um sinal ligado a uma coisa ou a uma ideia através de uma relação independente dessa convenção. Decidiu-se, por exemplo, designar o oxigénio pela letra 0, mas poder-se-ia ter escolhido a letra G, estipulando-se que o sinal G, nas reacções químicas, teria o sentido previsto. Eis porque Jean Piaget observa acertadamente que um símbolo «se deve definir como um laço de semelhança entre o significante e o significado, ao passo que o 'signo' é 'arbitrário' e assenta necessariamente numa convenção. O sinal exige, pois, *a vida social* para se constituir, ao passo que o símbolo pode ser elaborado por um indivíduo só, como sucede nas brincadeiras das crianças. Por outro lado, é evidente que os símbolos podem ser socializados, sendo um símbolo colectivo, em geral, meio-sinal, meio-símbolo; em contrapartida, um sinal puro é sempre colectivo» ([11]).

É pois graças a uma extensão injustificável de sentido que os lógicos e os matemáticos falam de lógica «simbólica» ao passo que, segundo as próprias intenções de Gottlob Frege, o seu verdadeiro criador, se trata antes de uma lógica tipicamente «ideográfica» e puramente convencional, que não implica qualquer «resíduo» intuitivo ou subjectivo. Por isso propus, em 1958, restituir à palavra grega *synthema*, do verbo *sundesmeo*, «ligo em conjunto», um uso metódico para designar todos os sinais convencionais, chamando-lhes *sintemas*, objecto de uma disciplina particular e nova, a *sintemática*. Voltarei mais tarde a falar nesta questão, mas parece-me indispensável acentuar desde já a importância de que se reveste. Efectivamente, ela permite distinguir claramente a *simbólica* da *sintemática* e a *sintemática* da *linguística*. Dediquei dois capítulos ao estudo destas relações e destas noções.

([11]) J. Piaget, *La psychologie de l'intelligence*.

A CIÊNCIA DOS SÍMBOLOS

A interpretação «estruturalista» dos símbolos

A concepção antropológica «estruturalista» dos símbolos compara estes sinais e as suas diversas associações a uma linguagem *sociocultural* e, em suma, situa-os no «universo do discurso». A respeito disto, surge um primeiro problema: pode-se constatar a *especificidade* dos elementos desta linguagem, da sua articulação e das suas relações mútuas? A primeira vista, não parece que assim seja. Com efeito, se admitirmos que os «sinais militares», as «fórmulas de cortesia», os «sinais de reconhecimento», os «sinais convencionais» o «alfabeto dos surdos-mudos» pertencem a categorias de «sinais» análogas às dos «rituais religiosos» e dos «mitos», não vemos as diferenças que podem distinguir os elementos da «linguagem dos símbolos» dos outros sinais da linguagem.

Podemos recordar que, na área da civilização helenística, a redução do *mythos* ao *logos* feita pelos críticos racionalistas constitui já um facto bastante característico da evolução cultural. Xenófanes não só ataca abertamente o panteão homérico e a mitologia de Hesíodo, como troça dos «mortais que consideram que os deuses nasceram, usam roupas, têm *uma linguagem e um corpo próprios*» ([12]).

No tempo de Tucídides, o adjectivo *mythodes* significava já «fabuloso e sem prova» por oposição a qualquer verdade ou realidade ([13]). Oradores alexandrinos como Aelius Théon, por exemplo, levaram tão longe a crítica devastadora do mito, como os positivistas modernos. Théon demonstra a impossibilidade de um mito a partir de uma análise das contradições e das inverosimilhanças do de Medeia. O *alegorismo* «às avessas» da *História Sagrada* de Evémero do início do século III a.C., foi utilizado pelos apologistas cristãos para demonstrar a humanidade e, portanto, a *irrealidade* dos deuses gregos. Esta crítica «redutora» da «língua dos Deuses» e que a inclui na língua da cultura, vendo apenas nos símbolos os sinais da linguagem humana, não é,

---

([12]) G. S. Kirk e J. E. Raven, *The Presocratic Philosophers*, Cambridge, 1957, p. 168.
([13]) *Historia*, I, 21.

SINAL E SÍMBOLO

pois, uma «descoberta» moderna. É um fenómeno característico de qualquer cultura «dessacralizada» e, por consequência, da nossa própria civilização que sofreu uma influência profunda do racionalismo e a experiência da tradição *escrita*, isto é, da transmissão dos sentidos pelos *sinais* e das crenças pelos *livros*.

Mircea Eliade observa, a este propósito: «não dispomos de nenhum mito grego transmitido com o seu contexto cultural. Conhecemos os mitos no estado de "documentos" literários e artísticos e não enquanto fontes ou expressões de uma experiência religiosa solidária de um rito. Há toda uma região *viva* e popular da religião grega que nos escapa, justamente porque não foi descrita num texto de uma forma sistemática»[14].

Convém, portanto, escolher entre duas atitudes possíveis frente ao símbolo e ao simbolismo. Ou então consideramos que um e outro pertencem ao «universo do discurso», isto é, ao *logos sociocultural*. Neste caso, o «significado simbólico e mítico» não dispõe de nenhum critério particular em relação aos outros sinais da linguagem. Ele distingue-se apenas no plano dos métodos descritivos e interpretativos, por um lado, e ao nível das categorias e das classificações que enuncia, por outro. Ou admitimos que os símbolos ultrapassam o *logos cultural* na medida em que, por intermédio dos mitos e dos rituais, se ligam ao *logos* «não-humano». Nesse caso, temos necessariamente que distingui-los de todos os outros sinais «profanos» uma vez que constituem, por excelência, uma «língua sagrada» que, por mais que custe a Xenófanes e aos críticos modernos, foi reconhecida por todas as tradições das civilizações antigas e das sociedades primitivas como «a língua dos Deuses». Eis porque me parece necessário evitar confundir entre si os sinais que dependem da análise semiológica e das suas interpretações com os que só podem ser compreendidos a partir das experiências iniciáticas e religiosas e das suas tradições.

Claro que podemos considerar a iniciação e a religião como «factos culturais» em sociedades em que a maior parte das expressões da própria cultura está ligada à experiência do Sagrado. Mas enquanto são expressas «culturalmente» ao nível em que o etnólogo as estuda, estas tradições exigem sempre uma interpretação dos seus sentidos «ocultos» aos «profanos», e aos

---

[14] Mircea Eliade, *Aspectos do Mito*, Lisboa, Edições 70, 1989, p. 133.

A CIÊNCIA DOS SÍMBOLOS

«incrédulos». Como é que esse significado seria «redutível» a um «discurso» ou a um «pensamento», uma vez que os seus elementos, as suas articulações e as suas relações mútuas não são nem claramente expostos nem indiferentemente ensinados a todos os membros de uma colectividade? Se, como observou acertadamente Rudolf Otto ([15]), a experiência do Sagrado ou do «numinoso» é a do «Totalmente outro», do «Totalmente diferente», podemos deduzir que as suas expressões simbólicas, míticas e rituais constituem, no seu conjunto, um sistema «totalmente diferente» do dos sinais de uma língua ou dos elementos de um discurso, isto é, do dos «sintemas» sociais.

A «ciência dos símbolos», ao contrário da «antropologia estrutural», não acredita que baste reconstruir o *funcionamento de uma estrutura* para compreender a *sua formação*, isto é, a passagem de uma *ausência de estrutura* à *presença* desta. Ora, se pretendemos estudar os mitos, os rituais e os símbolos, sem trair as experiências a partir das quais eles se edificam, há que *participar activamente na sua génese existencial* e não analisá-los como se se tratasse de puros mecanismos linguísticos ou de «categorias conceptuais».

Este aspecto «mecânico» da «antropologia estrutural» surge bastante claramente na seguinte declaração de Claude Lévi-Strauss: «Se o objectivo último da antropologia, diz ele, é contribuir para um melhor conhecimento do pensamento objectivo e dos seus mecanismos, isto equivale a dizer que, neste livro, o pensamento dos indígenas sul-americanos assume forma sob a operação do meu ou o meu sob a operação do deles.» ([16]) Claro que, se se trata apenas de conhecer melhor o «funcionamento» do discurso simbólico, a posição de Lévi-Strauss é válida cientificamente. O conhecimento estrutural de um «funcionamento», não exige uma decisão de ordem filosófica acerca da «realidade em si» ou acerca do «Quê?», do fenómeno, do seu aspecto «numenal». A sombra do cão que trota a quatro patas atrás do dono pode ser descrita tão exactamente como o seu «modelo», sob o ponto de vista do modo de locomoção. Uma vez que a estrutura constitui um grupo fechado de operações, tanto em matemática como nos outros domínios, basta conhecer,

---

([15]) Cf. Rudolf Otto, *Das Heilige*, Gotha, 1929 [*O Sagrado*, Lisboa, Edições 70].
([16]) Cl. Lévi-Strauss. *Mythologiques*, 1964, p. 21.

por exemplo, o grupo de operações da esfera para definir a sua estrutura através da sua rotação. Assim, podemos sempre fabricar ou imaginar, para uma dada função, um autómato de estrutura e de funcionamento equivalentes ao fenómeno estudado, dentro dos limites de um certo «limiar de complexidade».

No entanto, o valor científico incontestável do estudo das «estruturas», consideradas sob o ponto de vista da sua interpretação «semiológica» ou, se preferirmos, do seu «funcionamento» linguístico, permanece limitado a *uma abordagem puramente descritiva* destes fenómenos. Se se trata de compreender a formação deles, isto é, *a sua natureza genética específica*, o problema muda.

Por outras palavras, a semiologia não pode, por si só, resolver o problema da «natureza» do símbolo porque ela só o atinge ao nível em que ele se encontra já constituído e «cifrado». Nestas condições, a «decifração» corresponde, de facto, a um método essencialmente analítico de um conjunto de sinais que inicialmente supomos «encerrado» e «fechado», ao passo que o problema central da Simbólica geral consiste antes numa interrogação acerca das causas e das condições de aparecimento deste «encerramento» e deste «fechamento» que pode, aliás, ser tão aparente como real. Psicanaliticamente, se, como admite E. Jones, da escola freudiana, «só está simbolizado aquilo que foi recalcado e só o que está recalcado precisa de ser simbolizado», esta «pedra de toque da teoria do simbolismo», segundo este autor, põe assim, de uma só vez, um problema fundamental: o da *própria génese do recalcamento* que determinou as associações inconscientes simbolizadas.

Por isso, parece-me que o primeiro esforço metódico exigido pela Simbólica geral consiste, antes do mais, em lembrar como é que as civilizações de tipo «tradicional» compreenderam esta «natureza» do símbolo, pesquisa de ordem histórica que exige que esqueçamos em primeiro lugar os nossos próprios «sistemas ideológicos» neste domínio.

Esta «descontaminação» da nossa mentalidade moderna impõe-se também no que se refere tanto à Simbólica geral, como à economia das sociedades primitivas e das civilizações de tipo «tradicional». Em 1957, um grupo de investigadores da universidade de Columbia publicou, sob a direcção de Karl Polanyi, uma obra importante a este respeito: *Trade and*

A CIÊNCIA DOS SÍMBOLOS

Commerce in the Early Empires ([17]). Nela lembra que, para descrever e explicar os sistemas de produção das sociedades antigas, os etnólogos e os arqueólogos modernos apenas dispõem dos «conceitos económicos» ensinados na nossa época nas universidades, que reflectem a prática do capitalismo. Ora, para Karl Polanyi, «o facto do mercado impôr a sua forma à nossa economia e à nossa sociedade é um obstáculo primordial para a compreensão das sociedades primitivas».

O estudo atento e minucioso dos factos mostra, com efeito, que o que é geralmente considerado pelos especialistas modernos como «mercado» na Antiguidade, por exemplo, o «mercado» na Mesopotâmia na época de Hamurabi ou ainda o de Kabylie, na actualidade, abarca uma realidade radicalmente diferente do «mercado», no sentido moderno do termo. É claro que o comércio da madeira, dos cereais, dos perfumes, dos metais, era praticado pelos mercadores das feitorias assírias mas, enquanto comerciantes, eles não podiam, estatutariamente, correr qualquer risco económico. Exerciam uma função principalmente técnica, assegurando o transporte e o armazenamento das provisões necessárias ao abastecimento das cidades e o exercício da sua profissão era estritamente regulamentado pelo Estado, desconhecendo na prática a insolvência dos devedores e os problemas das perdas nos preços e da especulação. Nos portos comerciais da época hitita e também no comércio entre aztecas e maias, a equipa de investigadores dirigidos por K. Polanyi constatou factos económicos análogos aos detectados ainda hoje na análise dos mercados de Kabylie, na Guiné, ou na Índia e que mostram a necessidade do estudo das variações, muitas vezes consideráveis, consoante o tempo e o lugar, com que o processo económico é concebido e institucionalizado. Também com o estudo dos sinais e da «lógica» dos sinais sucede o mesmo que em todos os sistemas de troca e comunicação.

Uma semiologia da *significação* só pode assentar validamente no seu princípio, isto é, na *comunicação* que procede, em primeiro lugar, de factores *intencionais*. L.-P. Prieto refere-se a isso, dizendo: «A semiologia da significação deve encontrar na semiologia da comunicação um modelo muito mais apropriado

---

([17]) Cf. trad. franc.: *Les systèmes économiques dans l'histoire et la théorie*, Larousse, Paris, 1975.

do que o que lhe é fornecido pela linguística. Se ela se serviu até agora, para iniciar as suas pesquisas, de conceitos inspirados na linguística, isso sucedeu exclusivamente por causa da inexistência de uma *semiologia da comunicação* suficientemente desenvolvida»[18].

Nestas condições, devemos lembrar que, tanto nas civilizações primitivas como nas sociedades antigas e de tipo «tradicional», os símbolos não são «resumos de um enunciado» que resultariam do «discurso» ou do «conceito», mas «expressões globais», evocadoras de uma «situação de comunicação verbal» por intermédio dos gestos rituais, por exemplo. Ora, esta «comunicação» que é o fundamento da significação simbólica depende, por sua vez, de uma «conduta de intenção» e não de uma «conduta de narração» e de um comportamento de tipo essencialmente *sacral*, que orienta o *humano* para o *não-humano*. Assim, «o processo simbólico», no seu conjunto, tal como era vivido e sentido no interior destas civilizações, não corresponde aos «conceitos simbólicos» tal como são compreendidos actualmente e ensinados nas universidades aos etnólogos, aos linguistas, aos psicólogos e aos diversos especialistas das ciências humanas numa sociedade tão profundamente «dessacralizada» e «racionalizada» como a nossa. Precisamos pois, de certa maneira, de tentar esquecer o que cremos saber a fim de não «projectar» inconscientemente os nossos próprios sistemas ideológicos e os seus «códigos culturais» em realidades que não se incluem nem nos nossos critérios lógicos do conhecimento nem nas nossas concepções psicológicas e físicas da experiência.

A concepção «tradicional» da origem «não-humana» do símbolo

Se existe um ponto acerca do qual as sociedades primitivas e as diversas civilizações de tipo tradicional estão de acordo é o da origem «não-humana» dos símbolos e, em particular, da simbólica dos Mistérios mágico-religiosos, dos mitos e dos rituais das iniciações. Aos níveis arcaicos de cultura, no entanto, o

---

[18] Cf. «Sémiologie», in *Le langage*, Paris, 1968, p. 94.

A CIÊNCIA DOS SÍMBOLOS

mundo humano e os sinais que o exprimem não constituem um sistema fechado ao «não-humano», seja ele «infra-humano» ou «supra-humano». O mundo dos «Seres divinos» ou dos «Antepassados míticos» por transcendente que seja no plano do «Totalmente outro» que a experiência do Sagrado implica, não permanece menos acessível graças a rituais e a símbolos que não «representam» «alegoricamente» nem «conceptualmente» este mundo «não-humano» mas que o *re-actualizam dinamicamente*.

A existência de um «modelo não-humano» que parecia dever paralisar a iniciativa humana pelo seu carácter «intangível», garante, ao contrário, pela sua comemoração mítica, ritual e simbólica, a existência de uma ordem «primordial» e «trans-histórica» capaz de legitimar qualquer iniciativa nova de organização do espaço e do tempo. Ele contribui, com efeito, para aniquilar as dúvidas «humanas» acerca dos resultados da acção prevista. Perante um território desconhecido e temível, basta, por exemplo, repetir o ritual cosmogónico «revelado pelos Deuses» para que este «caos» transformado em «cosmos» se transforme numa extensão semelhante à «imagem original do Mundo», à «vontade dos Deuses» e, por consequência, habitável e «aberta» aos homens que, em seu nome, a possuem e a transformam. A imitação dos gestos exemplares dos Deuses, dos Heróis e dos Antepassados míticos não implica, pois, somente um elo de semelhança «significativa», nem «uma conduta de narração», mas também uma *conduta de intenção*.

À primeira vista, parece que repetir e comemorar ritual e simbolicamente um «acto primordial» pressuporia uma orientação da consciência para o passado mais longínquo. Mas, quando pensamos assim, atribuímos a uma mentalidade diferente da nossa um «historicismo» que lhe é totalmente estranho. Como a relação fundamental do humano com o «não-humano» é de tipo «genético», «original» e «trans-histórico», ela corresponde antes a um movimento de intenção ritualizado que se torna num meio de comunicação análogo àqueles que detectamos entre certos insectos sociais.

A abelha relaciona-se com as suas congéneres através de *movimentos* nos quais deve participar para os compreender. Esta conduta assemelha-se à das «formigas-centros de excitação» descritas por D. W. Morley. Tinbergen e Armstrong descobriram muitos outros exemplos em todos os domínios do instinto e do comportamento animal. A «linguagem de humor» descrita por Lorenz a propósito dos bandos de gralhas, permite uma estimulação progressiva dos indivíduos, significando o grito «Kiá!», «Estou de humor a ficar no ninho» e «Kiú!», «Estou de humor a regressar» e orientando-se estes apelos, a princípio contraditórios, no sentido de uma unanimidade crescente assinalada finalmente pelo acto escolhido pelo conjunto dos pássaros.

Salvaguardadas as devidas proporções, *a comunicação essencialmente dinâmica* implicada pela «reactualização» do «modelo ritual e simbólico» não é mais compreensível no plano único do «discurso» humano que os gritos «Kiá» e «Kiú» das gralhas se a separarmos da «conduta de intenção» dos indivíduos e da colectividade em questão, isto é, *de uma orientação sacral*, fora da qual o símbolo não tem sentido autónomo nem significação específica.

Eis porque a «conduta de narração», por si só, não permite considerar um conjunto de símbolos e, por exemplo, um mito como *significativo* de um «pensamento» simbólico descrevendo relações entre categorias a partir de um certo número de proposições sobre o mundo. O simbolismo, isto é, o *uso* dos símbolos, não é um processo conceptual. Não podemos, pois, aplicar-lhe os nossos critérios de pertinência e de racionalidade. Um símbolo *não significa* algo de pré-determinado para alguém. Ele é simultaneamente um *centro de acumulação e de concentração das imagens e das suas «cargas» afectivas e emocionais, um vector de orientação analógica da intuição, um campo de magnetização das semelhanças antropológicas, cosmológicas e teológicas evocadas.*

A intenção não está separada aqui de uma certa «tensão» do indivíduo e do grupo, sempre presente, de resto, sob formas muito diversas, nos comportamentos ritualizados ou nas frequentes «dramatizações» míticas. O símbolo concentra e faz convergir para o seu seio esta «tensão» cujo poder de evocação conserva latente. Há aqui algo diferente das relações de «significante» e «significado» pois as «relações simbólicas» implicam uma acumulação sempre possível de relações analógicas sempre novas. O «significado» pode, a qualquer momento, ser considerado como *inacabado*, como um simples elemento de um processo de simbolização *sem fim* no qual o próprio «significante» participa. Jâmblico di-lo já muito bem: «A alma é constituída de

A CIÊNCIA DOS SÍMBOLOS

modo a entender simbolicamente o que lhe é apresentado sob uma forma simbólica». O próprio Lévi-Strauss observa que as «relações simbólicas» podem ser fundadas tanto sobre a «contiguidade» como sobre a «semelhança», ser «próximas ou longínquas» «sensíveis» ou «inteligíveis», «sincrónicas ou diacrónicas» e que, de facto, a *ligação* é mais importante do que a própria natureza daquilo que está ligado ([19]).

Ora, aquilo que constitui, por excelência, a *magnetização simbólica* procede simultaneamente de *um poder lógico e psicológico*: da *analogia* que, ao contrário da lógica da identidade, principalmente consciente e presente em todos os processos de abstracção do pensamento, é caracterizada pelo seu arcaísmo concreto, pela sua organização temática inconsciente e pela carga afectiva e emocional que é capaz de projectar sobre todos os objectos da experiência existencial. Os símbolos, os mitos e os rituais não podem, pois, ser compreendidos se reduzirmos os seus «sistemas» a uma das suas principais consequências, isto é, às suas propriedades de classificação, às suas categorias e às suas hierarquias, embora elas sejam importantes epistemológica e socialmente. Temos de ir mais longe e interrogarmo-nos acerca das funções da analogia do «processo de simbolização» simultaneamente no entendimento humano e nas suas relações possíveis com o «não-humano».

Convém lembrar, a este propósito, que tal expressão não significa sempre «divino» nem «supra-humano». Darei exemplos de rituais e de símbolos de tipo mágico através dos quais, numa perspectiva arcaica de conquista e de posse de «poderes vitais» eficazes, o homem se liga ao «infra-humano» por cerimónias e pactos conscientes e voluntários, uma vez que aqueles exigem um certo número de crimes e de violação de interditos para ser considerados reais. É o caso, nomeadamente, de certos tipos de iniciação em sociedades secretas africanas tais como as dos «homens-pantera» que procuram expressamente uma relação íntima e profunda do comportamento do homem com o da fera. Isto não implica, no entanto, a exclusão de uma experiência do Sagrado, ou seja, do «Totalmente outro», como prova a análise destes mitos estranhos. A *demonologia* está ligada, em grande parte, a estas práticas primitivas. Também agora, a abor-

---

([19]) Cl. Lévi-Strauss, *La pensée sauvage*, Paris, 1962, pp. 85-88

SINAL E SÍMBOLO

dagem linguística e sociológica dos rituais e dos símbolos não basta para os interpretar uma vez que, longe de constituírem um meio de organização do «discurso» cultural e social, eles têm expressamente como objectivo desorganizá-lo e destruí-lo, em função de uma experiência «não-humana» determinada pela sua intenção e pelas suas práticas.

Mircea Eliade lembrou que não devemos imaginar que esta «abertura» do «humano» ao «não-humano» se traduz por uma concepção bucólica da existência: «Os mitos dos 'primitivos' e os rituais que deles dependem, diz, não nos revelam uma Arcádia arcaica... Os paleocultivadores, ao assumirem a responsabilidade de fazer prosperar o mundo vegetal, aceitaram igualmente a tortura das vítimas em proveito das colheitas, a orgia sexual, o canibalismo, a caça às cabeças. Há aqui uma concepção trágica da existência, resultado da valorização religiosa da tortura e da morte violenta... O paleocultivador aceita a crueldade e a morte como uma parte integrante do seu modo de ser. Claro que a crueldade, a tortura e a morte não são condutas específicas e exclusivas dos 'primitivos'. Encontramo-las ao longo de toda a história, por, vezes com um paroxismo desconhecido nas sociedades arcaicas. A diferença consiste sobretudo no facto de, para os primitivos, a conduta violenta ter um valor religioso e ser decalcada sobre *modelos trans-humanos...* O mito não é, em si mesmo, uma garantia de 'bondade' nem de moral. A sua função consiste em revelar modelos e em fornecer assim um significado ao Mundo e à existência humana. Por isso, o seu papel na constituição do homem é imenso» [20].

Aliás, o aspecto temível e muitas vezes sinistro da intervenção dos «espíritos» ou do «não-humano» na experiência «humana», constitui uma das características mais importantes e irredutíveis a outras das primeiras manifestações do Sagrado ou do «numinoso».

Rudolf Otto, na sua análise do «terror místico», lembra que o verbo hebreu *hiq'dich*, «santificar», corresponde a um sentimento especial de «terror» que não se confunde com outras formas de medo e pertence à categoria do Sagrado e do «numinoso». «O Antigo Testamento, diz ele, é fértil em termos sinónimos que exprimem este sentimento. Convém notar aqui a

---

[20] Mircea Eliade, *op. cit.*, 122-123.

A CIÊNCIA DOS SÍMBOLOS

expressão *émât Jahveh*, o 'terror de Deus', que Iavé pode espalhar e até enviar como faz aos demónios, terror que penetra nos membros do homem e os paralisa.» [21]

R. Otto aproxima-o do «medo pânico» dos Gregos, *deima panicón* e cita esta passagem do *Êxodo* (23:27): «Enviarei à tua frente um terror de Deus e derrotarei todos os povos que fores alcançando.» Este terror, diz ele, «está imbuído de um horror interno que nenhuma coisa criada, nem a mais ameaçadora, consegue inspirar. Tem algo de espectral. A língua grega possui um termo que nos interessa aqui, *Sebastós*, que significa 'augusto'. Os primeiros cristãos tinham o sentimento muito nítido de que o título de *Sebastós* não convinha a nenhuma criatura, nem sequer ao imperador e que designava uma qualidade 'numinosa'. Tratar alguém por *Sebastós*, apreciar um homem segundo a categoria do 'numinoso' era, para eles, *cometer um acto de idolatria*» [22].

O símbolo não pertence, pois, inteiramente aos sinais do universo humano do «discurso» nem apenas às categorias do conceito ou do «imaginário». A função simbólica é inseparável da sua «orientação sacral» ou do seu desígnio hierofânico das potências «numinosas» ou «não-humanas» às quais os mitos e os rituais ligam o ser humano, «re-unificando» o *ánthropos* e o *cosmos* através do poder do *logos*, que aqui não é *linguagem*, mas *verbo* e *palavra* «ressuscitada», «re-criada», para além do sentido cultural e social das «palavras da tribo». A circulação dos símbolos e das suas regras, a troca das mulheres na aliança matrimonial, dos objectos e dos bens nas relações económicas, qualquer que seja o interesse antropológico apresentado pelo estudo das suas estruturas, não podem justificar senão expressões imanentes a esta experiência transcendente de «comunicação hierofânica» primordial. Não poderíamos assim compreender-lhe as causas nem as condições.

A passagem da natureza à cultura subentende, evidentemente, como demonstrou C. Lévi-Strauss, a aptidão para a utilização do símbolo sem a qual nenhuma sociedade pode constituir-se. Mas, se a semiologia consegue descrever o «dispositivo simbólico» enquanto *funcionamento*, ela não o explica enquanto *formação*, na sua realidade genética e trans-histórica. Em

---

[21] R. Otto, *op. cit.*, p. 29.
[22] R. Otto, *op. cit.*, p. 30.

contrapartida, é à *simbólica* geral, isto é, à «ciência dos símbolos» que compete estudar este problema e ela por si só não poderá atingir este objectivo antes de decorrerem muitos anos, pois ainda não está segura dos seus métodos, nem dos seus princípios, nem sequer do seu vocabulário. Urge portanto, ao menos, no seu estado actual, tentar «estabelecer o acordo para uma terminologia comum».

A semiologia psicanalítica

Se, na vida espiritual, iniciática e religiosa, o símbolo ultrapassa suficientemente os limites da sociosfera para que seja impossível reduzi-lo a um código «cultural» totalmente decifrável e inseparável através, exclusivamente, da análise dos seus sinais, esta diferença que separa a semiologia da simbólica não é menos observável no domínio da vida psicológica.

C. G. Jung, a quem, a despeito das críticas por vezes justificadas dos seus adversários freudianos, devemos, ao menos, o facto de ter aprofundado o nosso conhecimento do processo de simbolização no inconsciente, insistiu na necessidade de não confundir os símbolos com os sinais e de não lhes atribuir conteúdos conceptualizados, já determinados por uma significação ideológica. «Insistimos, diz ele, em que não se deve considerar o simbolismo do sonho de *forma semiótica* na prática, isto é, em que não se deve ver nos símbolos sinais ou sintomas com significação e caracteres fixos. Os símbolos do sonho – sintomas autênticos – são as expressões de conteúdos que o consciente ainda não apreendeu nem encerrou na fórmula de um conceito; além disso, devem ser considerados sob o ângulo da sua relatividade, em função da situação consciente momentânea [23].

C. G. Jung admite, evidentemente, a existência *teórica* dos símbolos «cujo significado é mais ou menos fixo», postulado sem o qual estaríamos impossibilitados de afirmar o que quer que fosse acerca da estrutura do inconsciente; os nossos esforços de discriminação não teriam nada de estável em que se apoiar», mas, *na prática*, ele recomenda que se evite, durante a

---

[23] C. G. Jung, *L'homme à la découverte de son âme*, Payot, Paris, 1972, p. 264.

A CIÊNCIA DOS SÍMBOLOS

interpretação, colocar os símbolos em relação «com coisas conhecidas e conceitos já feitos».

C. G. Jung acrescenta que ao atribuir a símbolos relativamente fixos, conteúdos de características indeterminadas, entende por isso que «se não fosse esta indeterminação, esses símbolos não seriam símbolos, mas *sinais* ou *sintomas*. Sabe-se que a escola freudiana pressupõe a existência de símbolos sexuais fixos (ou seja, neste caso, *sinais*) e lhes atribui, de uma vez por todas, o conteúdo aparentemente claro da sexualidade. Mas, precisamente, o conceito de sexualidade para Freud é de uma extensibilidade indefinida; por consequência, ele apresenta-se tão vago e impreciso que podemos incluir nele tudo o que quisermos... Eis porque prefiro aceitar a ideia de que o símbolo designa *uma entidade desconhecida, difícil de captar e, em última análise, nunca inteiramente definível* (²⁴), em vez de me apoiar na convicção dogmática, assente sobre uma ilusão, de que um termo familiar ao ouvido indica forçosamente uma coisa conhecida. Tomemos como exemplo os símbolos chamados 'fálicos' que, diz-se, apenas designam o membro viril. No entanto, sob o ângulo da *psyche*, o pénis é, por sua vez, o símbolo de um outro conteúdo difícil de definir; esta afirmação é ilustrada pelo facto de os Antigos e os primitivos, que utilizavam os símbolos fálicos com grande liberalidade, nunca terem tido a ideia de confundir o *phallus*, símbolo ritual, com o órgão sexual masculino (²⁵).

A crítica da hermenêutica freudiana feita por C. G. Jung parece-me mais justificada pelas tendências dogmáticas excessivas de certos discípulos do freudismo, do que pelo próprio pensamento do mestre. Queria lembrar aqui uma declaração capital e muitas vezes esquecida de Freud em *Totem e Tabu* que mostra, pelo contrário, a moderação e a prudência dignas da sua erudição e do seu génio, com que o «Pai da psicanálise» afirmava os limites das descobertas que realizara e pretendia contribuir para as pesquisas futuras, essencialmente interdisciplinares: «Tendo a psicanálise, diz Freud, descoberto o determinismo mais longínquo e mais profundo dos actos e formações psíquicas, não é de recear que ela seja tentada a reduzir a uma única fonte um fenómeno tão complicado como a religião. Quando, por dever

---

(²⁴) C. G. Jung, *op. cit.*, p. 265.
(²⁵) C. G. Jung, *op. cit.*, p. 265.

ou por necessidade, ela é obrigada a mostrar-se unilateral e a não pôr em evidência senão uma única origem destas instituições, não pretende afirmar que essa origem seja a única, nem que ela ocupa um lugar mais importante que as outras. Só uma síntese dos resultados fornecidos por diversos ramos de pesquisas poderá demonstrar a importância relativa que devemos atribuir na génese das religiões ao mecanismo que vamos tentar descrever; mas um trabalho destes ultrapassa tanto os meios de que o psicanalista dispõe, como o objectivo que pretende atingir.» [26]

Nos capítulos seguintes, dedicados ao estudo dos problemas da interpretação dos símbolos, tentarei demonstrar a que ponto se impõe, neste domínio tão vasto, tão complexo e ainda tão obscuro, um princípio metodológico fundamental: *todas as hermenêuticas devem ser consideradas simultaneamente como necessárias e insuficientes.* Elas exigem, portanto, de todos os especialistas um mínimo de tolerância face aos sistemas que não estão de acordo com aquele que consideram como o mais coerente e uma capacidade suficiente de autocrítica para não dissimular a parte de hipóteses e de postulados que, de forma inevitável, intervêm em todas as escolhas de um critério do conhecimento e de uma ordem de referência experimental.

---

[26] Sigmund Freud, *Totem et Tabu*, Payot, Paris, 1974, p. 117.

SEGUNDA PARTE

A ANALOGIA

III

AS ORIGENS EXPERIMENTAIS DO PROCESSO ANALÓGICO

A experiência corporal da iniciação

Qualquer ruptura do nível ontológico, qualquer modificação íntima da consciência de existir num certo estado, corresponde necessariamente a uma transformação de uma linguagem anterior. O homem doente não fala da mesma maneira que um homem saudável; as palavras que a dor lhe arranca são, na aparência, facilmente compreensíveis, mas os significados de que estão carregadas dão-lhes o peso de um conteúdo novo, de uma focalização e de uma capacidade de evocação que não possuíam anteriormente. Com mais razão ainda, qualquer experiência existencial dramática ou excepcional se vê na necessidade de reinventar a sua expressão. Como poderia a língua da iniciação, isto é, de um processo que exige uma agonia, uma morte e uma ressurreição rituais, escapar a esta lei?

Imagina-se demasiadas vezes que a «ruptura do nível ontológico» é uma metáfora, uma alusão a transformações do ser puramente interiores, de ordem psicológica, ou então corresponde apenas a aspectos particulares da vida mística e do sentimento religioso. Como é que se desenrolavam os rituais de iniciação de uma confraria masculina da América do Norte, na tribo dos Mandan? Dois homens espetavam facas nos músculos do peito e das costas do neófito, metiam os dedos dentro da ferida, passavam um gancho por baixo dos músculos, atavam-lhe cordas e içavam o corpo no ar, após terem fixado pedras pesadas e cabe-

A CIÊNCIA DOS SÍMBOLOS

ças de búfalo em cavilhas cravadas nos músculos dos braços e das pernas. O etnólogo Georges Catelin, a quem devemos estes pormenores (¹), garante «que a maneira como os jovens suportavam esta terrível tortura tocava as raias do fabuloso: nada lhes transparecia no rosto enquanto os carrascos lhes retalhavam a carne». Uma vez suspensos no ar, um homem começava a fazê-los girar como se fossem peões, cada vez mais depressa, até os infelizes perderem os sentidos e o corpo deles pender, desconjuntado.

Depois de tais experiências, mais terríveis que as da morte natural em muitos casos, como é que um homem podia receá-la, durante os combates? De quê e de quem teria medo, depois de ultrapassar a fronteira da dor? Como não se havia de sentir *realmente* ressuscitado para uma consciência de existir num estado absolutamente diferente não só da sua experiência anterior, mas também da dos «profanos» que não podiam imaginar sequer aquilo que ele experimentara? O «Totalmente outro», que a experiência directa do Sagrado revela, tanto na carne como no espírito, não é uma concepção teórica dos historiadores das religiões. É uma realidade elevada e profunda, um *excedente experimental*, uma *surrealidade*, no sentido mais exacto deste termo.

Eis por que a linguagem e o nome do iniciado se transformam também após a ressurreição ritual. É ensinada uma linguagem secreta ao novo membro da confraria, sob a condição de jurarem não a revelar a nenhum profano. Estas disposições e estas regras tradicionais surgem em todas as épocas e nas civilizações mais diversas. Encontramos em toda a parte o mesmo esquema iniciático fundamental, que inclui as mesmas frases, como se se tratasse de um protótipo permanente e universal. Os trabalhos já clássicos de Mircea Eliade tornam supérflua a minha insistência sobre este ponto e a necessidade de apresentar mais provas do que as já fornecidas. Lembrarei apenas uma das suas conclusões: «O mistério da regeneração espiritual comporta um processo arquetípico, que se efectua a níveis diferentes e em contextos múltiplos. Efectua-se sempre que se trata de ultrapassar um modo de ser para desembocar noutro, superior; ou, mais precisamente, sempre que se exige uma *transmutação espiritual*.» (²)

(¹) Georges Catelin, *O. Kee-Pa*, Londres, 1867, citado por Mircea Eliade: *Mythes, rêves et mystères*, Paris, 1957, p. 253. [*Mitos, Sonhos e Mistérios*, Lisboa, Edições 70].

(²) Mircea Eliade, *Mythes, rêves et mystères*, p. 256.[*Mitos, Sonhos e Mistérios*, Lisboa, Edições 70]

AS ORIGENS EXPERIMENTAIS DO PROCESSO ANALÓGICO

Esta expressão refere-se a uma «alquimia» iniciática e desejo insistir, a este propósito, num ponto frequentemente desprezado. O rito Mandan já descrito não é inspirado na crueldade inata dos Ameríndios, como Eliade acentua, mas no significado ritual das torturas, isto é, a «divisão em bocados» levada a cabo pelos demónios iniciadores. Será isso suficiente? Eliade estabelece um paralelo entre esta divisão e a célebre «tentação de Santo Antão». Não erra ao fazê-lo, pois a tentação é muitas vezes assimilada à prova iniciática. No entanto, num e noutro caso, trata-se, de facto, de assumir o mal e a dor de existir, muitas vezes relacionados com a «possessão demoníaca», mas também com a «possessão pelos espíritos». Na minha opinião, no rito Mandan este aspecto não é o único que se deve ter em consideração, tal como sucede na «tentação de Santo Antão». Encontramos aqui também uma alusão a uma transmutação *material*, a do próprio corpo do iniciado, assimilado à terra, *erguido* no ar e *retalhado* pelo ferro, até que o sangue e o fogo escorram dele. As *cabeças de búfalo* e as pedras *fixadas* nas pernas e nos braços são símbolos suficientemente transparentes, parece-me, destas analogias cósmicas testemunhadas pela *rotação* final do corpo do iniciado, assimilada ao movimento da abóbada celeste estrelada.

Insisti neste aspecto particular do ritual Mandan que exigiria, bem entendido, outros comentários mais exactos, a fim de mostrar que a noção de transmutação *interior* ou *espiritual*, na iniciação tradicional, ao seu nível arcaico, não é a única que devemos considerar na perspectiva da interpretação simbólica.

A «ruptura do nível ontológico» realizava-se também no plano corporal em condições deste género e temos que confessar que somos incapazes, cientificamente, de saber quais as consequências destas torturas no plano das *percepções* e das *sensações* do iniciado. Pelo menos, supomos que elas podiam sofrer uma modificação mais ou menos profunda, quanto mais não seja nas suas relações com a cenestesia geral. Se admitirmos esta hipótese, não é impossível que uma experiência de uma natureza ignorada pela nossa psicologia actual justifique a impassibilidade dos neófitos e a ausência incompreensível de contracção de um único músculo do seu rosto.

Interessa compreender, ao menos, que a passagem de um nível de linguagem para outro e, em primeiro lugar, da língua

A CIÊNCIA DOS SÍMBOLOS

tribal dos profanos para a dos iniciados, não era apenas a *aprendizagem da gíria secreta* de uma confraria, mas também das relações íntimas que existem entre esta língua e a experiência existencial da iniciação e, em certa medida, da *incarnação* dos seus mitos, dos seus rituais e dos seus símbolos. Era o próprio corpo que, graças às provas deste novo nascimento, deveria reinventar completamente a sua imagem, como a consciência, a sua linguagem, através das provas deste «novo nascimento».

Em certas tribos, os iniciados deviam esquecer toda a sua vida anterior. Imediatamente após as cerimónias rituais, pegavam-lhes na mão, alimentavam-nos como se fossem crianças e ensinavam-lhes de novo os comportamentos elementares indispensáveis à vida, assim como um vocabulário novo, graças ao qual eles sabiam os nomes secretos dos seres vivos e das coisas.

Em certos povos bantu, as cerimónias da circuncisão exigiam um «renascimento» prévio. O pai sacrificava um carneiro. Três dias mais tarde, envolvia a criança na membrana do estômago e na pele do animal. No entanto, antes disso, a criança tinha que se deitar na cama, junto da mãe, e chorar como um recém-nascido. Permanecia durante três dias embrulhada na pele do carneiro e ao quarto dia o pai coabitava com a mulher. Observa-se igualmente que, nesta tradição bantu, os mortos também são enterrados dentro de uma pele de carneiro e o corpo colocado numa posição embrionária ([3]). No Egipto antigo, na Índia e noutras civilizações antigas, o envolvimento ritual na pele de um animal também estava ligado ao simbolismo do renascimento místico. Não devemos confundir, evidentemente, as iniciações tribais com as das sociedades secretas e das confrarias mas, em muitos casos, umas são assinaladas por tradições derivadas das outras, sem que as relações de anterioridade sejam sempre fáceis de determinar.

Aliás, há que referir que os guardiões e os conservadores das tradições eram sempre, eles próprios, iniciados em confrarias e, uma vez que estas remontavam a uma época longínqua e correspondiam frequentemente a associações intertribais, é provável que a autoridade destas sociedades secretas impusesse às diversas tribos «normas rituais e simbólicas» adaptadas aos diversos costumes locais e às crenças particulares.

([3]) Cf. C. W. Hobleq, *Bantu Beliefs and Magic*, Londres, 1922, pp. 78 e ss., 98 ss.

AS ORIGENS EXPERIMENTAIS DO PROCESSO ANALÓGICO

Eis por que, em muitos casos, é muito difícil separar distintamente os símbolos iniciáticos e mágicos dos símbolos religiosos, tanto mais que eles intervêm muitas vezes sob a forma de autênticas «estratificações rituais», cuja análise histórica precisa é quase impossível de realizar. Confesso que não compreendo como é que certos especialistas da pré-história podem afirmar que um determinado ritual era a expressão de uma crença religiosa entre os Paleantropos ou outros quaisquer, de uma prática *mágica*, quando essas distinções só poderiam adquirir sentido se conhecêssemos o pensamento dos Paleantropos a respeito da magia, da religião e dos diferentes valores que lhes atribuíam.

O significado simbólico dos rituais mágico-religiosos dos paleantropos

Da mesma forma, é duvidoso extrair argumentos de uma comparação entre os cultos das civilizações árcticas e os dos caçadores de ursos do Paleolítico Inferior, tal como fez o suíço E. Baechler, a quem se deve uma das mais importantes descobertas pré-históricas contemporâneas, a de um «culto sacrificial» prestado aos crânios de urso das cavernas que remontava ao Paleolítico Inferior. Aliás, A. Gahs levantou muitas objecções a este propósito [4].

Houve pressa em recusar a interpretação de uma magia relativa à caça, a fim de estabelecer a noção de um «culto sacrificial primitivo», ou seja, de um «Deus do mundo» ao qual os hominídeos do Paleolítico Inferior já teriam oferecido os objectos «que consideravam mais valiosos», como afirma de forma bastante arbitrária E. Baechler e, depois dele, Kurt Lindner, que chega a referir-se a «*bases espirituais* que levaram ao desenvolvimento da magia da caça e da arte de caçar» [5].

Sem negar, de resto, a possibilidade de uma «espiritualidade» dos Paleantropos, pois, teoricamente, nada se opõe a isso,

---

[4] A. Gahs, Kopf, *Schädel und Lang Knochenopfer bei Renntiervölkern*, Viena, 1928, pp. 231-268.

[5] Kurt Lindner, *La chasse préhistorique*, Paris, 1950, p. 250.

A CIÊNCIA DOS SÍMBOLOS

confessamos que estes indícios não permitem afirmá-lo de uma forma tão peremptória. Em contrapartida, é certo que os nosso longínquos antepassados atribuíam ao urso uma função eminente, como provam certas descobertas. Devemos lembrar, a propósito disto, que os Paleantropos partilhavam com eles a existência quotidiana e lhes deviam provavelmente a base da sua alimentação carnívora. Podemos supor, pelo menos, que ligavam aos crânios das suas vítimas todo um conjunto complexo de valores simultaneamente mágicos, religiosos e utilitários que ainda nos escapam. Este testemunho arqueológico, *o mais antigo que possuímos*, segundo Kurt Lindner, *das representações mítico-religiosas da espécie humana*, põe ainda, como vemos, problemas muito difíceis de resolver.

Contudo, e embora Baechler garanta arbitrariamente que este culto não tinha «significado simbólico», julgo necessário, devido à sua importância, aludir às descobertas do Drachenloch:

«Quando se procedeu à exploração destas estações, foram encontradas, a cerca de cinquenta centímetros das paredes das cavernas, pequenos muros, alguns dos quais atingiam oitenta centímetros. Tratava-se de placas de pedra sem argamassa a juntá-las, cuja estratificação horizontal demonstrava tratar-se de uma construção feita por mãos humanas. Havia inúmeras ossadas de ursos das cavernas amontoadas no espaço situado entre a parede e o muro; sobretudo crânios, muitas vezes dispostos paralelamente, ao lado ou por cima uns dos outros, uns intactos, outros danificados ou com buracos... Os achados feitos na terceira caverna foram ainda mais curiosos. Foram descobertas seis caixas de pedra, feitas de lajes e com uma tampa também de pedra. Continham crânios de urso cuidadosamente arrumados e, além disso, ossos de extremidades, tal como na cripta do vestíbulo. As buscas prosseguiram na terceira gruta e foram encontrados blocos caídos que deviam ter existido sob essa forma quando os caçadores pré-históricos habitavam a caverna e crânios de urso bem conservados metidos em nichos de pedra. Mas o carácter cultual de todos estes despojos ósseos manifestava-se sobretudo, num crânio de urso que se encontrava rodeado de pedras chatas do tamanho de uma mão, que se adaptavam exactamente à forma dos ossos.» [6]

---

[6] Kurt Lindner, *op. cit.*, p. 247.

O primeiro ponto que devemos considerar, quando propomos uma interpretação simbólica, é pensar que ela deve estar sempre associada ao de uma dinâmica litúrgica ou *ritual*. Consequentemente, ou estes crânios não possuem senão um significado alimentar banal, o que parece ir contrariar a maior parte dos especialistas, ou então eles têm um significado *simbólico-ritual*. Este não é necessariamente «cultual», ou seja, «religioso» pois uma interpretação dessas só pode ser estabelecida pela etnologia comparada, a dez mil anos de distância dos factos, pelo menos, entre as civilizações árcticas e paleolíticas, o que constitui uma margem verdadeiramente excessiva, histórica e psicologicamente. Em contrapartida, sabemos com toda a certeza quais eram os hábitos *alimentares* dos Paleantropos. Assim, resta-nos uma hipótese coerente: a do *valor simbólico-ritual de uma refeição feita em comum*. Constatamos, o que é notável, que não foram encontradas vértebras da coluna, mas apenas os ossos das extremidades ou dos crânios. Podemos deduzir desse facto que se tratava de partes do corpo cuidadosamente escolhidas, em função da importância que lhes atribuíam.

Os caçadores contemporâneos comprovaram que o poder de ataque de um urso depende principalmente das *patas e da cabeça*. Um macho adulto, do tipo urso das cavernas, atingia, de pé, quase dois metros e cinquenta. O tipo antigo desapareceu, mas pensa-se que ele se assemelhava, pelo tamanho e pelo aspecto, ao urso pardo da América. Os seus ossos eram grandes e pesados; o crânio extraordinariamente maciço. Nada se sabe do seu carácter, mas tratava-se de um animal muito perigoso. Mesmo na nossa época, e em relação a outras espécies, os domadores observam que, ao contrário de outros animais, o urso é uma ameaça sempre imprevisível porque nenhum sinal permite prever quando vai atacar. Os nossos longínquos antepassados tinham, pois, todos os motivos para o recear e ao mesmo tempo para gostar dele, pois constituía a base da economia da caça no Paleolítico Inferior.

«Comer em conjunto o inimigo», neste caso, não é muito diferente de uma assimilação pelos caçadores das forças vitais desse mesmo inimigo, em especial ao conteúdo precioso do crânio, aquele que é reservado geralmente, aos chefes e aos grandes dignitários, durante os festins de antropófagos que celebram vitórias contra os inimigos.

A CIÊNCIA DOS SÍMBOLOS

A divisão das seis caixas não aponta já para uma distribuição por indivíduos ou por grupos distintos? Além disso, o crânio isolado que foi descoberto, rodeado de pedras que se adaptam perfeitamente às suas formas, constitui um *sétimo elemento* que devia, corresponder, provavelmente, ao lugar daquele que fazia esta distribuição aos caçadores.

Podemos, a partir destas observações, imaginar pelo menos uma hipótese provável: que se tratava de grutas destinadas a *operações simbólico-rituais de magia alimentar por assimilação das forças vitais do animal sacrificado*, de forma que o mais antigo testemunho mítico-ritual que conhecemos não é propriamente *religioso* mas sim *mágico* o que não exclui o seu valor sagrado.

Observamos pois ainda, neste exemplo pré-histórico, o papel capital do *corpo* nas cerimónias deste género, já verificado anteriormente a propósito das iniciações. Quando nos interrogamos para saber donde vem a consciência da analogia que serve de fundamento à lógica dos símbolos, esquecemos muitas vezes que a lei da semelhança ou da *acção dos semelhantes sobre o semelhante* pode ter origens experimentais e existenciais, a *assimilação do vivo pelo vivo*, ou seja, *a nutrição*.

É a partir da *universalidade da nutrição,* e não só a partir da sexualidade, que devemos tentar sondar as profundezas paleo-psíquicas. *Comer ou ser comido*: esta é, provavelmente, a primeira lei que se impõe a todos os seres vivos, de forma imediata e espontânea. Por consequência, sendo o nível mais arcaico constituído pela *assimilação viva*, devemos tirar uma consequência essencial disto: todos os seres vivos, e não apenas o homem, utilizam no seu comportamento a lógica da *assimilação*, isto é, da *analogia*, o que a transforma não numa língua particular, mas na *linguagem universal da natureza*. É isso que demonstram os *fenómenos do mimetismo*.

Os fenómenos do mimetismo

Para os compreender melhor, convém em primeiro lugar pôr em evidência um princípio geral: *o movimento orgânico inclui o meio natural no estado temático subordinado na forma*

AS ORIGENS EXPERIMENTAIS DO PROCESSO ANALÓGICO

orgânica, antes de ser diferenciado de maneira distinta, enquanto território. Na estruturação deste, as marcações feitas com líquidos orgânicos, tal como a urina, desempenham o papel de *sinais indutores* destinados à detecção da forma extra-orgânica do espaço ocupado, e ao mesmo tempo *inibidores* da formação de um espaço alterado por uma presença concorrente, capaz de o modificar em seu proveito. Além disso, estas marcas fazem da associação destes sinais o tipo primitivo da associação das nossas recordações individuais no tempo; eles permitem ao animal reconhecer o território como seu pela continuidade do rasto que deixam, da mesma forma que a nossa memória, graças às nossas lembranças, dá testemunho do carácter contínuo da nossa individualidade.

O poder da *assimilação extra-orgânica pelo orgânico no plano da analogia viva* das formas implica uma homologia essencial que vemos demonstrada com bastante evidência nas conchas dos moluscos. No entanto, esta condição pode ser invertida, como no caso de Bernardo, o eremita. Vemos, nesse caso, surgir o *mimetismo* que «transpõe», em certa medida, a temática da projecção das semelhanças das formas e dos ritmos por *introversão* e não já por *extroversão*. Podemos referir outros exemplos: o das danças sinalizadoras das abelhas que mostram umas às outras, através de uma verdadeira redução abstracta espácio-temporal, quase intra-orgânica, a configuração e os dados do território de nutrição. Ou, então, a teia da aranha de cruz. Quando lhe amputam uma pata, essa mutilação repercute-se na estrutura do seu território cujos ângulos se modificam.

O *mimetismo*, com efeito, não está limitado às suas manifestações mais aparentes nem mais familiares aos naturalistas. Ele começa, de facto, a partir do momento em que o território, em vez de ser simplesmente reconhecido e ocupado através de marcações indutoras, inibidoras ou mnemonizantes, se torna, por transposição temática dos seus dados, de algum modo «segregado» e «estruturado», pelo animal, enquanto meio artificial e instrumental de captura e de nutrição, de agressão e de defesa. Esta «estruturação» externa do território procede então de elementos puramente internos. Por exemplo, no caso da aranha *Zilla x notata*, segundo as célebres experiências de P. N. Witt, substâncias *neurótropas* bastam para perturbar a organização *externa* da teia. Raymond Ruyer relacionou estes factos com

75

A CIÊNCIA DOS SÍMBOLOS

intoxicações do embrião em momentos definidos e que pertur-
bam a organização interna([7]). Não é impossível que a teia de
aranha dos nossos tecidos se encontre à mercê de «induções»
aberrantes produzidas por «falsas marcações»; pelo menos,
podemos sugerir a hipótese, tanto quanto sei, pouco estudada de
um fenómeno deste género nos processos de cancerização.

Se dei a esta noção de mimetismo uma extensão lógica bastante desusada, foi também porque me parece indispensável
compreender o seu movimento geral a partir dos seus dados
mais primitivos, os da *inversão do processo de projecção temático*, exigido a maior parte das vezes, pela captura da presa à
qual se prepara uma armadilha graças à interposição de uma
semelhança formal.

Esta questão é mais importante ainda porque se liga directamente com a experiência existencial da eficácia da analogia,
em função das práticas arcaicas da caça, antes do mais.

A observação atenta do comportamento dos animais foi,
tudo o leva a crer, a fonte da maior parte das técnicas de armadilhagem *mimética*, inventadas e aperfeiçoadas pelo homem.
Darei alguns exemplos disto, geralmente pouco conhecidos.
Imitar o território onde os peixes gostam de nadar é uma ideia
suficientemente engenhosa para garantir a um pássaro capaz de
a realizar um prestígio mágico incontestável. O casuar da Nova
Guiné forneceu provavelmente aos aborígenes um exemplo natural que pode explicar em parte o papel simbólico dos seus atributos nas cerimónias rituais.

O casuar entra na água, abre as asas de longas penas parecidas com ervas aquáticas e espera numa imobilidade total. Os
peixes, naturalmente curiosos e talvez sensíveis a certos cheiros,
aproximam-se e juntam-se neste tufo de ervas de um género
novo. Nessa altura, o casuar fecha as asas, sai rapidamente da
água, sacode-se e regala-se com a abundante refeição consegui-
da desta maneira.

La Fontaine fala-nos da garça de bico comprido que espera
passivamente a sua presa. É um erro. A garça usa a isca como
qualquer pescador que sabe do seu ofício. Esta consiste em pelí-
culas esbranquiçadas que se separam das penas oleosas da
espinhela e exercem uma atracção irresistível sobre o peixe.

([7]) Raymond Ruyer, *La génèse des formes vivantes*, Paris, 1958, p. 232

AS ORIGENS EXPERIMENTAIS DO PROCESSO ANALÓGICO

Logo que a superfície da água se agita, a ave estende o seu longo pescoço e trespassa a presa.

E como é que o urso polar caça a foca? Arranhando o gelo. Efectivamente, a foca, de tempos a tempos, vem respirar à entrada de um buraco, mas é difícil chegar no momento exacto e saber onde surgirá a presa. O urso observou sem dúvida, pois não há outra explicação para isto, que basta esgadanhar os rebordos do buraco para que a foca, atenta ao ruído e alertada por ele, venha à tona. O plantígrado fica pois à espreita, dá um salto, agarra a presa com as patas, abocanhando-a no pescoço; depois arrasta-a, recuando, e devora-a após lhe ter virado a pele ao contrário. Os esquimós compreenderam tão bem esta lição da natureza que adaptaram um dente de morsa a um pedaço de madeira cuja parte anterior apresenta geralmente quatro ou cinco pontas guarnecidas com garras de urso, seguras por meio de barbas de baleia. Imitam exactamente a cadência do arranhar da fera, esperam e recuam, com o arpão em riste.

Muito longe dali, os pescadores bozo do Níger, armados com os seus arpéus espreitam os siluros que atraem graças a uma armadilha fabricada segundo as leis de eficácia da *acção do semelhante sobre o semelhante* uma vez que se trata de um osso de crânio de siluro, fixo numa pequena prancha guarnecida de sorgo e de penas de *ankinga* («pássaro-serpente») ou de corvo marinho.

A utilização da camuflagem do caçador e de enquadramentos ou máscaras miméticas é imemorial. Os Bosquímanes, para se aproximarem do antílope agem de modo semelhante aos Iaquis de Sonora, quando caçam os veados e aos índios Huichols do México, que levam ramos de árvore na cabeça, tal como o célebre «feiticeiro» pré-histórico da gruta dos «Trois Frères». O *stress* é utilizado pelos caçadores sírios da Casa de Banias tal como o era ainda pelos caçadores furtivos analfabetos dos campos da minha infância, que me ensinaram muitas coisas que os sábios naturalistas ignoram. Os caçadores sírios levam a mão enfiada numa máscara de tecido semelhante à pele da pantera, com duas orelhas e dois buracos onde estão metidos os olhos. De madrugada, rastejam até chegar perto das perdizes, cercam-nas e subitamente mostram as máscaras. Os pássaros, imobilizados pelo terror, deixam-se apanhar à mão. É possível caçar codornizes com duas canas, um pedaço de tecido negro e

A CIÊNCIA DOS SÍMBOLOS

uma rede em forma de saco. Como elas quase desapareceram, não vale a pena insistir no assunto.

Estes exemplos bastam, creio eu, para mostrar que a «magia da caça» e a lógica da analogia que dela podemos deduzir, longe de constituir uma ilusão da «mentalidade primitiva» a que se chama «pré-lógica», possuíam bases rigorosamente *experimentais e concretas*, as da *experiência quotidiana da eficácia do mimetismo*.

Se os psicólogos e os sociólogos se tivessem formado na escola da natureza e não dentro dos limites das bibliotecas, compreenderiam que as suas ideias sobre o «animismo», o «totemismo», o «infantilismo» e a «ingenuidade» dos «primitivos» são abstracções ideológicas de pensadores civilizados. A inteligência tem idades, sem dúvida, mas o génio humano não tem infância. A extraordinária complexidade testemunhada, por exemplo, pela vida iniciática e religiosa dos aborígenes australianos põe em evidência, por contraste, a intuição analógica do ocidental moderno, como que empobrecida em comparação com o seu conteúdo arcaico. Uma vez que está fora de questão preferir aquilo que já não pode ser escolhido, pois a história é aquilo em que se transformou, podemos, ao menos, restituir às lógicas mais afastadas das nossas o seu significado pleno e total, em vez de as desvalorizar constantemente. A língua universal da analogia e dos símbolos é não só a «língua dos Deuses» mas também a língua da natureza, do «supra-humano» e do «infra-humano», a língua do espírito e também das *profundezas do corpo*.

A nutrição e as origens míticas da analogia

Os fenómenos de nutrição apresentam dois caracteres opostos conforme se trate da vida vegetal ou da vida animal: a *autotrofia* ou a *heterotrofia*. A planta verde é capaz de elaborar os seus elementos orgânicos de maneira autónoma a partir dos elementos do reino mineral. O animal, pelo contrário, tem de ir buscar a sua energia ao desmantelamento de moléculas orgânicas complexas provenientes de outros seres animados. Esta necessidade «de comer ou ser comido» impõe, portanto, às espécies e aos indivíduos *a mobilidade de acção* indispensável à sua sobrevivência e

AS ORIGENS EXPERIMENTAIS DO PROCESSO ANALÓGICO

exigida pela agressão e pelo ataque, pela defesa e pela fuga. Ao mesmo tempo, surge um outro facto novo em relação à vida vegetal: *a mobilidade da expressão* das formas e do comportamento.

A expressividade tem como consequência a capacidade de modificar cores, cheiros, atitudes, aspectos, relações entre o que é perceptível e o que é percebido, entre sinais expressos e sinais compreendidos. Assim, aos mecanismos *directos* de ataque e de defesa, acrescentam-se processos *indirectos* de desvio destes mecanismos por semelhanças de modelos ou de sinais considerados inofensivos por parte das presas e perigosos por parte dos caçadores. A analogia intervém, pois, a todos os níveis dos fenómenos do mimetismo e ela é, de certa maneira *a lógica primordial e universal da expressividade no reino animal.*

A semelhança implicada por todos os fenómenos miméticos não incide apenas, com efeito, numa parecença superficial e de aparência através da qual uma espécie animal, revestindo um aspecto desusado dentro do seu grupo, imita outra espécie doutro grupo, num lugar onde as duas espécies coexistem. Há também, por um lado, relações dinâmicas do modelo e do mimo com o meio e, por outro, com um terceiro termo sobre o qual incidem precisamente a génese e a manutenção do mimetismo, isto é, o animal enganado pela semelhança entre os dois termos precedentes. Por exemplo, um busardo norte-americano, o *Buteo albonatatus* plana no céu em companhia dos abutres com os quais a sua silhueta escura e as suas longas asas estreitas se confundem. A relação da «espécie-mimo» com a «espécie-modelo» só é explicável em função da interpretação analógica de uma terceira espécie, a das «espécies-enganadas», ou seja, os «pequenos roedores ou outras presas vivas às quais os abutres não inspiram qualquer receio; o busardo pode assim aproximar-se delas, sem se arriscar a ser descoberto [8].

As relações dos comportamentos miméticos com o meio dependem também em grande parte das condições de visibilidade das formas, da luz ambiente ou da ausência dela, assim como dos jogos da luz sobre o animal ou o seu meio. É conveniente consultar, a propósito deste assunto, o excelente artigo de Yveline Leroy [9].

---

[8] Cf. E. D. Willis, *The Condor*, 1963.
[9] «Le mimétisme animal», in *La Recherche*, nº 45, Maio de 1974.

A CIÊNCIA DOS SÍMBOLOS

Certas modalidades do mimetismo podem ser não visuais, aliás, como sucede por exemplo nas formigas que, no exemplo que se segue, desempenham o papel de enganadas. As larvas do coleóptero *Atemeles pubicollis* imitam os movimentos de busca de comida das larvas das formigas. Elas utilizam não só uma analogia *táctil* para extorquir gotas de regurgitação das amas, mas também uma analogia *olfactiva* graças a secreções glandulares cujo odor evoca o dos fenómenos provocados pelas larvas das formigas e lhes permite assim serem transportadas nos ovos. Se as pintarmos com um verniz que impeça a volatilização dos fenómenos, as falsas larvas são reconhecidas como estranhas, capturadas e expulsas pelas formigas.

A «homocromia» mimética designa uma certa harmonia de coloração do animal com o seu meio. Pode ser acompanhada de uma «homotipia», isto é, de uma semelhança entre a forma do animal e a de um elemento do meio, seja este vegetal, como uma palha, uma folha ou uma liana, mineral, tal como um rochedo, ou animal, através de uma imitação de outra espécie. Em certos casos, a semelhança entre o mimo e o modelo chega até à assimilação morfológica e dinâmica com um grupo compacto que constitui nesse caso, para utilizarmos a expressão de Yveline Leroy, «um autêntico micromeio vivo ao qual certas espécies se incorporam para dele usufruírem vantagens». É assim que coleópteros, ortópteros, aranhas, são, designados por «mirmecomorfos», pois assemelham-se a formigas e vivem junto delas, protegendo-se assim de numerosos perigos.

Na homocromia mimética, as colorações são essencialmente variáveis e fixas naquilo a que se chama homocromia «ostentatória», em que as colorações dos disfarces protegem, de uma forma permanente, dos ataques dos predadores. Assim, uma «espécie-modelo» de cores vivas mas perigosa, tóxica ou venenosa, é imitada por uma «espécie-mimo», inofensiva, que não dispõe de qualquer protecção natural eficaz. Vemos nesse caso que a expressividade pela imitação das formas e das cores, que constitui a base de qualquer arte, é prefigurada enquanto *condição de sobrevivência* pela analogia mimética que desta maneira «aperfeiçoa» e termina um processo natural imperfeito. O mimetismo «isotípico» ([10]) mostra, de resto, que espécies de gru-

---

([10]) Ou «mulleriano», do nome do lepidopterologista alemão Muller.

AS ORIGENS EXPERIMENTAIS DO PROCESSO ANALÓGICO

pos zoológicos mais ou menos afastados se protegem naturalmente contra predadores exibindo desenhos coloridos análogos. Uma dessas «cadeias», por exemplo, usa ostensivamente o mesmo disfarce negro, com manchas de um vermelho vivo. Outras espécies, como certas cobras inofensivas do género *Simophis*, imitam o grupo das serpentes coral com anéis vermelhos, negros e brancos, cuja mordedura é mortal.

O mimetismo não tem apenas uma função defensiva e protectora. O comportamento analógico através do qual um animal simula um modelo ou uma armadilha que o esconde da presa ou que a atrai, é utilizado enquanto função agressiva e ofensiva pelos predadores. Estes mecanismos «homeoestruturantes» da armadilha são muito diversos. Utilizam processos comparáveis aos anteriores quando se trata, por exemplo, da homocromia do louva-a-deus insectívoro *Hymenopus coronatus,* que se harmoniza com as flores vermelhas da orquídea de uma forma tão exacta que os insectos que vão procurar o néctar pousam nele sem desconfiança. No caso do «peixe-pescador», como o *Antennarius commersoni*, constata-se a combinação de um mimetismo duplo, homocromático e homotípico, com a utilização de uma armadilha, um apêndice vermiforme ligado a um filamento que provoca nas vítimas uma resposta inata de orientação. O mimo desenvolve, neste caso, uma semelhança perfeita com o modelo e o *Antennarius* apresenta todos os aspectos dos rochedos no meio dos quais se coloca, desde a cor à superfície rugosa ou com vegetação, formada por falsos briozoários, até à imobilidade aparente. Além disso, provoca nos pequenos peixes enganados a estimulação de um comportamento que os leva a precipitar-se, para tragar a armadilha, indo cair nas garras do predador escondido. Vendo bem as coisas, o *Antennarius* levou a economia da armadilha mais longe que o pescador humano, uma vez que, sem o menor dispêndio de energia num movimento, utiliza a da vítima na sua direcção, absorvendo imediatamente a presa.

O mimetismo ofensivo ou defensivo pode ser parcial ou total, individual ou colectivo. Neste último caso, o agrupamento de vários animais realiza uma homotipia capaz de evocar, por exemplo, uma inflorescência ou um ramo, forma vulgar na qual se dilui e se funde a silhueta do indivíduo. Outros fenómenos, multas vezes ligados à simbiose, realizam, de certa maneira, o

A CIÊNCIA DOS SÍMBOLOS

paradoxo descrito por Edgar Poe em *Carta Roubada*: esconder um objecto expondo-o com demasiada evidência a todos os olhares. Assim, desenhos muito vistosos, barras transversais brancas cuja largura é mais ou menos igual à dos tentáculos da anémona do mar, permitem ao «peixe-palhaço» alterar as suas cores, disfarçar os contornos do seu corpo, graças a um fenómeno que se designa por «somatólise» e passar despercebido, embora exposto directamente à vista dos seus predadores.

Todos estes factos têm uma importância capital para o estudo das origens experimentais do processo analógico e das relações da expressividade com as condições da sobrevivência num meio onde a fonte de energia cobiçável ou desejável «nutritivamente», que é qualquer organismo vivo, só pode recorrer à *semelhança* se deseja escapar às ameaças permanentes da *identificação*. Por outras palavras, não é a identidade que salva, mas a analogia e as suas possibilidades de escapar através das malhas da rede lógica em que se debate o ser vivo, a todos os níveis da sua aventura de caçador ou de presa. A expressividade das semelhanças constitui pois, por excelência, e isto desde as manifestações arcaicas do mimetismo animal, uma experiência corporal e concreta da eficácia vital da analogia e que se liga à base de toda a vida animal: a nutrição, a assimilação do vivo pelo vivo. *Transformar-se ou ser comido* complica, pois, o dilema inicial que a lei primordial, «comer ou ser comido», impõe. A ilusão que implica a expressividade mimética pode estender-se a toda a linguagem. Mas é precisamente graças a ela que o vivo domina o absurdo devorador do real e lhe dá um sentido incontestável, imediato e certo: o da sua própria sobrevivência.

IV

A LÓGICA DA ANALOGIA

Definição da analogia

Harald Höffding definiu a analogia nos seguintes termos: «Uma semelhança de relações entre dois objectos, semelhança que não se baseia em propriedades particulares ou em partes desses objectos, mas em relações recíprocas entre estas propriedades ou estas partes» [1].

Aristóteles distinguia já uma analogia *quantitativa* (*isotés lógon*) que, no sentido rigoroso da palavra, é uma «proporcionalidade», e uma analogia *qualitativa* que se pode constatar, por exemplo, entre figuras geométricas ou entre estruturas biológicas de seres diferentes. De facto, Aristóteles não analisou expressamente os «análogos» no *Tratado das Categorias*, mas apenas os «parónimos» (*denominativa*) [2]: assim *corajoso* vem de *coragem*, *gramatical* vem de *gramática*, etc. Foram os escolásticos que aperfeiçoaram a analogia da proporcionalidade ao lado da analogia de atribuição (ou de proporção), que Aristóteles utilizara no seu estudo do ser, objecto da metafísica.

«O termo análogo é aquele que convém a diversos sob um ponto de vista em parte idêntico e em parte diferente.» [3]

---

[1] Harald Höffding, *Le concept d'analogie*, Perrin, Vrin, Paris, 1931.

[2] Cf. a notável obra de François Chenique, *Éléments de logique classique*, t. I, *L'art de penser et de juger*, Dunod. Paris, 1975, pp. 69-72.

[3] *Terminus qui convenit pluribus secundum rationem partim eamdem, partim diversum*; ou ainda: *secundum rationem simpliciter diversam et secundum quid eamdem*. S. Tomás, *Metaph.*, XI, lect. 3. Por vezes designa-se a analogia por «equivocidade voluntária» (*aequivocitas a concilio*).

A CIÊNCIA DOS SÍMBOLOS

Convém distinguir a analogia de atribuição da analogia de proporcionalidade. A primeira é a que encontramos da forma mais explícita em Aristóteles. Nesta analogia, a unidade depende da ligação dos diversos «analogados» a um único chamado «analogado principal».

O termo análogo de atribuição é aquele que convém a diversos por referência a um único ([4]).

Na analogia de proporcionalidade, já não há «analogado principal» mas proporções mútuas ou relações que criam a unidade entre os «analogados». Assim dizemos *«o olho vê»* e *«a inteligência vê»* porque a intelecção é para a inteligência aquilo que a visão do sensível é para os olhos:

$$\frac{\text{Visão}}{\text{Olho}} = \frac{\text{Intelecção}}{\text{Intelegência}}$$

Nesta analogia, todos os termos podem ser, de uma certa maneira, representados por um conceito único, mesmo que este esteja imperfeitamente unificado: não devemos, pois, interpretar o sinal «igual» com um rigor matemático.

O termo análogo de proporcionalidade é aquele que convém a diversos por causa de uma certa semelhança de proporção (ou de relação) ([5]).

Convém ainda distinguir a analogia «própria» e a analogia «metafórica»:

A primeira é aquela na qual a «razão» significada pelo termo se encontra formalmente em cada um dos «analogados»: é o exemplo dado da visão pelo *olho* ou pela *inteligência*.

A *analogia metafórica* (ou «imprópria») é aquela na qual a «razão» só convém propriamente a um «analogado», e convém aos outros através de uma construção intelectual: assim, diz-se, para utilizarmos um exemplo clássico, que *a paisagem é risonha*, quando só o homem ri verdadeiramente.

No sentido primeiro e matemático de «proporção», a analogia designa a comparação de duas relações entre quatro termos considerados dois a dois. Qualitativamente, ela pode assinalar,

---

([4]) *Terminus analogus attributionis est qui convenit pluribus propter ordinem ad unum.*

([5]) *Terminus analogus proportionalitatis est qui pluribus convenit propter aliquam similitudinem proportionum.*

A LÓGICA DA ANALOGIA

em biologia, semelhanças funcionais; em linguística, a assimilação de certas formas de expressão. Sempre que se trata de unificar objectos ou domínios diferentes, ligando-os através de uma semelhança de relações, a analogia intervém como um processo *exploratório* e *unificador* capaz de pôr em evidência perspectivas de conjunto ou relações harmónicas ou reguladoras que a lógica da identidade não permite, por si só, pressentir e procurar.

Harald Höffding, baseando-se no facto de a analogia desempenhar um papel fundamental em qualquer acto de pensamento aplicado a objectos *concretos*, enquanto que a identidade de objecto e de relação, de tipo lógico e aritmético é *uma pura abstracção*, diverge de Aristóteles e de Kant ([6]), que não incluíram a analogia no número das «categorias», isto é, dos conceitos fundamentais do pensamento humano. Por isso, Höffding é o primeiro filósofo moderno a introduzir o *conceito de analogia* nas categorias formais, imediatamente após o conceito de identidade. Höffding mostrou que a analogia é a base da redução das relações de qualidade, *de tipo serial* e que ela intervém, a este título, na evolução dos conceitos de número, de grau, de tempo e de lugar; daí a sua importância primordial nas operações mais importantes do conhecimento humano.

Convém, em primeiro lugar, lembrar que existe não só uma identidade «absoluta» de tipo «A é A» no pensamento puramente formal da lógica e, por exemplo, na axiomática mas também uma identidade «relativa» ou «de relação» na aritmética. Encontra-se também uma identidade «de diferença» que se utiliza quando se trata de estabelecer séries de diferenças «identicamente variáveis». Sem este meio, seria impossível conceber as séries «qualitativamente idênticas» (na realidade, tidas como tais), que estão na base de todas as nossas ciências consideradas «exactas»: séries de números, de tempo, de grau, de lugar.

A identidade «absoluta» é puramente «ideal», portanto, experimentalmente inexistente, tanto no mundo empírico como na prática quotidiana e não tem significado concreto nem «existencial». O mundo *formal* das abstracções lógicas e matemáticas não pode, portanto, sofrer nenhum desmentido físico nem nenhuma crítica ontológica pois, uma vez que é puramente *tauto-*

([6]) Na filosofia de Kant, as «analogias da experiência» referem-se apenas aos princípios reguladores que sintetizam as percepções.

A CIÊNCIA DOS SÍMBOLOS

lógico, assenta num único princípio: «o mesmo» (*tautós*) do qual postula *idealmente* a igualdade absoluta com «o uno» em todas as relações consideradas como racionalmente coerentes. Esta perspectiva lógica não implica nenhum postulado além do sentido que dá a si própria inicialmente: o do princípio de identidade, de que depende toda a formalização ulterior.

A analogia voluntária e consciente começa por uma reflexão sobre as semelhanças e as diferenças e estas podem incluir numerosos graus entre a diferença «caótica» e a identidade absoluta. O nosso pensamento ocidental evolui sempre entre dois pólos: o indeterminável e a determinado, a desigualdade total e a igualdade perfeita. Assimilar o «Uno» ao «idêntico sempre igual a si próprio» diferencia, com efeito, desde Platão, a «marca» e de certa maneira o *tipo* da filosofia ocidental pois, através de todas as suas variações melódicas, encontramos este tema essencial.

Por isso, não é surpreendente constatar que o raciocínio por analogia, cujo papel era fundamental nos processos do pensamento mítico e ainda o é em civilizações diferentes da nossa, foi constantemente reduzido pelo pensamento ocidental, ou a uma espécie de «pensamento falso» ou a uma forma «inferior» do conhecimento, indigno de ser incluído nas «categorias» do entendimento, segundo Aristóteles e Kant, ou a um processo psicológico ou até a um processo estético.

Aliás, existe outro postulado constante na filosofia ocidental: *só é verdadeiro aquilo que é pensado como tal*, quando pode suceder que o pensável dependa do impensável tão intimamente como o audível do inaudível e o visível do invisível. Aquilo que percebemos das oitavas da luz não é «mais real» do que aquilo que não percebemos: só o é relativamente a nós e aos nossos meios de percepção. A tendência para atingir uma identidade absoluta enquanto forma e resultado supremo do pensamento, o desejo de encontrar finalmente, para além de tudo o que é caótico, múltiplo e diverso, o repouso num pensamento perfeitamente igual e unido ao seu objecto, caracterizam uma obsessão permanente do Ocidente, uma necessidade de *ordem única do verdadeiro* no universo que seria, por si só, capaz de justificar a infinita diversidade de todas as manifestações reais. Nesta perspectiva, a interpretação tanto pode ser materialista como idealista, a sua base oculta não varia: é a *lógica da identi-*

A LÓGICA DA ANALOGIA

dade, tão determinante para a mentalidade do civilizado contemporâneo como a da «participação pré-lógica» no primitivo. Assim, criámos um mundo de «pensamentos» que se tornaram maquinais, sem nos interrogarmos o suficiente acerca das bases da nossa lógica, dos nossos raciocínios e das nossas interpretações da natureza, do homem e do universo.

O problema fundamental que, no entanto, a analogia continua a pôr não se liga *a um esquematismo de uma unidade de ordem*, puramente ideal e abstracta, que permitiria, a partir de um termo primeiro, idêntico e sempre igual a si próprio, conceber metafisicamente uma semelhança proporcional de termos análogos entre si. O problema, ainda actual, da analogia, é o de uma *experiência concreta da multiplicidade dos significados do ser* entre os quais o processo analógico explora e pressente semelhanças de relações, mesmo sem poder provar logicamente que se trata de identidades «absolutas». Efectivamente, o homem não é só capaz de conhecer, pelo menos, uma parte do real, racional e cientificamente. Temos que reconhecer-lhe também o poder de adivinhar o resto e, pelo menos, de entrever aquilo que o seu saber não atinge.

Se admitimos a realidade dos «clarões de inteligência» que por vezes brilham nos olhos dos cães, seria levar a humildade demasiado longe recusarmo-nos a acreditar nos nossos «clarões de espírito» e no «faro» analógico indispensável a qualquer «pesquisa», animal ou humana. Este postulado não exige teorias ambiciosas acerca da natureza última da «ciência do ser enquanto ser», nem acerca da diferença entre «o ser comum às coisas do universo» e o «ser primeiro e único». A base lógica que proponho pode resumir-se nalgumas palavras: qualquer experiência e qualquer conceito só têm sentido em função de um *excedente experimental* e conceptual que a lógica da identidade não esgota e que, no entanto, permanece aberto à lógica da analogia.

O processo analógico

O processo analógico apresenta, com efeito, o interesse de estimular a pesquisa, de lhe orientar as perspectivas e de transferir uma ordem descoberta num sistema para outro sistema.

A CIÊNCIA DOS SÍMBOLOS

Para Galileu, por exemplo, a descoberta de Júpiter propunha uma analogia capaz de nos mostrar a relação do Sol com os outros planetas e de confirmar assim a concepção copernicana. Nos tempos modernos, a analogia entre a constituição do sistema solar e a do átomo, embora tenha sido reconhecida posteriormente como arbitrária, não deixou de nos ajudar a melhor compreender os fenómenos estudados.

O grande perigo do raciocínio por analogia, no entanto, radica no facto de ele tender a fazer desaparecer o isolamento do objecto particular para o pôr em relação com um número sempre crescente de outros objectos e, em última análise, com a totalidade. Assim, no termo deste processo, os caracteres específicos do objecto inicial e a sua singularidade real desaparecem no seio de uma «explicação global» e de uma sistematização artificial que, a maior parte das vezes, dilui as diferenças valorizando apenas as semelhanças. A analogia não é uma prova, insistimos em dizê-lo, da mesma maneira que a identidade, se satisfaz todas as demonstrações, não prova nada mais além da verdade destas e não a verdade «em si». Estes são dois vectores de orientação do espírito humano, ambos necessários e ambos insuficientes se não forem objecto de uma crítica permanente das interpretações que propõem.

Não devemos também confundir à analogia com a *homologia*. A primeira baseia-se numa concordância das funções, a segunda na das estruturas, por exemplo, em biologia.

Podemos admitir analogias fisiológicas entre pulmões de mamíferos e brânquias de peixes, mas não homologias. Em contrapartida, as bexigas natatórias dos peixes e os pulmões dos mamíferos, que não são análogos, podem no entanto considerar-se anatomicamente homólogos. Um todo dado como tal não é necessariamente idêntico a esse todo reconstruído a partir dos seus elementos. Quando se passa da forma biológica para os elementos físico-químicos que a compõem, trata-se precisamente de compreender como é que eles constituem um todo que é o dado inicial ou, se preferirmos, todos os elementos precedentes *mais* a unidade do seu conjunto e, no fim de contas, é esta unidade que põe o problema principal. Quando lhe chamámos «a vida», substituímos simplesmente um termo por outro, com a diferença que designámos por uma *totalidade* aquilo que, experimentalmente, permanece uma unidade. Kant observou muito

A LÓGICA DA ANALOGIA

bem na sua «Crítica do juízo» (§ 65) que «a organização da natureza nada tem de analógico com uma causalidade qualquer que nós conheçamos».

Dois eminentes teóricos do conhecimento, Émile Meyerson e Léon Brunschwig, situaram-se em campos totalmente opostos no que se refere à analogia ([7]).

Aliás, isto não passa de um episódio, entre muitos outros, do conflito entre a lógica da identidade e a lógica da analogia que, desde a antiguidade até aos nossos dias, percorre toda a história da filosofia. Sem pretendermos resolvê-lo, podemos perguntar ao menos como é possível ligar os diversos meios e os diferentes domínios do conhecimento sem recorrer ao conceito de analogia. Mas, por outro lado, uma semelhança de relações não implica uma identidade necessária de forma que os nossos acordos de *previsão*, dos quais depende toda a objectividade do pensamento científico, não podem limitar-se à analogia para estudar objectos novos de experiência. A identidade continua a ser, pois, o princípio metódico *mais eficaz* do nosso pensamento, o que não significa necessariamente que seja o *mais verdadeiro*.

A analogia age por *unificação*, mas também por *observação, estipulação e antecipação*. Ela descobre verdades, particularmente através das questões que levanta, e pode conduzir a um conhecimento novo, mesmo que o seu valor venha a ser posteriormente contestado. Foi o que sucedeu, por exemplo, com o «modelo solar» de tipo analógico proposto por Niels Bohr para interpretar fenómenos atómicos. Além disso, a história das ciências mostra-nos que é frequente extrair de falsas premissas uma conclusão exacta pois, em muitas experiências, a analogia intervém na hipótese, põe um problema, convida a procurar as condições para a sua resolução, entre as quais intervém uma crítica dos dados iniciais, isto é, das premissas. Estas, que são finalmente reconhecidas como exactas, só são descobertas geralmente em último lugar mas, sem falsas analogias, nunca teriam sido encontradas. A analogia pode pois enganar-nos, tanto mais que não o faz sempre. Neste caso, ela encontra a sua solução na determinação de uma relação definitivamente fundada na iden-

---

([7]) Cf. Meyerson, *De l'explication dans les sciences*, I, pp. 217-234, e *Bulletin de la société française de philosophie*, 24 Fev., 1921, p. 39.

A CIÊNCIA DOS SÍMBOLOS

tidade, a pedra de toque do coerente em todos os domínios da ciência; daí a necessidade do instrumento lógico e matemático para a solução formalizada de todos os problemas racionais.

As analogias inconscientes e involuntárias

O papel precedente da analogia pressupõe a intervenção de uma redução analítica consciente e voluntária das diferenças a um objecto idêntico e único no entendimento. Mas sucede também que processos psíquicos involuntários, tal como a intuição sensível, a lembrança e a imaginação, não nos apresentem objectos expressamente diferentes, mas «totalidades». A análise e a reflexão tentam em seguida resolvê-los em partes combinadas entre si, sem conseguir com isso determinar se esses elementos são idênticos em todos os pontos àqueles que constituem as «totalidades» iniciais, involuntárias ou inconscientes.

Efectivamente, o aparecimento de elementos novos pode também intervir imediata e involuntariamente e misturar-se ao conteúdo *já dado* sem que estejamos aptos a distingui-los claramente daquele. Além disso, a própria análise contribui com as suas deformações neste processo, de forma que não capta *analogicamente senão aquilo que já era analógico*. Por isso necessita do «código de um código» para se interpretar a si mesma.

Höffding observa a este propósito a que ponto a expressão «conclusões inconscientes» é imprópria. Não passam de processos, de transições, que só podem ser concebidos se apresentaram analogias com as conclusões verdadeiras, por exemplo, quando se propõe o conceito de «síntese» para exprimir a natureza de toda a vida consciente. Antes, devíamos pronunciar-nos teoricamente acerca da questão de saber se o próprio dado está constituído ou não o está por diferenças igualmente grandes ou igualmente pequenas, mas que seriam respectivamente irredutíveis. Se estas séries «caóticas» existissem, só deviam ser tentadas aproximações e uma reflexão intensa e penetrante não conseguiria, na melhor das hipóteses, mais do que limitar-se ao dado verdadeiro de um caso sempre particular.

O próprio conceito de analogia é usado analogicamente, observa Höffding, «quando dizemos que os homens primitivos interpretavam qualquer experiência nova, em *analogia* com as tradições segundo as quais eles viveram» ([8]). Há que distinguir sempre a *base lógica* de uma interpretação e, dada como tal, *da própria interpretação dos fenómenos* a partir desta base. Se as imagens, os nomes, as cerimónias não são partes dadas como tais à reflexão do primitivo, mas constituem *um todo que é aquilo que significa*, isso não passa de uma base «pré-lógica), ou antes, «a-lógica», relativamente à nossa. No entanto, a interpretação primitiva a partir deste dado inicial é rigorosamente *racional*. Não sendo a imagem «como» o objecto, mas sim o próprio objecto, o primitivo receia cair na dependência daquele que possui o seu retrato e teme, por exemplo, não ser capaz de acertar na presa durante a caça.

Este raciocínio é tão rigorosamente coerente como o nosso, pois, em todos os tempos e em todos os graus de cultura, a reflexão humana opera a partir de hipóteses que determinam uma base lógica de interpretação dos fenómenos, base que não intervém imediatamente neste processo enquanto objecto de reflexão e de análise crítica. Quando um matemático contemporâneo verifica a exactidão de uma equação, não põe em questão o princípio da identidade e não se interroga acerca do problema de saber se, na realidade, na fórmula «A é A», o segundo A é ou não é considerado «sob a mesma perspectiva que o primeiro», como já deu a entender, não sem uma certa perversidade, o próprio Aristóteles. O primitivo consideraria não menos absurda a contestação da identidade da imagem e do objecto ou do nome e da pessoa.

São, pelo contrário, a *constância do processo racional* em todas as mentalidades e *as variações das bases lógicas da interpretação* que põem problemas antropológicos tão difíceis de resolver. Cada homem, com efeito, compreende o seu semelhante apenas quando este dispõe da mesma base lógica de interpretação das coisas e dos seres, embora, na maior parte dos casos, ele seja incapaz de a conceber e de a criticar. Assim, por exemplo, os vocábulos de línguas estrangeiras parecem-nos, por vezes, bizarramente estranhos às coisas que designam. Um alemão de visita a Paris, espantava-se, numa carta para a família, com o nome que os franceses davam ao pão (*pain*) e escrevia: «Entre nós, diz-se *Brot* e esta palavra designa-o muito melhor.»

---

[8] H. Höffding, *op. cit.*, p. 15.

A CIÊNCIA DOS SÍMBOLOS

Quando se observa o comportamento das crianças que estão, por excelência, totalmente empenhadas na acção pelos seus jogos, verifica-se também a grande aptidão de que dispõem para as experiências analógicas imediatas e espontâneas. Se um estado ou uma situação estão ligados a um prazer ou a uma satisfação, a criança deseja vê-los continuar segundo uma relação analógica que comporta um esquema semelhante ao anterior, mesmo se as formas antigas se encontram aparentemente mudadas. Por exemplo, uma criança ouve histórias e brinca, sentada nos joelhos do avô, mas tem de ir para a cama. Pouco tempo depois, volta correndo com o urso que coloca no sítio que ocupara antes. A criança não quis interromper a situação. Pelo menos o urso continua a gozar a situação e contar-lhe-á mais tarde tudo quanto ouviu ao avô. Da mesma maneira, se o jogo é interrompido do exterior, as lágrimas e a cólera são inevitáveis sem um intermediário *analogicamente substituído*. A boneca que continua a brincar enquanto a criança come consegue prestar apreciáveis serviços aos pais.

A analogia e o conhecimento indirecto do excedente experimental e conceptual

Se desejarmos compreender o problema principal do simbolismo e o *excedente* que ele implica, temos que pôr uma simples questão: admitindo que os peixes são «animais racionais», *como ensinar-lhes o que são as nuvens?*

Se lhes dizemos a verdade pura, isto é, que se trata de vapores vesiculares que contêm água suspensa no ar, confundimos totalmente os nossos pequenos auditores. Eles sabem que no meio marinho, o ar é *mais leve* que a água. Alguma vez se viu vapor no mar? Ou uma nuvem donde caísse chuva? Nem o pensamento do mais sábio de todos os peixes conseguiria conceber este *impensável* que, no entanto, existiria perto deles na natureza e nada encerraria de maravilhoso, uma vez que outros seres vivos acham banal aquilo que eles não observam, sequer.

Na impossibilidade de fazermos compreender *directamente um excedente experimental e conceptual* relacionado com um

A LÓGICA DA ANALOGIA

meio vivo e pensante determinado, deveremos, portanto, utilizar *um meio indirecto de comunicação*, isto é, não a lógica da identidade, mas a lógica da analogia, não uma ideia clara e distinta, mas uma alegoria ou um símbolo. As manchas leitosas da desova que flutuam à superfície do mar e donde parece brotar, na altura do nascimento, uma autêntica chuva de peixes minúsculos, poderão, por exemplo, fornecer-nos material para uma metáfora ou uma parábola. E assim diremos: «Tal como *aqui*, no oceano, caem inúmeras gotas vivas destas nuvens brancas que estão a ver, *da mesma forma* e *noutro lugar*, cai das nuvens a chuva do reino dos céus...»

No entanto, uma comparação não basta para que os peixes façam por si próprios uma verificação das nossas afirmações. Teremos ainda que lhes propor um exemplo típico, um «modelo» de experiência, um «esquema dinâmico» que vamos buscar simultaneamente ao meio *deles* e a um *outro* meio onde se pode constatar que as nuvens existem. Assim, somos levados a propor-lhes um símbolo *tipológico*, situado entre a água e o ar: o «peixe-voador». E só procurando *imitar* o comportamento deste é que os nossos auditores terão alguma hipótese de *ver por si próprios* ou, pelo menos, de entrever *aquilo que não podem saber*. Compreender-se-á melhor, assim, que a analogia das semelhanças encontra a sua forma mais perfeita e mais próxima da verdade na *imitação de um tipo*, e na participação pessoal na sua experiência. Vemos, a este nível, que o símbolo, o mito e o ritual se tornam indissociáveis. Eis por que, através duma gradação bastante evidente, todo o processo analógico do simbolismo se estende desde a convenção sintemática mais simples até à unificação tipológica mais complexa, passando pelos múltiplos intermediários da alegoria.

Nesta perspectiva, percebe-se melhor porque é que a própria unificação analógica é sempre necessariamente incompleta, uma vez que não leva nunca, por definição, enquanto tal, à identificação *total*. Assim, ela permanece sempre aberta ao jogo recíproco das partes constitutivas e das relações não fixas do *excedente* experimental e conceptual entre *totalidades concretas*. O processo dinâmico da analogia encontra assim o seu lugar legítimo no próprio interior de todo o processo dialéctico.

A analogia na economia dos sinais e dos valores

Como descrever de forma geral uma comunicação de um significado através de uma semelhança de relações entre um objecto A e um objecto B, segundo a definição de analogia proposta por H. Höffding? Sabemos que esta semelhança não se baseia em «propriedades particulares» ou em «partes» destes objectos, mas em «relações recíprocas» entre estas propriedades ou estas partes. Por consequência, excluiremos necessariamente o seu próprio «valor de uso» para não reter senão o seu «valor de troca» nas relações em questão.

É importante observar desde já que descobrimos assim a mesma perspectiva *teórica* no domínio da simbólica geral, isto é, da *economia dos sinais*, e no da *economia das mercadorias*. Ambos se reportam ao processo universal das trocas e das inter--relações individuais e colectivas.

Sabe-se, por exemplo, que, na análise marxista, a teoria do valor é o ponto de partida de qualquer sistema proposto [9]. Contrariamente a um preconceito corrente, o pensamento de Marx sobre este assunto pode ser facilmente compreendido por todos e não exige conhecimentos económicos. Podemos resumi-lo da seguinte maneira: pensemos em certa quantidade de duas mercadorias, um cereal e ferro, por exemplo, e partamos da seguinte equação

$$A - \text{um quarteirão de trigo} = \text{um quilo de ferro} - B$$

Que significa esta equivalência se não que existe nestes dois objectos A e B algo em comum e da mesma grandeza? (*Ein gemeinsames von derselben Grösse.*)

O problema é encontrar o elemento comum. Ora, Marx elimina todas as propriedades naturais quaisquer que elas sejam, geométricas, físicas e químicas das mercadorias. «As qualidades naturais» diz ele «só são consideradas quando lhes conferem

---

[9] *Das Kapital* (1867), t. I, sec. 1, cap. 1. Cf. também uma exposição muito clara que Marx faz da sua doutrina em 1865, numa carta ao Conselho Geral da Associação Internacional de Trabalhadores, publicada em 1898 pelo *Devenir social*, sob o título: «Salaires, prix et profit».

A LÓGICA DA ANALOGIA

uma utilidade que faz delas um valor de uso. *Mas, por outro lado, é evidente que se faz abstracção do valor de uso das mercadorias quando elas são objecto de troca e que qualquer relação de troca é caracterizada até por essa abstracção.* Na troca, um valor de utilidade vale precisamente o mesmo que outro, *desde que esteja em proporção conveniente»* ([10]). O valor de troca que interessa à ciência económica é a função social das mercadorias e não a sua função individual. Trata-se, pois, de procurar qual é a substância *social* das mercadorias e há que eliminar todas as suas qualidades individuais ([11]). Uma vez posto de lado o valor de uso, não resta senão uma qualidade comum a todas as coisas que se troca: a de serem «produtos do trabalho». O trabalho, conclui Marx, é o princípio comum das mercadorias. É a sua única qualidade objectiva comum.

Há na análise de Marx uma expressão que não foi suficientemente analisada pelos seus inúmeros comentadores. Trata-se da seguinte frase: «desde que esteja em proporção conveniente». Efectivamente, Marx põe aqui em relevo um problema fundamental da economia, o da *proporcionalidade de valor* que já se pusera aos teólogos e canonistas medievais: a Alberto Magno e a S. Tomás de Aquino, por exemplo, a propósito da determinação do «preço justo» na troca.

Estes dois teólogos haviam ido buscar o fundamento das suas teorias económicas gerais à patrística, ao aspecto que alude à condenação das riquezas, ao amor do lucro por si mesmo, à proibição do empréstimo com juros de usura. No entanto, o inspirador do pensamento económico de Alberto Magno, o mestre de S. Tomás de Aquino, foi Aristóteles e, precisamente neste caso, o «modelo» do *isotés lógon* do aristotelismo, *ou seja, a analogia da proporcionalidade*. A teoria escolástica do preço justo baseia-se inteiramente na *reciprocidade proporcional (contrapassum)* aplicada na *Ética* de Alberto Magno ([12]). Na troca, diz «Mestre Alberto», é preciso uma certa igualdade entre as partes, mas a característica especial destas é a reciprocidade proporcional pois cada parte deve experimentar aquilo que ela faz experimentar ao seu adversário, *contrapati*. Esta é também a posição

---

([10]) *Op. cit.*, p. 14. Sublinhei as expressões significativas que analisarei posteriormente.

([11]) Cf. carta *ant. cit.*

([12]) Cf. *Ethica*, lib. 5, tract. 9 e 10. *Opera omnia*, Lugduni, 1651, t. IV, pp. 210 e segs.

tomista: *Videtur quod justum sit simpliciter idem contrapassum, in commtitativa justicia* ([13]). A «justiça» em questão é a dos contratos chamados *communicativi*, ou seja, os contratos de troca, o que mostra que a *troca* é assimilada assim à comunicação.

Aliás, Alberto Magno «sintematiza» esta relação numa «figura de proporcionalidade» (*figura proportionnalitatis*) cuja ideia e cujos termos foram inspirados em Aristóteles ([14]).

Pensemos, por exemplo, num arquitecto que oferece a sua casa e num sapateiro que oferece o seu calçado. Como descobrir qual será a relação de «troca justa» entre eles? Basta traçar o seguinte esquema:

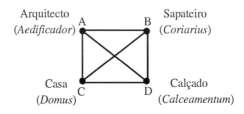

A proporção, diz «Mestre Alberto», deve constituir-se através do diâmetro, *per diametrum*, ou seja $\frac{A}{D}=\frac{B}{C}$. Isto é o *isotés lógon*, a analogia «quantitativa» aristotélica. De que natureza será esta relação e em que base devemos fundamentá-la? Será a medida dos objectos trocados que deve servir de critério? Não, isso seria um absurdo. A troca, segundo Alberto Magno, deve fazer-se segundo a *indigentia* de cada parte. Langenstein, que ensinou em Viena um século mais tarde, definiu a *indigentia* como a falta de coisas úteis ou necessárias de qualquer maneira, isto é, como o grau de utilidade mais ou menos grande que possui a coisa relativamente àquele que a compra, a sua necessidade do objecto da troca económica. Assim, a *quantidade* de calçado D fornecido em troca da casa C deve estar na

---

([13]) Cf. *Summa secunda secundae, quaestio LXI*, art. 4.
([14]) Aristótels, *Ética a Nicómano*. liv. V., cap. 5.

A LÓGICA DA ANALOGIA

mesma relação que a utilidade do calçado para o arquitecto relativamente à utilidade da casa para o sapateiro.

S. Tomás é mais exacto do que Langenstein e segue o pensamento de Alberto Magno no seguinte ponto: «É preciso, diz o mestre, que o arquitecto aceite a obra do sapateiro e o sapateiro a do arquitecto, *segundo um justo equivalente em despesas e em trabalho (in labore et expensis)*; caso contrário, a sociedade fica comprometida.» ([15])

Esta citação basta, parece-me, para mostrar que a noção de valor *em trabalho* da mercadoria não é uma invenção moderna.

Aliás, a «indigência humana» é considerada por Alberto Magno como a medida verdadeira e natural das coisas «comutáveis» (*Indigentia humana est vera et naturalis mensura commutabilium. Ethica*, liv. V, trac. 10. Ed. cit., p. 203). A noção de trabalho enquanto valor intervém ainda mais claramente na regra de S. Tomás segundo a qual convém que o arquitecto receba tantas vezes um sapato como o *trabalho* e as despesas implicadas na casa representam o *trabalho* e as despesas implicadas no sapato: *Oportet igitur ad hoc quod sit justa commutatio ut tanta calceamenta dentur pro uno domo... quantum aedificator... excedit coriarium in labore et in expensis* ([16]).

Podemos observar a propósito disto que S. Tomás parece ter sido mais exacto do que o seu mestre, uma vez que calcula a equivalência segundo o trabalho e as despesas de produção. Vemos claramente pelo menos, através destes dois exemplos, que o pensamento escolástico medieval dessa época que, aliás, vai evoluir posteriormente de forma sensivelmente diferente, sobretudo no século XV, procura uma justiça económica *objectiva* e *exterior* à particularidade das coisas, de cujos dados se ocupa a *analogia quantitativa* aristotélica, isto é, nessa época, «cientificamente» e «matematicamente». Esta doutrina funda-se numa lógica já «formalizada» e «sintematizada». Posteriormente, a noção de *aequalitas* será desenvolvida pelos canonistas, tal como a noção do *justum contrapassum*. Pelo menos, há que sublinhar que a relação entre a prestação e a contra-prestação que constitui a forma da justiça no contrato de venda, não é concebida pelo pensamento medieval escolástico como sendo de

---

([15]) *Ethica*, liv. V, tract. 9. Ed. citada.
([16]) *Comment. in Ethica* (Ed. Parma). XXI, p. 172.

A CIÊNCIA DOS SÍMBOLOS

natureza *psicológica*, nem como sendo uma equivalência de *desejos* entre o comprador e o vendedor. Esta relação deve ser a mesma em todas as vendas, *fixa e independente* das circunstâncias particulares de cada troca.

O «valor de trabalho» é, portanto, o preço «justo» e, pelo menos neste ponto, a análise marxista segundo a qual o fundamento do valor das mercadorias é a quantidade de trabalho que elas contêm e a medida do valor, a unidade de trabalho, pode ser considerada como muito próxima da análise escolástica. Por outras palavras, segundo a própria expressão de Marx, o valor é uma «cristalização», uma «congelação» do trabalho humano (*Arbeitsgallerte*). Daí o lado incompreensível em si do trabalho uma vez que, medindo todos os valores, ele não tem outro critério além de ser para si mesmo o seu próprio valor. Marx, aliás, reconhece-o: «A expressão 'valor de trabalho' é uma expressão irracional, tal como, por exemplo, 'valor da terra'» ([17]).

Assim «substantificado», aquilo que se venderá do trabalho será em seguida «dinamizado» por Marx graças ao conceito de «força de trabalho», não menos obscuro que o precedente. Como medir, efectivamente, «um gasto da força simples que qualquer homem vulgar, sem desenvolvimento especial, possui no organismo do seu corpo» (*Capital*, p. 17, col. I), segundo a definição do trabalho que Marx propõe? As noções de «trabalho complexo», de «valor psicológico», «de equivalência dos desejos na troca» e até de «finalidade» do trabalho escapam tanto à análise marxista como à escolástica medieval e isto pela mesma razão profunda que é a seguinte: ambas eliminam o «não-mensurável» de todas as relações económicas, isto é, o *irracional*.

Além disso, estes dois sistemas de pensamento, por muito diferentes que sejam noutros planos, esquecem ambos um facto essencial. É que o valor de *troca* não é um dado inicial da economia das mercadorias nem da economia dos sinais. A sociedade não é um facto *primeiro*. A causa inicial é o *valor individual de uso*, ou seja, a determinação *subjectiva* do valor de troca do ponto de vista da *indigentia* do sujeito. Se não desejarmos comprar uma mercadoria, qualquer que ela seja, determina-se assim

---

([17]) *O Capital*, I, p. 232, col. I, *ibid.*: «0 trabalho é a substância e a medida inerente dos valores, mas em si mesmo ele não tem qualquer valor.» O que, de facto, corresponde a um critério absoluto.

a sua abundância e até a sua superabundância e, por consequência, a baixa do seu valor de troca e dos seus preços num mercado. Não há «preço justo» quando os desejos dos compradores não incidem sobre uma dada mercadoria. Provam-no as ofertas num leilão: basta que uma suspeita ou um rumor de «falta de autenticidade» corra numa sala de vendas e, sem qualquer prova *objectiva*, o objecto deixa de ter comprador ou então é vendido abaixo do seu valor inicialmente fixado. O preço dele não é independente das *oscilações do desejo* e, finalmente, de causas *irracionais*. Da mesma maneira, uma relação entre um significante e um significado depende do *desejo de comunicação* das partes entre si, a propósito do sinal em questão. Todas as religiões mortas o provam. Os símbolos de um deus esquecido deixam de ter sentido para os homens que já não querem comunicar entre si através dele. Estes símbolos não perderam, no entanto, o seu significado inicial, mas o processo da sua troca deixou de estar activo; já não corresponde a uma *produção real de informação nem de determinação dos valores*. A ordem axiológica não existe «em si mesma», só se edifica pelo «*fazer ser*» *do desejo*, através da vida psicológica e espiritual dos indivíduos.

Da mesma maneira, o trabalho não tem um sentido totalmente independente do seu objectivo pessoal, da vocação íntima a que responde. *Eis porque não há «justo salário» que se possa determinar quantitativamente*. Um operário que se esforça mais do que outro para realizar a mesma tarefa deveria ser, em justiça, mais bem pago do que aquele a quem o esforço custa menos. *Uma hora de trabalho de um indivíduo não vale o mesmo que outra*. A qualidade diferente dos resultados obtidos numa mesma tarefa bastaria para prová-lo, tanto como a sua quantidade variável. Por isso, temos que acrescentar à *analogia quantitativa* no domínio da economia, isto é, a uma lógica formalizada, a uma pura abstracção da troca, uma *analogia qualitativa* que é *necessariamente simbólica*. Efectivamente, ela restitui aos desejos individuais e à vida do desejo a realidade concreta e universal de que os aliena e dissocia a abusiva generalização dos conceitos racionais da troca das mercadorias e da comunicação dos sinais.

Determinar e distinguir claramente *as diversas operações do processo analógico do simbolismo* pode assim permitir-nos encontrar uma classificação coerente dos sinais diversos da semelhança, isto é, do *conjunto dos símbolos*. Estas operações

A CIÊNCIA DOS SÍMBOLOS

são em número de três: 1) reunir arbitrariamente um significado a um significante através de um sinal combinado, dando-lhe um sentido unívoco e constante previamente determinado; 2) juntar um significado a um significante sem determinar previamente de forma explícita entre as partes que comunicam entre si através dele o ou os sentidos do significado; 3) reunir um significante e um significado a um significador *típico* segundo duas relações possíveis: uma, activa, segundo a qual o tipo intervém enquanto *modelo*, a outra passiva, na qual o tipo funciona enquanto *marca*.

A primeira operação corresponde àquilo a que chamei *simbolismo sistemático*; a segunda, ao simbolismo *metafórico* ou *alegórico*; a terceira, ao simbolismo *anafórico* ou *tipológico*. Estes três termos serão definidos posteriormente. Convém apenas lembrar aqui que tanto na metáfora como na anáfora, a semelhança não é convencional nem arbitrária, ao passo que o é no sintema. Eis porque, embora possamos falar de um simbolismo «sintemático» em geral, os sinais que ele utiliza não têm fundamento em analogias reais nem «naturais» e «internas», mas em analogias «externas» e «artificiais». Neste sentido, os sinais da lógica formalizada e do cálculo dito «simbólico», por exemplo, não são símbolos verdadeiros e torna-se indispensável designá-los por *sintemas*, como aliás a todos os outros sinais convencionais de tipo lógico-científico.

É claro, parece-me que, em função desta separação prévia, o carácter dinâmico da analogia e do simbolismo só se verifica ao nível da «metáfora continuada» que é a alegoria, e ao nível da intervenção do «tipo significador» na relação entre o significante e o significado.

TERCEIRA PARTE

O SINTEMA

V

A FUNÇÃO SINTEMÁTICA DO SIMBOLISMO

Os sintemas lógico-matemáticos

Podemos lamentar que os lógicos e os matemáticos não utilizem a palavra «sintema» de preferência a «símbolo». Não só porque este termo designa de forma mais precisa o carácter *convencional* do signo arbitrariamente escolhido e o distingue assim dos signos puramente «arbitrários» no sentido saussuriano de «imotivados», de tipo *linguístico*, mas também porque esta palavra não implica nenhum «resíduo» conceptual ou intuitivo particular no emprego ideográfico dos sinais e da sua reunião «textual», no sentido matemático do termo, isto é, «teórico».

Efectivamente, um «texto» ou uma «teoria» matemática é composto de reuniões de «sintemas» classificáveis em sinais lógicos e literais, específicos da «teoria» considerada. As regras de «sintematização» destas reuniões constituem a «matemática formal». Podem ser enunciadas de diversas maneiras, nem todas equivalentes. Ao descrevermos sumariamente a «sintematização» lógica, segundo N. Bourbaki ([1]), convém lembrar que este sistema não constitui uma «simbolização» mas um dispositivo estruturado de *reuniões ideogramáticas*.

Quase todos os sinais matemáticos se inspiraram em diversos sistemas de escrita derivados de alfabetos geralmente gregos

---

([3]) E ao próprio acto de «pensar», como indica a sua etimologia, do baixo latim *pensare*: «pesar». Cf. Dauzat, *op. cit.*, p. 546.

A CIÊNCIA DOS SÍMBOLOS

e latinos e foram conscientemente desviados do seu uso inicial de «caracteres» na escrita fonética.

Estas letras foram utilizadas para significar valores diferentes, segundo os seus desenhos tipográficos de tipo «itálico», «gótico» ou «invertido». Se acrescentarmos a estes contributos dos alfabetos grego e latino, as suas formas antigas ou cursivas, os números ditos «árabes», os sinais de pontuação, de acentuação ou de ligação, certos caracteres particulares de origem hebraica e mesmo japonesa, os sinais específicos do tipo =, +, C, os glifos e matraz do tipo ( ), [ ], ⊓⊔, obtêm-se no total cerca de *quinhentos sintemas de* tipo lógico-matemático.

Obtém-se a sua junção através de um dispositivo linear que, muitas vezes, foi codificado pelo uso. Devido ao comprimento de um «texto» que pode contar vários milhares de sinais, substituem-se a essas reuniões *sintemas abreviativos* ou palavras e frases da linguagem usual. Os *sintemas lógicos* utilizados são *ou, não*, τ («o objecto que»), por exemplo τ **B**, no sentido, de: «o objecto tal como **B**».

As combinações de um «texto» ou de uma «teoria» *T* figuram em «frases» ou «construções formativas». Estas são obtidas através de certas justaposições de reuniões chamadas «termos» ou «objectos» se estão reduzidos a uma letra ou se começam pelo sintema τ («o objecto que») ou por um sinal dito «substantífico» de *T*. No caso contrário, designam-se por «relações» ou «asserções». As «frases» são formadas por reuniões **A**, que possuem uma das seguintes propriedades:

1º **A** é uma letra.

2º Há em *T* uma relação **B** que precede **A** e tal que **A** seja a reunião τ x (B).

τ x (**B**) designa a reunião obtida substituindo a letra x em B por ⊏⊐ e escrevendo o sinal diante desta reunião, estando ligado aos sinais ⊏⊐ por uma «potência».

3º Há em *T* uma relação **B** precedendo **A** e tal que **A** seja a reunião *não* **B**.

4º Há em *T* relações **B** e **C** que precedem **A** e tais que **A** seja a reunião **B** *ou* **C**.

5º **A** obtém-se acrescentando a um sinal específico de *T* reuniões que precedem **A**, segundo certas regras específicas do sinal em questão.

A FUNÇÃO SINTEMÁTICA DO SIMBOLISMO

Uma vez que estes processos gerais de construção são admitidos convencionalmente, podemos deduzir «termos» e «relações» do «texto» ou da «teoria» *T*. Nessa altura, utilizam-se *sintemas abreviativos*. Por exemplo, se **A** e **B** são «relações» de *T*, a reunião (*não* **A**) *ou* **B** é representada por **A** ⇒ **B** e a reunião *não* (*não* **A**) *ou* (*não* **B**) por **A** *e* **B**.

O «termo» ou a «relação», que corresponde a uma reunião de *T* é obtido substituindo numa reunião **A** de *T* um termo **t** de *T* a uma letra dada **x**. Este resultado traduz-se por (**t** | **x**) **A**.

Assim, substituindo a letra **x** na relação **A** pela reunião τ **x** (**A**), obtém-se uma reunião designada por (∃**x**)**A** que se lê: «Existe um **x** tal como **A**». A reunião *não* (∃**x**) *não* **A** é designada pela reunião (∀**x**) **A** e lê-se: «Qualquer que seja **x**, **A**».

A sintematização de uma teoria matemática *T* é operada escrevendo em primeiro lugar relações em que figurem sintemas ou sinais específicos de *T* ou «axiomas» de *T* e depois regras ou esquemas de axiomas de *T* que forneçam relações de *T*. Seria útil distinguir aqui os sintemas «axiomáticos teóricos» ou «textuais» dos sintemas «axiomáticos esquemáticos».

Distinguir-se-iam assim mais claramente as operações que permitem obter uma «demonstração» da «teoria» *T*:

1º transcrição dos sintemas «teóricos», isto é, das «construções formativas» de reuniões de *T*;

2º transcrição dos sistemas «axiomáticos» e «esquemáticos» das relações *T* aplicadas a estas reuniões;

3º transcrição dos sintemas de forma **A** ⇒ **B** ditos «relacionais», designados por **R**, tais que **A** e **B** são reuniões de *T* precedendo **R**.

Uma vez que o conjunto destas relações assim escritas constitui as relações verdadeiras em *T*, estas podem ser consideradas como «teoremas» de *T*, significáveis por sua vez através dos sintemas de tipo «teoremático» propriamente dito. Podemos provar assim que:

comparando-se uma sintematização *Sin T'* a uma sintematização *Sin T*, é necessário e suficiente, para que a teoria *T'* seja considerada «mais forte», que a teoria *T* reúna as seguintes condições:

1º *Sin T = Sin T'* (os sinais de *T* são os sinais de *T'*)

2º Os sintemas «axiomáticos teóricos» de *T* são os sintemas teoremáticos de *T'* ou seja [*Sin* **Xi** T = *Sin T'*]

105

A CIÊNCIA DOS SÍMBOLOS

3º Os sintemas «axiomáticos esquemáticos» de **T** são esquemas de **T'**. [*Sin* Esq. **T** = Esq. **T'**].

O âmbito desta obra não me permite explicitar as demonstrações de uma «teoria» sintemática geral das matemáticas, nem a análise tópica dos métodos usuais da formalização axiomática. Quis simplesmente lembrar que a noção de «sintemática» seria não só mais apropriada que a de «simbólica» aos sistemas de tipo lógico-matemático, mas também permitiria libertá-los através de uma abstracção específica de certas confusões de tipo linguístico, alimentadas mais por especialistas de ciências humanas do que pelos próprios lógicos e matemáticos, nomeadamente no plano da «homologia das estruturas».

Com efeito, importa não esquecer que o raciocínio matemático é sempre *tautológico* nos seus processos de formalização e de edificação das suas reuniões teóricas. Torna-se, pois, perigoso (²) servirmo-nos dele *ontológica e empiricamente* quando se trata de descrever fenómenos concretos de tipo psicológico ou sociológico. As teorias matemáticas propriamente ditas são puramente lógicas. A maior parte das vezes, obtêm-se introduzindo uma axiomática nova ou sintemas esquemáticos, por exemplo, na álgebra, na topologia, na teoria das categorias, na análise funcional, na geometria algébrica. Esta língua implica uma gramática e uma sintaxe próprias e, como todas as outras, é capaz de evoluir e de se transformar. A sintemática é um destes meios de transformação e de evolução. Na medida em que ela se distingue simultaneamente da linguística e da simbólica propriamente dita, «a sintemática», isto é, a ciência geral dos sintemas, pode trazer uma contribuição útil para a formalização lógico-matemática futura.

A minha posição acerca deste ponto é, pois, diferente da de E. Cassirer que trata os sinais da linguagem matemática como se eles fossem assimiláveis aos da linguagem *axiológica*, enquanto formadores e operadores de um sentido que não lhes viria totalmente da abstracção dos dados empíricos e que seria comparável àquele que se reporta a um domínio prévio de essências ou de valores. E. Cassirer tira daí uma conclusão filosófica,

---

(²) Este perigo não diz respeito, evidentemente, aos psicológos e sociólogos que possuem um conhecimento aprofundado das técnicas lógico-matemáticas da formalização. São conhecidas, por exemplo, as notáveis descobertas feitas por Jean Piaget no domínio da psicologia genética.

A FUNÇÃO SINTEMÁTICA DO SIMBOLISMO

segundo a qual o simbolismo seria o «universal em acto», ultrapassando graças à sua comunicabilidade o isolamento e a particularidade das consciências individuais.

Na minha opinião, Cassirer confunde aqui dois dados distintos: as operações da comunicabilidade simbólica propriamente dita com as operações lógicas que a tornam possível. Ora, algumas destas últimas baseiam-se na abstracção dos dados empíricos, como as da linguagem matemática, e outras, pelo contrário, na semelhança das relações concretas, como as do processo analógico. Não podemos confundir, sem incorrer em mal entendidos graves, a lógica da identidade, essencial para qualquer linguagem de tipo lógico-matemático, com a lógica da analogia, característica de toda a linguagem de tipo axiológico.

Também não partilho a opinião de A. Whitehead que considera que a «função simbólica» se exerce fora dos sinais que apontam para o objecto actual, bem delimitado no espaço e no tempo, para aquém ou para além desse objecto, atingindo dessa forma a operação pela qual as «entidades eternas» se investem nas formas concretas. Este filósofo compara assim a intuição analógica no seu conjunto ao pensamento matemático, estético e religioso, os quais possuem a sua própria capacidade de apropriação lógica da «função simbólica» em questão. Além disso, a «transcendência do sentido» não seria mais do que um «não-sentido» ao nível do pretenso «simbolismo» matemático, que é puramente sintemático e ideogramático.

Seria um erro grave e inverso do precedente reduzir ao único sistema das referências designativas e práticas de tipo sintomático toda a filosofia dos símbolos. As línguas informática-dedutivas e as suas expressões lógico-matemáticas ou lógico-científicas estruturam actos do pensamento em operações muito reguladas, rigorosamente reunidas e controladas através de um processo de consolidação e de ordenação das realidades experimentais ou empíricas previamente formalizadas. Nem por isso isto significa que lhes seja possível garantir absolutamente as verdades ideais das suas teses, isto é, uma «verdade denominadora em si». Por outras palavras, não há «absoluto dos significados» na consistência das linguagens teóricas, que permanece construtiva, efectiva, operatória, mas também puramente formal. O discurso matemático não se reporta pois às «essências» e as suas regras não são «normas», no sentido axiológico ou «trans-

A CIÊNCIA DOS SÍMBOLOS

cendente» do termo, que apresentem «nelas próprias» um significado ontológico universal. Podemos conceder às línguas informático-dedutivas o poder de garantir abstractamente a coerência dos processos experimentais formalizados, a sua comunicabilidade e a sua generalização, sem que seja necessário acrescentar a estes privilégios, já excepcionais em comparação com as outras línguas que conhecemos, um poder tão exorbitante como ilusório.

Por outro lado, a sintematização de tipo lógico-matemático ou lógico-científico apresenta o interesse considerável de não ser totalmente redutível aos seus domínios de determinação dos factos empíricos ou experimentais «actualmente» esquematizados. A sintematização intervém ainda, pois é mais geral do que aquilo que ela determina, possuindo uma capacidade de interrogação face aos domínios empíricos e experimentais atingidos. Esta função antecipadora da sintematização é tanto mais notável quanto é não só potencial como ainda rigorosamente coerente, de forma que, em muitos casos, abre de certa maneira à experiência uma via firme e directa de exploração e de interpretação dos seus dados.

No plano das matemáticas, a noção de «sintemática» deveria ser preferida à de «simbólica» por numerosas razões, como tentei demonstrar sucintamente através destas noções que, para serem desenvolvidas, exigiriam por si sós uma obra especializada. No entanto, a meu ver, a mais importante destas razões é o facto do objecto da matemática ser um produto que quanto mais se estende mais se complica e mais rigorosamente se controla os seus processos científicos de produção. Este processo de auto-constituição, de natureza puramente *tautológica*, é ilimitado na sua extensão, tal como as direcções derivadas do centro de um mesmo círculo, e esse centro é o *princípio da identidade*. Uma simples comparação geométrica permitirá compreender por que razão, no entanto, o poder matemático nem sequer atinge a própria essência do real.

Isso sucede porque, por muito ilimitadas que sejam, as direcções derivadas de um círculo de uma esfera de raio infinito não são, ao mesmo tempo, *infinitamente diversas*, propriedade que não pertence senão às direcções derivadas do centro da esfera e cada uma das quais, precisamente, corresponde ao plano de um único círculo. Na medida em que o espírito humano dispõe do princípio da identidade, é claro que a matemática constitui *num só plano* o seu instrumento mais eficaz e mais extenso, mas, por outro lado, todos os outros planos do real não deixam de ser projectados, de certa maneira, no nosso, de forma que não podemos captá-los senão *indirectamente* nas suas relações mútuas, graças ao *conceito de analogia* e ao seu processo lógico específico.

Quando distinguimos estas duas orientações epistemológicas, quando nos recusamos a confundir as suas operações e as suas interpretações, não se trata de forma nenhuma de as opor umas às outras, mas, pelo contrário, de compreender a necessária complementaridade delas para a «colocação em perspectiva» dos dados do conhecimento humano.

Que o problema das «essências» continue pendente, uma vez que a identidade não o resolve melhor do que a analogia (uma, de certa maneira, por excesso, a outra por insuficiência), não é o mais importante para o conhecimento pois pode suceder também que se trate de um falso problema à nossa escala e ao nosso nível. Em contrapartida, é importante para a nossa compreensão justa e verdadeira que possuamos os dois olhos e não um único. A visão matemática sobre o universo seria deficiente se a visão analógica não compensasse a sua aberração relativa e reciprocamente. Reconciliar em nós as visões do mundo, da natureza, do homem e da sociedade obriga-nos a esta difícil *alternância* de uma lógica do «ora...ora». Ela apresenta, sobre a da *alternativa*: «sim ou não», méritos bastante evidentes, porque integra em vez de excluir e porque distingue as línguas entre si em vez de as confundir ou de pretender reduzi-las a uma só.

A função «sintemática» do simbolismo não constitui, pois, senão uma das suas operações fundamentais. Quanto melhor a separarmos das suas funções «alegórica» e «tipológica», melhor poderemos restituir à sinfonia do conhecimento e às suas interpretações a extensão e a profundidade integrais dos seus desenvolvimentos reais possíveis.

Os sintemas lógico-científicos

A história das nomenclaturas científicas exigiria um longo desenvolvimento, mas podemos analisar os seus aspectos importantes e significativos na história das nomenclaturas quí-

A CIÊNCIA DOS SÍMBOLOS

micas e mineralógicas e dos caracteres ou dos sintemas que representam convencionalmente as diversas substâncias e os corpos naturais.

A primeira sintematização neste domínio foi a dos antigos alquimistas mas, vendo bem as coisas, ela não foi puramente «convencional» nem «arbitrária», na medida em que se inspirou não só em temas «alegóricos», mas também numa simbologia «tipológica», esotérica e iniciática. Eis por que ela é demasiado complexa para poder ser estudada no âmbito desta obra. Em contrapartida, podemos considerar as tábuas de caracteres inventadas por Torbern Olof Bergmann, o célebre químico sueco (1734-1784), como documentos característicos de uma primeira sintematização sistemática das substâncias físico-químicas artificiais e naturais.

Bergmann utiliza como caracteres gerais um triângulo, um círculo, uma coroa e uma cruz. O sintema triângulo, modificado de diversas maneiras, era o sinal dos quatro elementos, o fogo $\triangle$, a água ∇, o ar $\triangle$, a terra ∇, por exemplo, e das substâncias inflamáveis $\underset{=}{\triangle}$, tais como o enxofre e o fósforo. A coroa designava as substâncias metálicas; o círculo indicava os sais O e, com pontos, os alcalis $\odot$. A cruz, o ácido e as substâncias acidificadas.

Bergmann tentou, a partir destes sinais iniciais, representar os diversos tipos de terra «siliciosa», «argilosa» ou «pesada», por exemplo. Para os metais, utilizou também cruzes, círculos e semicírculos, o que parece significar, segundo o seu sistema sintemático geral, que ele admitia uma analogia entre os ácidos, os sais e os compostos metálicos. De uma forma não menos curiosa, representou a cal pelo mesmo sinal que os óxidos dos metais os quais, de acordo com a nomenclatura que ele propôs, eram considerados como «cal metálica».

Podemos observar assim, nesta sintematização química «primitiva» de Bergman, vestígios das teorias alquímicas compreendidas de uma forma mais ou menos exacta. No entanto, todos os químicos do fim do século XVIII estavam convencidos da necessidade de inventar uma nomenclatura nova. O próprio Bergmann tinha tanta certeza disso que escreveu a Guyton de Morveau as seguintes palavras: «Não dispense qualquer denominação imprópria; os que já sabem compreenderão sempre; os que não sabem ainda entenderão mais cedo».

Em meados do ano de 1786, Morveau, Berthollet, Fourcroy e Lavoisier reuniram-se para examinar um projecto de nomenclatura apresentado por Morveau em 1782. Vários geómetras da Academia assistiram a estas conferências quase diárias e, após oito meses de discussões e estudos, Lavoisier expôs, a 18 de Abril de 1787, durante uma sessão pública da Academia, as bases da «Reforma e do aperfeiçoamento da nomenclatura da química», desenvolvidas numa segunda dissertação, a 2 de Maio de 1787.

Os corpos compostos eram divididos em *ácidos*, em *bases* e em *sais*. Tratava-se, pois, de uma classificação geral da química. A regra da nomenclatura estabelecera que «qualquer denominação de um composto deve indicar ao mesmo tempo os nomes dos elementos desse composto».

Assim, o antigo «óleo de vitríolo» transformava-se em ácido «sulfúrico» o «espírito de sal» em ácido «muriático» (o nosso ácido «clorídrico»), o «ar fixo» em ácido «carbónico», etc. A nomenclatura de 1787 continua a ser, nas suas linhas gerais, a base da que é utilizada actualmente.

Podemos considerá-la a língua «falada» da química, enquanto que a notação sintemática é a língua «escrita» desta ciência. Ambas se modificaram em função do desenvolvimento desta disciplina, de forma a estabelecer com uma exactidão sempre crescente a uniformidade na designação dos compostos análogos assim como as propriedades mais características de uma substância.

No fim do século XIX, estava assente que a matéria era constituída por átomos todos *idênticos a si próprios* numa determinada espécie química. Assim, os físicos pensavam que esta identidade e esta uniformidade correspondiam à composição íntima da matéria. Desconfiou-se, a partir da descoberta da radioactividade por Becquerel em 1896, da existência de um mundo novo no interior do átomo e de interacções muito mais poderosas do que as conhecidas na época, de tipo electromagnético e gravitacional. Sabe-se que a primeira representação sintemática do «modelo teórico» do átomo, de tipo «planetário» só surgiu a partir de 1920, na sequência dos trabalhos de Rutherford. Demonstrou-se que só os electrões intervinham nas ligações químicas entre os átomos, permanecendo os núcleos passivos e isolados uns dos outros.

Deu-se um passo decisivo para a compreensão da composição do núcleo em 1933, com a descoberta de uma nova partícu-

A CIÊNCIA DOS SÍMBOLOS

la, o neutrão, por Chadwick, na esteira dos trabalhos de Frédéric e Irene Joliot-Curie.

O neutrão é assim designado porque é electricamente neutro. A sua massa é sensivelmente igual à do protão que é o átomo de hidrogénio e possui uma carga eléctrica, designada sinteticamente por + e. O núcleo compõe-se portanto de **Z** protões que correspondem a **Z** + **e** e a **N** neutrões. Sendo ambos os constituintes do núcleo, **Z** ou **N**, designados pelo termo «nucleão», um núcleo contém no total **Z** + **N** = **A** nucleões.

Todos os núcleos contêm, para uma espécie química dada, o mesmo número de protões, mas podem diferir quanto ao número de neutrões. São então *isótopos* diferentes do elemento químico considerado.

O sintema do núcleo atómico é ${}^{A}_{Z}X_{N}$. Neste sintema, **X** corresponde ao sintema químico do elemento, por exemplo *Au* ou *P6*, a que pertence. **Z** designa o número de protões ou o «número atómico». **N**, o número de neutrões, **A** o número total **Z** + **N** de «nucleões» ou o «número de massa» do núcleo. Assim, os sintemas dos isótopos do oxigénio são representados da seguinte forma: ${}^{15}_{8}O_{7}, {}^{16}_{8}O_{8}, {}^{17}_{8}O_{9}, {}^{18}_{8}O_{10}$. Utiliza-se também uma sintematização abreviativa do tipo: **X**: ${}^{15}O, {}^{16}O, {}^{17}O, {}^{18}O$.

Vemos que nos sintemas imaginados por Bergmann e nos da física nuclear, as representações *convencionais* de tipo lógico-cientifico, embora «arbitrárias» nem por isso são «imotivadas» no sentido saussuriano e puramente linguístico do termo. Elas correspondem a diversas fases do desenvolvimento do pensamento científico e, em certa medida, dependem «analogicamente» destas. No entanto, esta semelhança é demasiado geral e demasiado vaga para que tenhamos o direito de falar de um verdadeiro processo de simbolização a seu propósito. Nem as notações químicas e físico-químicas, nem as notações lógico-científicas em geral são símbolos. Por isso, convém, no caso da linguagem da matemática formal, designá-las exactamente por *sintemas*.

As aplicações diversas da sintemática

A sintemática não pode, no que se refere ao seu principal objectivo, ser confundida com a semiologia linguística uma vez

A FUNÇÃO SINTEMÁTICA DO SIMBOLISMO

que descreve formas a partir de uma operação analógica de um tipo muito determinado, para a qual nenhuma investigação psicológica parece necessária, pois a sintemática é relativamente simples quanto ao seu princípio. Esta disciplina, ao admitir e ao constatar a existência da analogia *artificial* e *externa* imposta *convencionalmente* a qualquer sintema propriamente dito, propõe-se apenas estudar e procurar as formas mais apropriadas a esta operação e mais úteis às diversas ciências físicas e humanas, às tecnologias, à pedagogia e às trocas económicas.

Limitar-me-ei a assinalar resumidamente as suas principais aplicações possíveis e que dependem, na maior parte dos casos, do meio de comunicação da informação. Efectivamente, podemos distinguir os sintemas de tipo *espacial* e *estático* dos sintemas de tipo *temporal* e *dinâmico*. Uns utilizam intermediários «extensos» e «fixos», pelo menos nos seus registos dos dados, tais como papéis, cartões perfurados, fotografias e suportes magnéticos, por exemplo. Os outros, modificações rítmicas do meio físico, como as ondas sonoras, eléctricas ou electromagnéticas. Os primeiros permitem uma reversibilidade das operações de decifração ou de leitura dos sintemas registados. Os segundos são inicialmente irreversíveis e só se tornam reversíveis após o registo dos seus dados.

Os sintemas «topológicos», por exemplo, são sinais convencionais que servem para divulgar as informações e os dados relativos a um lugar e descrevem uma extensão terrestre ou celeste. A topografia não é mais do que uma aplicação dos sintemas topológicos de tipo estático ou espacial, por intermédio do desenho ou da escrita. No entanto, podemos conceber perfeitamente sintemas topológicos transmitidos por modificações do meio físico através de ondas, isto é, dos sintemas de tipo temporal e dinâmico. Os instrumentos de exploração de um meio desconhecido podem ser ligados a receptores ou a um computador que realizem um levantamento automático da planimetria e do nivelamento do terreno reconhecido e analisado automaticamente.

Da mesma maneira, os sintemas «cronológicos», isto é, aqueles que permitem conhecer uma duração determinada para o deslocamento proporcional de um indicador móvel relativamente a eles, podem ser lidos num mostrador ou, então, indicados através de um sinal transmitido por ondas. No primeiro caso, são espaciais e estáticos; no segundo, rítmicos e dinâmicos.

113

A CIÊNCIA DOS SÍMBOLOS

Os sintemas «mnemotécnicos» são sinais convencionais que traduzem através de indícios um acto efectuado de que devemos recordar-nos ou lembram um acto que temos de realizar ou representam factos ou dados que a memória deve conservar. Alguns estão inscritos num suporte material, extenso e fixo, como, por exemplo, um nó num lenço ou entalhes num pau. Outros são dinâmicos e temporais, tais como a campainha de um despertador, o toque de um clarim ou outros processos do mesmo género. Podemos classificar dentro da mesma categoria os sintemas «esquemáticos» ou «abreviativos» utilizados pedagogicamente, como, por exemplo, os quadros cronológicos dos acontecimentos de uma época. A transposição dos sintemas do primeiro tipo para os do segundo constitui um dos problemas importantes do ensino audiovisual contemporâneo.

Os sintemas «metabólicos», do grego *matabolikós*, no sentido literal «próprio para mudar» e que o gramático Heráclido utiliza na acepção do «que se refere às trocas do mercador, do negociante», são sinais convencionais que servem para trocas económicas ligadas necessariamente a um valor determinado de um comum acordo por uma garantia. Qualquer objecto, desde que seja mais facilmente permutável que a mercadoria ou o valor de que é sinal, pode tornar-se um «sintema metabólico». As trocas por frutos e conchas foram substituídas por gado e depois por metais em «montinhos» de pepitas brutas e informes, tal como eram fornecidos pelas minas; em «bolsas» ou lingotes, barras e placas obtidas pela fusão ou pela forja; em «anéis» de tamanhos diversos. A *pesagem* esteve primitivamente ligada ao acto de contar ([3]), como prova o duplo sentido do *siclo* na área da civilização palestiniana e fenícia. A aparição da moeda, por volta do século VII antes da nossa era, tem origem na invenção de um *sintema metabólico* aplicado e impresso primeiramente nos lingotes com a ajuda de um buril ou de uma cunha, sendo garantia do seu peso ou valor, em função da confiança atribuída à autoridade e à honestidade dos poderes públicos.

A «sintemática metabólica» constitui, simultaneamente, na sua parte descritiva, uma disciplina anexa da numismática, no plano histórico, e da sintemática lógico-científica das ciências económicas, no plano teórico. Por outro lado, nas civilizações

---

([1]) Cf. N. Bourbaki, *Éléments de mathématique*, Livro I, Paris, 1960.

A FUNÇÃO SINTEMÁTICA DO SIMBOLISMO

de tipo «tradicional», o seu estudo é mais complexo, pois ela liga-se através de alguns dos seus aspectos à *alegoria* civil e à *tipologia* mítica e religiosa.

As aplicações precedentes da sintemática não constituem uma lista limitativa mas permitem, pelo menos, constatar que em todos estes domínios, o uso da palavra «símbolo» é impróprio e que deve ser evitado, principalmente no que se refere ao domínio lógico-científico. Não se trata, repito-o, senão de sinais que correspondem a uma só das operações da lógica da analogia, aquela que designei por «sintemática», do grego *sun-desmeo*, «ligar em conjunto», literalmente, donde deriva *sun desmos*, no plural *ta sundesmea*, os «elos» e *suntema*, os «sintemas». Efectivamente, no caso deles, a relação de analogia é de ordem *externa* face ao significante e ao significado que ela «liga em conjunto», de forma arbitrária e convencional. É claro que não devemos confundir uma analogia artificial e imposta, consciente e voluntária, entre dois termos, e que depende apenas de uma escolha livre entre as partes que comunicam entre si através dela, com uma analogia real de tipo intuitivo e que incide sobre uma relação de conveniência de ordem interna entre o significante e o significado.

Esta exprime-se, por sua vez, de duas formas distintas: ou pela *alegoria*, cujo modo de operar principal é a *metáfora*, ou pela *tipologia*, cujo motor principal é a *anáfora*, termos que definirei posteriormente.

QUARTA PARTE

A ALEGORIA

VI

A FUNÇÃO ALEGÓRICA DO SIMBOLISMO

Metáfora e anáfora

Devido à influência do romantismo alemão e da psicologia das profundidades, existe, como observa Jean Pépin, «o hábito de, actualmente, separar claramente a *alegoria* do *símbolo*, o artifício didáctico e a espontaneidade da vida. Para que esta distinção, aliás fundamentada, possa ser tida em consideração a propósito de Dante, tornar-se-ia necessário que ela estivesse incluída nos costumes da época. Ora, tal não acontece. A definição antiga e medieval da alegoria é tão lata que convém a quase todas as variedades da expressão figurada e, em todo o caso, à expressão simbólica» [1].

Nem Fílon nem Clemente de Alexandria diferenciam o símbolo da alegoria de uma forma tão nítida como parecem supor muitos autores modernos. No entanto, não se os pode confundir. A alegoria é simultaneamente um processo retórico e uma atitude hermenêutica ligada ao discurso e à interpretação, ou seja, a uma expressão e a um pensamento, enquanto que o símbolo «reconduz» o significante e o significado ao próprio Significador. Eis porque a alegoria tem o seu fundamento na *metáfora* e não na *anáfora*.

A alegoria também não está associada ao mito nem ao rito sagrados, ao passo que o símbolo é a base de toda a dinâmica

---

[1] Jean Pépin, *Dante et la tradition de l'allégorie*, Vrin, Paris, 1970, pp. 15-16.

A CIÊNCIA DOS SÍMBOLOS

iniciática e religiosa. Contudo, assim como não podemos separar abusivamente a carne da alma nem do espírito, os textos tradicionais sagrados apresentam uma estreita associação entre três níveis de compreensão, ou melhor, de «realização interior», já nitidamente especificados por Orígenes: «O mais simples é instruído por aquilo a que poderíamos chamar a carne da Escritura, a leitura vulgar. Aquele que progrediu um pouco é instruído, por assim dizer, pela alma da Escritura. O perfeito... é instruído pela lei espiritual, que é a sombra dos bens futuros.» (^{2}) Orígenes repete três vezes a palavra «instruído» por alguma razão. Formula o seu pensamento de uma forma mais exacta num fragmento do comentário sobre o *Levítico*: «A Escritura é constituída, de certa maneira, por um corpo visível, por uma alma que pode ser conhecida através do corpo e por um espírito que é o exemplo e a sombra dos bens celestes.» (^{3})

Estes três níveis do processo hermenêutico são interdependentes e conhecidos «através» de cada um deles. Eis por que a alegoria, embora distinta do símbolo, está tão profundamente ligada a ele como o sentido literal ao sentido alegórico, facto que esquecemos com frequência. A lógica da analogia, com efeito, assenta numa realidade concreta e para que esta seja o sinal verdadeiro de uma *outra* realidade, é preciso que o dado inicial não seja ele próprio, falso. O uso da metáfora que é a alegoria basta para prová-lo. Há alegorias vazias e estéreis, como as que encontramos no século XV, por exemplo, por causa dos abusos literários dos retóricos, ao passo que outras alegorias ensinam importantes verdades escondidas. Podemos até admitir que o papel *cultural* e *didáctico* da alegoria não é menos importante que o do símbolo, pois o processo alegórico está implicado em todas as formas de expressão artística e liga-se, por intermédio da iconologia, ao vasto mundo da imagem e da memória.

Observámos, sem dúvida, que Orígenes fala da *sombra* e associa esta palavra tanto à «lei espiritual», como ao espírito da Escritura que seria, simultaneamente, o *exemplo* e a *sombra* (^{4}) dos bens celestes. É que a morte não está ainda destruída, nem a eternidade restabelecida. A verdade não pode exprimir-se sem o

---

(^{2}) *De principiis*, IV, 2, 4 (II), pp. 312-313.

(^{3}) Ed. Bachrens, 42, pp. 332-334, ao fundo da página.

(^{4}) Foi a partir destas palavras de Orígenes que eu distingui as noções de «modelo» e de «marca» na função *tipológica* do simbolismo (cf. parte V: *O tipo*).

A FUNÇÃO ALEGÓRICA DO SIMBOLISMO

véu dos sinais e dos tipos. Só através da *anáfora*, de um «movimento ascensional» do visível em direcção ao invisível, do aparente ao escondido, do sensível ao inteligível e do inteligível ao supra-inteligível, é que o homem pode erguer-se até à interpretação *espiritual*, não já *alegórica, mas anagógica* ([5]), de que o símbolo é o meio principal. A ressurreição do Significador opera-se na sombra, evidentemente, e no entanto, para Clemente de Alexandria: «A sombra da luz não é trevas, mas iluminação»([6]).

Uma passagem do *Contra Celsum* a propósito de certos pormenores da ressurreição de Jesus criticada por Celso (os anjos, as vestes brancas, etc.) basta para mostrar a forma como Orígenes liga intimamente a «interpretação espiritual», a «tropologia» ([7]), a uma *operação ressuscitadora do próprio Significador*: «É preciso mostrar, em relação a cada um destes acontecimentos, que ele é possível, que ele ocorreu e que é significativo de uma tropologia, aquela que podem realizar, a partir das aparências, os que estão prontos para contemplar a ressurreição do Verbo.» ([8])

Os diversos níveis da interpretação não se reportam senão aos textos reconhecidos como *sagrados* por uma tradição iniciática ou religiosa e, particularmente, pela tradição judaico-cristã. Seria necessário, bem entendido, estudar de forma diferente estes problemas no âmbito de outras «religiões do Livro». Podemos constatar, por exemplo, no caso do Islão e do *Alcorão*, que a ortodoxia sunita se opôs violentamente à exegese alegórica, preferida pelos místicos. Estes foram acusados de substituir as concepções e as interpretações habituais por uma hermenêutica fundamentada em modos pessoais de intuição e de simbolização, incompatíveis com o costume e as regras da exegese corânica.

O seu fundador, At-Tabari (839-923), declara-o nos fins do século IX: «Quem se serve unicamente do seu julgamento para

---

([5]) Do grego *ana*, «no cimo» e *agogós*, «que conduz».

([6]) *Exc. Theod.* 18.2, citado por Marguerite Harl, *Origène et la fonction révélatrice du Verbe incarné*, Paris, 1958, p. 153.

([7]) Do grego *tropologia*, «linguagem figurada», de *Tropos-logos*, «falar por tropos ou por figuras», Orígenes, *Contra Celsum*, I, 15.

([8]) *Contra Celsum*, V, 56, p. 59. Cf. Marguerite Harl, *ob. cit.*, pp. 156 e 157: «Orígenes recomenda incessantemente que se realize uma interpretação dos actos de Jesus que permita captar o verdadeiro alcance deles. Chama a essa interpretação *anagogé* ou ainda *tropologia*, significando estes dois termos «interpretação espiritual».

A CIÊNCIA DOS SÍMBOLOS

ler o *Alcorão, mesmo que alcance a verdade acerca de um ponto determinado*, labora no entanto no erro, por se ter servido apenas do seu julgamento. A forma como avança não é a de um homem que tem a certeza de possuir a verdade. É apenas a de um homem que conjectura e supõe; ora, quem se ocupar da religião servindo-se das suas conjecturas diz contra Alá aquilo que não sabe» ([9]).

Esta posição dogmática inflexível é explicável *historicamente*. Tratava-se de conservar a unidade de uma comunidade ameaçada do interior por escolas teológicas ou por seitas filosóficas que tinham ousado interrogar-se a propósito do problema do livre arbítrio. A escola dos Mutazilitas, por exemplo, adquiriu grande importância no Iraque no século IX, sob a influência das ideias helenísticas introduzidas pela tradução dos filósofos gregos. Ela corresponderá às preocupações de pensadores que, como Avicena e Averróis, tentarão conciliar a razão pura com os dogmas islâmicos. A habilidade dos Mutazilitas permitiu-lhes desviar o perigo de uma repressão impiedosa. Utilizaram a tradição das «escolas de leitores» e de uma «pluralidade de leituras permitidas» para inferir e propor algumas variantes acerca do vocalismo do texto, variantes essas que lhes permitiram conservar uma interpretação pessoal sem um choque frontal com as posições dogmáticas.

Sabe-se que a exegese é sempre dominada pelo princípio da autoridade. Os críticos das seitas xiitas, por exemplo, adquiriram uma autoridade teológica e política. Efectivamente, punham em causa não só o texto alcorânico dos califas Bacre e Omar, mas também a probidade dos Umaiadas, acusados de terem feito desaparecer, com objectivos dinásticos, todas as passagens do *Alcorão* em que vinha confirmada a legitimidade do califa Ali, genro de Maomé. A posição geral da exegese do *Alcorão* era também fundada na autoridade do «consentimento de todos», nas interpretações e nas leituras propostas. Este *consensus omnium* exprime-se no «costume ancestral e consagrado», a *suna*.

«Uma infinidade de histórias, lembra Régis Blachère, que corriam ainda em vida de Maomé e foram reunidas mais tarde na *Vida do Profeta* ou nas colectâneas de tradições ou *Hadith*,

---

([9]) Citado por Regis Blachère, *Le Coran*, Paris, 1966, p. 83.

A FUNÇÃO ALEGÓRICA DO SIMBOLISMO

revela-nos que os crentes vinham consultar o Mestre acerca de uma palavra ou de uma passagem obscura da Revelação, acerca do alcance de uma proibição ou de uma autorização alcorânica relativa ao culto... Vemos, nessa altura, o Profeta explicar o termo ou dar o significado ao excerto, fazer, numa palavra, trabalho de exegeta. Depois de o Fundador do Islão desaparecer, os seus companheiros mais importantes viram-se todos numa situação idêntica. O princípio de um comentário perpétuo da revelação alcorânica é, como vemos, inerente à autoridade que lhe está ligada; é através dele que se perpetua o papel de edificação que ela desempenhou na vida do mundo muçulmano, desde as suas origens.» ([10])

A precaridade da grafia árabe alimentava, graças ao seu carácter defectivo, obscuridades na forma material do texto. Este despertava a sagacidade dos gramáticos e tornou-se numa fonte de investigação perpétua dos «leitores» no plano do sistema gráfico. No entanto, encontramos na origem da exegese alcorânica o seguinte facto: uma vez que o mundo do Islão não era dominado por uma autoridade eclesiástica, conciliar e pontifical, não podia limitar os excessos da interpretação que se arriscavam a prejudicar a elaboração da Lei, sem o princípio de um acordo baseado numa unidade da Comunidade islâmica, sem um *consensus* conservado pelo costume ancestral. É esse o sentido da palavra *idjmâ*, que designa um «acordo encontrado por canonistas não discutidos» ([11]).

No entanto, a história da exegese alcorânica mostra a coexistência de duas tendências gerais, de duas atitudes perante o Livro sagrado e de duas abordagens distintas da Revelação: o «comentário literal» ou *tafsir* e a «explicação interpretativa» ou *tawîl*.

A forma mais conhecida do *tawîl*, graças às profundas investigações de Henry Corbin ([12]), é a dos filósofos ismaelitas. Trata-se de uma «exegese espiritual» que contrasta pelo seu esoterismo e pelo seu alcance iniciático, com a interpretação exotérica dos «comentadores literais» necessariamente submetidos ao princípio da autoridade que constitui o «consentimento de

---

([10]) Régis Blachère, *op. cit.*, p. 75.
([11]) Régis Blachère, *ibid.*, p. 78.
([12]) Cf. Bibliografia, *in fine*.

A CIÊNCIA DOS SÍMBOLOS

todos» ao passo que o *tawil* ismaelita é «uma operação sempre inacabada, que recomeça sempre *com cada um*; esse é o motivo por que ele está ligado ao «nascimento espiritual» *(wilâdat-e-kuhâni) de cada um* até ao fim do «Ciclo dos ciclos» [13].

A «livre iniciativa» e a «livre pesquisa» que este *tawîl* testemunha, face ao *tafsîr* literal, são noções em que Henry Corbin insiste frequentemente. Devemos-lhe ter sublinhado o erro cometido por muitos amadores dos estudos tradicionais, que pretendem manter uma posição dogmática num domínio em que, pelo contrário, há que tomar consciência dos limites e das insuficiências desta a *nível* da experiência interior, *diferente* do das relações de uma comunidade com o seu princípio legítimo de autoridade e de unidade: «Esta livre iniciativa, diz Henry Corbin, mostra-nos também como é fictícia e talvez pouco tradicional a noção de 'tradição' em moda no Ocidente de há algumas décadas a esta parte, sendo a maneira dogmática de tratar os símbolos um dos sintomas mais estranhos do espírito que a alimenta. Quando as pessoas arvoram uma autoridade mais despótica que a de qualquer outro dogmático repudiado, não têm, sem dúvida, consciência de estar a desvirtuar as noções que pretendem defender! Em contrapartida, seria difícil vencer um ismaelita em matéria de esoterismo; ora, nem Nâsir-e-khosraw ao denunciar com veemência os furores dogmáticos das *haswîyân*, nem o Mestre Abû'l-Haitham, nem o seu discípulo ao dar testemunho dos anos que gastou numa investigação laboriosa, dão a entender que a sua 'tradição esotérica' tenha implicado uma renúncia ao *espírito de livre pesquisa* e essa é *a herança mais preciosa* que podiam transmitir ao ismaelismo do futuro os responsáveis por aquilo que ele foi na origem.»[14]

Esse é, com efeito, um ponto essencial que me parece de uma importância capital, tanto para o ismaelismo, como para toda a tradição esotérica e iniciática autêntica. Não foi revelado em vão que a verdade nos pode tornar *livres*: «Na verdade, ensina S. Paulo, o Senhor é o Espírito e onde está o Espírito do Senhor está a liberdade» [15]. O conhecimento tem como único objectivo a libertação. Se pretendesse forjar e construir novas

---

[13] Henry Corbin, *Commentaire de la Qasida ismaélienne d'Abu'l-Haitham Jorjani*, Teerão-Paris, 1955, p. 44.

[14] Henry Corbin, *op. cit.*, p. 47.

[15] II *Coríntios*, 3, 17.

A FUNÇÃO ALEGÓRICA DO SIMBOLISMO

cadeias, a experiência esotérica e iniciática não teria sentido nem justificação.

Em contrapartida, se «cai o véu», para usarmos a expressão de S. Paulo, o véu que é o da «letra que mata», isso só pode acontecer graças a uma nova aliança com o «Espírito do Deus vivo», com a liberdade ressuscitada «que vivifica». Nessa altura, não é uma comunidade, mas uma unidade, a de cada *um* de nós e não só a de *todos*, que testemunha a vida do *Único*. A liberdade não é apenas o objectivo da história humana no seu conjunto. Constitui a essência do princípio espiritual que brilha entre as cinzas da nossa história pessoal, sem a qual não podia, no entanto, manifestar-se. Neste sentido, a exegese, que não é propriamente uma «explicação», não deve ser separada de uma «implicação» do Significador no sentido que ele revela, não dogmaticamente, mas livremente e, em particular, como lhe aprouver, quando lhe aprouver e a quem lhe aprouver. *A liberdade do princípio pressupõe a liberdade do dom.* Não é possível, portanto, fixar dogmaticamente limites à interpretação *espiritual* nas suas relações com a vida *pessoal* do crente. Contudo, o simples bom senso basta para nos persuadir que, se se trata de uma comunidade submetida a necessidades históricas e legais, o *consensus omnium* não é menos necessário para a conservação da sua coerência axiológica e da sua existência social. Eis por que o problema principal, tanto das comunidades religiosas como das sociedades civis, é conciliar e estabelecer o acordo entre *a vida livre do Único em cada um e a vida organizada da Unidade em todos*.

Devemos, pelo menos, tomar consciência do valor de uma lógica da *alternância*, tanto no que se refere a este ponto como a tantos outros, face a uma lógica da *alternativa*. O sentido destes textos sagrados não é *ou* literal *ou* alegórico, *ou* alegórico *ou* histórico, nem *ou* moral *ou* anagógico. Estes sentidos coexistem na Escritura, os teólogos são unânimes em afirmá-lo. De resto, não são os únicos. Efectivamente, se as palavras escondem coisas diferentes das que significam literalmente, também essas coisas, por sua vez, são *figuras* de outras coisas, nomeadamente no que se refere ao sentido espiritual da anagogia.

Nestas condições, vemos que qualquer hermenêutica implica a interpretação de «níveis» distintos dos textos sagrados e que se elevam, uns em relação aos outros, neste movimento ascen-

A CIÊNCIA DOS SÍMBOLOS

sional de «anáfora» propriamente simbólica, de que já falei. Por outras palavras, o processo *metafórico*, no seu conjunto, poderia ser representado por uma expansão «horizontal» da analogia e o processo *anafórico* por uma orientação «vertical» em direcção ao próprio Significador. A Palavra vinda do Verbo, regressa a ele. Este regresso do rio à nascente corresponde a uma «ascensão» que abre horizontes novos, cada vez mais vastos e profundos, ao Espírito que os contempla e se reconhece nelas à medida que põe a nú cada um dos seus espelhos.

A exegese alegórica em Fílon de Alexandria

Um dos exemplos mais conhecidos deste método tradicional é o de Fílon de Alexandria, mas ele é comum a todos os filósofos pagãos e cristãos que seguiram, neste domínio, os ensinamentos platónicos e estóicos. A hermenêutica filoniana da Sagrada Escritura comporta três níveis: *cosmológico, antropológico* e *místico*. A interpretação *cosmológica* da mitologia, com efeito, não é uma invenção moderna. Encontramo-la em Plutarco: «Assim como os gregos *alegorizam* que Saturno é o tempo e que Juno é o ar e que a geração de Vulcano é a transmutação do ar em fogo, diz-se também que, entre os egípcios, Osíris se entende ser o Nilo, que se mistura com Ísis, isto é, a terra.» (*D'Isis et d'Osiris*, p. 1034) e, um pouco mais adiante: «Mas isto assemelha-se às interpretações teológicas que dão os Estóicos: na verdade, eles pensam que o espírito generativo e nutritivo é Baco e aquele que bate e divide é Hércules e aquele que recebe, Amon; aquele que penetra na terra e nos frutos é Ceres e Prosérpina; aquele que passa através do mar é Neptuno» (*D'Isis et D'Osiris*, p. 1041).

Plutarco afirma que as vestes de Ísis são matizadas porque o seu poder se estende sobre a matéria, que recebe todas as formas. Ora, esta interpretação alegórica é conhecida pelos judeus alexandrinos antes de Fílon. Para Flávio Josefo, o vestido matizado do Grande Sacerdote de Israel é uma alegoria dos quatro elementos do cosmos (*Bell. Jud.* V, 55). Segundo Fílon de Alexandria, em *A Explicação da Lei* (*Spec. Leg.*, 1, 66), o Templo visível é a figura do Templo de Deus no sentido mais elevado e

A FUNÇÃO ALEGÓRICA DO SIMBOLISMO

mais verdadeiro, que é o mundo inteiro. Ele tem como santuário a parte mais sagrada da natureza: o céu; como objectos consagrados, os astros; como sacerdotes, os anjos que estão ao serviço das suas potências, almas invisíveis.»

Fílon leva mais longe ainda esta exegese alegórica «cosmológica». Explica, por exemplo, que os dois lados do Arco correspondem aos dois equinócios e os quatro animais às quatro estações. Se o candelabro sagrado brilha num único lugar, é, diz ele, porque «os planetas não circulam em todas as partes da esfera celeste, mas apenas no hemisfério austral» (*Quaest. Ex.*, II, 79). Os querubins representam os dois hemisférios e o véu que isola o resto do templo, do «Santo dos Santos», é o firmamento que separa o mundo terrestre do céu das estrelas.

Fílon separa nitidamente a exegese *antropológica* ou *moral (moralis)* da interpretação *cosmológica* ou *natural (naturalis)*. Aliás, podemos observar que ela é mais frequente que a anterior e muitas vezes inspirada em alegorias *animais*, características da «Iconologia» dos Bestiários medievais, recebendo um desenvolvimento considerável no século XVI. «Em cada um de nós, diz Fílon, existem as seguintes coisas: o corpo, a sensibilidade, a razão. O boi está relacionado com o corpo, porque é submisso e obedece. A imagem da cabra convém aos sentidos, ou porque cada sentido se volta para o sensível que lhe corresponde, ou porque é através da representação dos objectos recebidos pelos sentidos que são provocados os impulsos da alma. Finalmente, o carneiro aparenta-se com o *logos*, porque é macho e activo. Como a razão tem um duplo objecto, o cosmos visível e o mundo inteligível, a pomba corresponde ao conhecimento do primeiro, pela sua ousadia maior, e ao segundo, pois o seu amor pela solidão corresponde àquele que recusa a agitação dos sentidos e procura unir-se à realidade invisível, a fim de aceder ao conhecimento das verdades puramente inteligíveis» (*Quaest. Gen.*, III, 4).

Dentro desta mesma perspectiva, segundo Fílon, Adão representa o espírito e Eva a sensação: «Deus provocou um êxtase em Adão e adormeceu-o. O êxtase e a transformação da inteligência é o sono desta faculdade; ela está em êxtase quando deixa de se ocupar com os inteligíveis que a impressionam... Deus tomou uma das suas costelas. Dentre os múltiplos poderes da inteligência, escolheu um, o de sentir. Deu-lhe a forma de

A CIÊNCIA DOS SÍMBOLOS

mulher. Mostrou assim que o nome de mulher é mais próprio para a sensação» (*Leg. All.*, II, 8-11, 25-38).

Fílon escreve, a propósito dos animais levados à presença de Adão para que ele lhes desse nomes: «Vês quais são os nossos auxiliares, os animais, as paixões da alma. Ele compara as paixões a bichos e a pássaros, pois, porque são indomáveis e selvagens, devastam a inteligência, roubam e planam acima do pensamento» (*Leg. All.*, II, 9-11).

Estas alegorias morais são muito antigas. Na *República* de Platão, o espírito comanda soberanamente as paixões, tal como um rei dirige um rebanho de animais desenfreados, serpente, leão e macaco.

A exegese *mística* põe problemas muito mais complexos do que as duas anteriores, que constituem, de certa maneira, a interpretação alegórica tradicional dos filósofos neo-alexandrinos destinada a ser compreendida facilmente por leitores cultos e através de cartas. Poderíamos, sob muitos pontos de vista, comparar os dois «níveis» sucessivos, cosmológico e «natural», antropológico e «moral» do ensino iniciático dos «pequenos mistérios» antigos. Analisarei posteriormente o terceiro nível, a propósito da função tipológica do simbolismo e da analogia, pois a sua base já não é a *metáfora*, como no processo alegórico, isto é, uma *comparação* entre o significado sensível e o significante inteligível, mas a *anáfora*, ou seja, um processo que «reconduz» o significante e o significado ao próprio *Significador*.

Só ao terceiro nível começa a iniciação nos «grandes mistérios» do símbolo, que não são nem «cosmológicos», nem «antropológicos», nem «teológicos)», mas *teogónicos*. Com efeito, eles não se incluem na linguagem da natureza, nem na da cultura, nem sequer na da ciência da religião e dos seus diversos ramos e doutrinas; os seus mistérios enraízam-se no *Misterioso* propriamente dito.

Eis o que Fílon diz sobre isto, pois esta citação basta para distinguir a exegese *mística* de todas as outras. Trata-se da passagem da *Génesis* sobre o sonho de Jacob (XXVIII, 11): «Ele chegou ao lugar e passou aí a noite, porque o sol já desaparecera.» (Cf. *La Genèse* em *Le Pentateuque, en cinq volumes*, trad. do Rabinato francês: acompanhado do comentário de Rachi, Paris, 1971, p. 187.) «Alguns, diz Fílon, pensaram que o sol designava simbolicamente a sensação e a inteligência, que são

A FUNÇÃO ALEGÓRICA DO SIMBOLISMO

os princípios de discernimento em nós, e que o lugar era o divino *Logos*. E comentaram assim a passagem: o asceta (Jacob) encontrou o *Logos* divino quando a luz mortal e humana se extinguiu. Efectivamente, enquanto o espírito julga captar as coisas inteligíveis e a sensação, os sensíveis, o *Logos* está longe. Mas quando ambos reconhecem a sua própria fraqueza e, graças a uma espécie de pôr do sol, se escondem, imediatamente o *Logos* certo, que reina na alma do asceta quando esta renuncia a ela própria, mas espera a visita invisível daquele que vem de fora, vem ao seu encontro de braços abertos.» (*De Somniis*, I, 118).

Rachi faz o seguinte comentário a propósito disto: A *Torá* não revela o nome do lugar. Mas trata-se de um *lugar* referido noutros passos: o Monte de Moriá, pois está escrito: «Ele viu o *lugar* de longe» (*Gen.* XXII, 4); e, a propósito de «Ele chegou», Rachi acrescenta: «Os nossos mestres explicam esta palavra no sentido de rezar. Ficamos a saber assim que foi Jacob quem instituiu a oração da noite.» A propósito do Pôr-do-sol. Rachi pensa que se deveria dizer: «O sol pôs-se e ele passou a noite naquele mesmo lugar. Pois 'o sol já desaparecera' indica que o sol se pusera subitamente antes da hora, para que Jacob fosse obrigado a passar ali a noite».

Nos comentários aparentemente simples de Rachi existem muitas alusões complexas que a interpretação «mística», proposta por Fílon, esclarece em parte. Ambos sabem perfeitamente de que profundo mistério se trata e sugerem-no através de processos diferentes, o mais subtil dos quais não é o de Fílon. Efectivamente, nalgumas palavras com um sentido duplo ou triplo, Rachi vai muito mais longe na exegese mística, sob a capa de um comentário lacónico e literal de «intérprete da Lei».

Devemos lembrar que se praticava ainda na época de Rachi, isto é, nos séculos XI e XII, não só no que se referia aos textos sagrados da tradição de Israel, mas também nos das tradições cristãs e islâmicas, uma exegese muito prudente e, por consequência, muito mais alusiva que a das épocas posteriores. Estas precauções exigiam, por parte dos leitores dessas interpretações, um «ouvido simbólico», um «sentido musical,» de certa maneira, muito mais desenvolvido que o nosso. Os perigos que ameaçavam os intérpretes demasiado audaciosos não eram imaginários. Nestas condições, podemos constatar, por exemplo, que os mais antigos tratados alquímicos, escritos entre o século XII e o

A CIÊNCIA DOS SÍMBOLOS

princípio do século XV, são muito mais difíceis de decifrar do que os dos séculos XVI e XVII. Não se trata apenas de uma questão linguística e estilística, mas também de um problema de evolução de processos de composição das obras.

A estrutura críptica dos textos sagrados

O método histórico, por muito interesse que tenha, é incapaz, por si só, de resolver os problemas extraordinariamente complexos postos pelos textos sagrados. E. C. Hoskyns, por exemplo, demonstrou-o a propósito do Evangelho de S. João: «Se se afirmar que este evangelho é helénico ou constitui o fruto de uma mistura do pensamento grego com a mitologia oriental, ficamos confundidos com a qualidade hebraica da língua em que ele está escrito, com a aderência rígida das alusões literárias do autor ao Antigo Testamento e com a presença frequente de pormenores topográficos exactos respeitantes à Palestina. Se se afirmar que há neste livro, simultaneamente reminiscências históricas e uma interpretação espiritual, diz-se a verdade. Mas, se se pretender que o crítico ou o intérprete espiritual separa a história da interpretação, ver-nos-emos obrigados a desiludir tal expectativa, pois o autor do livro colocou uma barreira no caminho através da qual ninguém pode passar sem compreender que o sentido espiritual da vida e da morte de Jesus enche a história e a torna naquilo que ela foi, pois é o Espírito que confere a realidade às suas palavras e às suas acções observáveis: 'É o Espírito que anima, a carne de nada serve.' ([16])

Qual pode ser a atitude mais justa perante um texto sagrado se não aquela que admite, em primeiro lugar, a existência de uma *sobreposição de perspectivas e de pontos de vista*, reunidos numa mesma «chapa sensível» que serviu para fotografar várias vezes o mesmo objecto? Vemos surgir, consoante o «banho revelador no qual a mergulhamos, ora paisagens, ora pormenores acerca de personagens, ora uma sequência coerente de relações entre acções, ora uma estrutura historicamente detectável, ora um encadeamento de figuras e de tipos estranhos a toda a

---

([16]) E. C. Hoskyns, *The Fourth Gospel*, 1947, p. 129.

A FUNÇÃO ALEGÓRICA DO SIMBOLISMO

realidade histórica, etc. Se observarmos atentamente os fenómenos de «sobreposição das leituras», constatamos a existência de um facto inegável: cada pessoa só lê e vê aquilo que pode ler e ver ou, se preferirmos, aquilo que é capaz de aprender e de saber. Por outras palavras, os níveis das leituras dos textos sagrados estão em relação constante e directa com os graus de iniciação dos seus leitores ou, se preferirmos, da sua evolução intelectual, moral e espiritual. Existe aqui algo que ultrapassa largamente a capacidade de composição e de elaboração de um autor vulgar, qualquer que seja o seu talento.

Podemos avaliá-lo pelo facto de o estudo minucioso do vocabulário do *Apocalipse* e do *Evangelho de S. João* pôr em evidência uma estrutura simbólica numerológica simultaneamente *global* e *parcial*. Segundo a primeira, as palavras são usadas um determinado número de vezes, possuindo esse número em si mesmo um significado simbólico que podemos reduzir, em todos os casos, ao dos números, de acordo com as doutrinas místicas pitagóricas, por exemplo. Assim, a palavra *psuké* «sopro de vida, vida», é mencionado *dez* vezes no Evangelho de S. João, o que corresponde à simbólica «total» ou «global» do «denário» ou da *Tetráctys* pitagórica: $10 = 1 + 2 + 3 + 4$. Além disso, é usado no texto *uma* vez no discurso sobre a cepa e o vinho (XV. 13), *duas* vezes na notícia da negação de Pedro (XIII. 37, 38), *três* vezes quando se anuncia a glorificação do Filho do Homem (XII, 25, 2, 27), *quatro* vezes no discurso sobre o Bom pastor (X, 11, 15, 17, 24), o que corresponde à simbólica numerológica «parcial» da Tetráctys: $1 + 2 + 3 + 4$.

As pesquisas notáveis de François Quiévreux demonstraram que «uma estrutura análoga surge em relação a um certo número de palavras e que a sequência dos números que se pode pôr em evidência em cada caso possui um significado simbólico» ([17]). A obra, no seu conjunto, torna-se comparável «a um mecanismo de relógio extraordinariamente complexo e exacto, onde tudo está ligado e onde tudo se encadeia, de modo que é impossível modificar uma só palavra sem o trair» ([18]). E. Laubscher, de Basileia, chegou a conclusões análogas às de F. Quiévreux no que se refere ao Apocalipse, num estudo, *Neues aus der Offenbarung*

([17]) «La structure symbolique de l'Évangile selon saint Jean», in *Revue d'histoire et de philosophie religieuse*, p. 152.

([18]) *Ibid.*, p. 160.

A CIÊNCIA DOS SÍMBOLOS

Johannes, que incluía a análise de várias centenas de palavras do vocabulário.

É claro que Quiévreux pôs o problema de saber se os arranjos numéricos não seriam fruto do acaso. «O cálculo das probabilidades permite, diz ele, refutar esta hipótese, ao demonstrar que a probabilidade de tal série de coincidências é absolutamente ínfima... Como é que o autor sagrado conseguiu compor um livro escrito dessa maneira? A dificuldade, à primeira vista, parece assombrosa, mas uma comparação com a música pode esclarecer-nos. Suponhamos que no ano 3000 se perdeu totalmente a noção do que é a música e que um dia se realiza a descoberta de uma partitura musical! Os sábios estudam-na; observam sinais divididos por cinco linhas. À força de pesquisas, acabam por encontrar relações matemáticas na ordem de repetição desses sinais. A pouco e pouco, descobrem a escrita musical, mas ela não reproduz mais do que uma sequência de números. Nessa altura, os sábios ficam maravilhados e perguntam como foi possível realizar, através do cálculo dos números, uma obra tão extraordinariamente complexa. Na realidade, sabemos que as coisas não se passam assim: um compositor de música segue a sua inspiração e não se preocupa com números que, no entanto, servem realmente de medida aos acordes que escreve. Da mesma maneira, o evangelista, inspirado pelo Espírito Santo, não teve certamente necessidade de fazer cálculos para realizar uma obra tão perfeita. Se a objecção nos ocorreu, foi porque não concebemos a possibilidade de *outro modo de pensamento* além do pensamento lógico, mas trata-se apenas de uma deficiência do espírito moderno.»

Ser-nos-ia impossível demonstrar melhor a que ponto o nosso «historicismo» é insuficiente, quando se trata dos textos sagrados, qualquer que seja, por outro lado, a sua historicidade verificável. O «ouvido simbólico» a que aludi existia antes não só entre os primeiros leitores de S. João, mas no próprio evangelista. Ao ouvir directamente a «música viva do Verbo», ele anotava-a sem a modificar e sem poder fazê-lo, sequer, pois corria o risco de a interromper.

Da mesma forma, a transcendência da missão revelada ao Profeta encontra-se formulada no versículo LXXXI do *Alcorão*:

A FUNÇÃO ALEGÓRICA DO SIMBOLISMO

«Não! Juro-o pelos (astros) que gravitam,
Caminham e desaparecem!
Pela noite, quando ela se estende!
Pela aurora quando se exala o seu sopro!
Esta é, na verdade, a palavra de um venerável mensageiro,
Dotado de poder junto do Senhor do Trono, firme,
Obedecido e seguro!
O vosso companheiro não está possesso!
Ele viu-o no horizonte brilhante!
Do Incognoscível, ele não é avaro.
Não se trata da palavra de um demónio maldito.
Onde ides?
É apenas uma edificação para o mundo,
Para aqueles, dentre vós, que querem seguir o Caminho
Direito».([19])

([19]) Traduzido da edição francesa, *Le Coran*, Paris, 1966, Maisonneuve et Larose, p. 639:

«Non! J'en jure par les (astres) gravitants,
Cheminants et disparaissants!
Par la nuit quand elle s'étend!
Par l'aube quand s'exhale son souffle!
En vérité c'est là, certes, la parole d'un vénérable messager,
Doué de pouvoir auprès du Maître du Trône, ferme,
Obéi, en outre sûr!
Votre compagnon n'est point possédé!
Certes, il l'a vu, à l'horizon éclatant!
De l'Inconnaissable, il n'est pas avare.
Ce n'est point la parole d'un démon maudit.
Où allez vous?
Ce n'est qu'une édification pour le monde,
Pour ceux qui veulent, parmi vous, suivre la Voie Droite.»

VII

O APÓLOGO, A FÁBULA E A PARÁBOLA

O apólogo e a fábula

A fábula, no sentido próprio embora inusitado da palavra, designa «aquilo que se diz, que se conta» segundo Littré, que menciona mais seis sentidos: «tema de histórias maliciosas», «relato imaginário, isto é, de imaginação», «relatos mitológicos relativos ao politeísmo», «termo de poesia épica e dramática», «pequeno relato que esconde uma moralidade sob a capa de uma ficção e na qual os animais são as personagens», «mentira, facto inventado». Littré distingue, por outro lado, a fábula, do apólogo e da parábola nos seguintes termos: «A fábula é o termo mais geral; é tudo aquilo que se diz, tudo o que se conta; há, nas fábulas de Fedro e de La Fontaine, contos engenhosos que não são apólogos. O apólogo baseia-se sempre numa alegoria, aplicada ao homem. A parábola é um apólogo contido na Sagrada Escritura; diz-se a parábola do filho pródigo e não o apólogo, embora no fundo se trate da mesma coisa».

Littré não parece ter tido conhecimento do prefácio de La Fontaine às suas fábulas, nas quais se considera o *apólogo* e não a fábula *o termo mais geral*. La Fontaine, com efeito, divide o apólogo em duas partes, a uma das quais podemos chamar «corpo» e à outra «alma»; *o corpo era a fábula e a alma a moralidade*. Aliás, o fabulista declara expressamente que «*O Apólogo* é um dom que vem dos Imortais» (Fábula VII, a Mme. de Montespan), afirmação que não faz acerca da fábula.

A CIÊNCIA DOS SÍMBOLOS

A expressão de La Fontaine é tanto mais exacta quanto a própria preposição grega *apó* subentende este sentido geral, como observa Campos-Leyza na sua *Analyse étymologique des racines de la langue grecque* (p. 37): «Esta proposição tem numerosos significados tais como 'que vem de', 'a partir de', 'saindo de', 'donde', 'fora de', 'longe de'».

O *apólogo*, em grego *apologos*, não indica apenas um relato, um conto. É a *exposição de uma verdade moral sob uma forma alegórica*, em que o ensinamento é dado através *de uma comparação analógica do homem com os seres que são postos a falar e a agir*. Ao dar a vida e a palavra a todos os actores do teatro da natureza, o apólogo ensina também a universalidade das semelhanças físicas e psíquicas e das homologias das relações entre as paixões interiores e as formas exteriores. É um método que não se limita a uma pedagogia moral e social. Na Índia, por exemplo, o tema da metafísica e das reincarnações, isto é, o ensino metafísico, é também sugerido ou evocado através dos apólogos e das fábulas da tradição brâmane.

Por volta do século IV antes da nossa era, um brâmane chamado Pilpay ou Bidpaí compôs a mais antiga colectânea deste género, a «Instrução amigável» ou *Hitopadesa*, traduzida por C. Wilkins e W. Jones. Uma segunda colectânea, transcrita em pálavi no século VI d.-C., alcançou tal sucesso que foi traduzida em árabe, em turco, e, posteriormente, em mais de vinte línguas. A obra não permaneceu no seu estado primitivo; dividiram-na em partes que foram publicadas isoladamente. Por exemplo, *Kalila e Dimna* foi traduzido do sânscrito para persa, e do persa para grego.

Os fabulistas ocidentais não esperaram, como é evidente, por estes relatos, para compor as suas obras, pois todas as civilizações tiveram artistas dotados desse génio especial que é o sentido inato do apólogo. Mme. de la Sablière chamava a La Fontaine o seu *fabulista* e dizia que ele produzia fábulas tão facilmente como as ameixoeiras dão ameixas. «Falar em *apólogo*, escrevia La Harpe, é falar em La Fontaine; o género e o autor formam um todo único; ele chega e apropria-se de todas as fábulas que deixam de pertencer a Esopo, a Fedro, a Bidpaí ou a Avenius para passarem a ser as fábulas de La Fontaine.»

La Fontaine parece ter colhido e destilado os frutos e os perfumes do pomar natal, no outono da história do génio gaulês.

O APÓLOGO, A FÁBULA E A PARÁBOLA

Nenhuma cor, nenhuma essência faltou na sua paleta ou no seu alambique. E há muito que *adivinhar* nas *sentenças animadas* que são as fábulas. Efectivamente, trata-se também de uma comédia com cem actos diferentes, cuja única cena é o universo». Mme. de Sévigné escreveu «As fábulas de La Fontaine são divinas.» Fénelon não fez cedências ao exagero oratório quando comparou o fabulista aos maiores poetas antigos. «Anacreonte não conseguiu brincar com mais graça; Horácio não enfeitou a filosofia e a moral com ornamentos mais sedutores. Terêncio não descreveu os costumes dos homens com maior naturalidade e verosimilhança; Virgílio não foi mais comovente nem mais harmonioso.» O trocadilho germânico de Lessing em que este diz que La Fontaine «desnaturara» o apólogo «a ponto de o transformar num mero enfeite poético», não passa da reacção exasperada de um rival erudito, mas aborrecido. E Florian, todo mel, não passa, comparado com La Fontaine, para utilizar palavras de Beaumarchais, do «poeta dos merengues».

La Fontaine, ao contrário de Littré e de outros críticos, associa a fábula ao apólogo. A sua autoridade na matéria devia dispensar-nos de discutir o assunto. Acrescenta também que a verdade falou aos homens por intermédio das *palavras* e que a parábola é o mesmo que o apólogo, ou seja, um exemplo alegórico capaz de se insinuar facilmente, porque é comum e familiar.

No entanto, podemos acrescentar algumas variações a esta afirmação. A parábola liga-se ao ensino religioso e não à moral social, que constitui o principal objectivo do apólogo. No Antigo Testamento, os sacerdotes e os profetas exprimem-se em parábolas para avisar os povos e os príncipes das ameaças ou das promessas do Eterno. Quando Nathan critica David pelo adultério cometido com Betsabé, fá-lo sob a forma da parábola de um homem rico que roubou a ovelha do pobre. Quando Deus ordena a Ezequiel que profetize a ruína de Jericó, diz-lhe que o faça sob a forma de um enigma e de uma parábola: *Fili, propone enigma et narra parabolam ad domum Israel*. O papel da parábola é essencial no Novo Testamento, o que leva S. Marcos a afirmar acerca dos ensinamentos de Jesus: *"Sine parabola non loquebatur illis"*. Por isso, devemos prestar a maior atenção à natureza da parábola e à sua função específica, que é distinta da do apólogo

A CIÊNCIA DOS SÍMBOLOS

A *parábola e o ensinamento evangélico*

Uma parábola é uma comparação, no sentido do grego *para-bállein*. Esta palavra significa, à letra, «atirar ou lançar de lado», daí *parabállein tophtalmo*, em Platão, «lançar os olhos para o lado», ou seja, «olhar em volta», sentido primeiro desta expressão que, por extensão, se aplica a «pôr ao lado de» ou «aproximar», donde deriva a noção de «comparar». Quando se *estabelece uma ligação* entre duas coisas através de uma analogia que incide sobre os seus múltiplos aspectos, não se *faz a reunião delas*, apenas são postas *em paralelo* devido à sua semelhança. Daí a diferença entre a *parábola* e o *símbolo*. Uma aproxima, o outro reúne, no sentido de *sum-bállein* anteriormente explicado. Uma parábola é, de certa maneira, *uma figura que tem a propriedade de reflectir em sentidos paralelos o significado de uma verdade luminosa ou de um princípio metafísico distinto e situado no seu interior.* O símbolo, pelo contrário, tende *a fazer convergir os sentidos na direcção* desta verdade, orientando-os e «focalizando-os» através deste princípio. O símbolo «focaliza», por assim dizer, e «concentra» nele os sentidos, ao passo que a parábola os «espalha», os «estende», os «propaga» *paralelamente*.

Jesus não fala *simbolicamente*, mas *parabolicamente*, da mesma maneira que a luz, ao reflectir-se num espelho «parabólico», só é percebida sob a forma de raios *paralelos* após se ter concentrado, em primeiro lugar, num foco luminoso. Por consequência, as parábolas evangélicas só têm sentido porque são irradiações do foco da Revelação. Elas podem, de certa maneira, não ser mais «novas» que os apólogos de La Fontaine; mas, tal como estes, apresentam o sinal do espírito criador que as ilumina com uma luz diferente. Eis porque, embora a maior parte das parábolas evangélicas pertençam ao tesouro comum das grandes religiões, tal como o Antigo Testamento, dado que os apólogos provêm da tradição alegórica da moral universal, uns e outros são «re-formulados», «re-criados», de forma tal que não podemos compreendê-los totalmente a partir dos precedentes. As parábolas dos profetas de Israel não bastam para explicar

O APÓLOGO, A FÁBULA E A PARÁBOLA

todos os significados das parábolas neotestamentárias, tal com as fábulas de Esopo não esclarecem totalmente as de La Fontaine. Assim, a parábola da figueira é utilizada por Jesus com um sentido muito complexo, apesar das aparências: «Instruí-vos através de uma comparação com a figueira. Logo que os seus ramos ficarem tenros e que as folhas começarem a despontar, sabereis que o Verão se aproxima. Da mesma forma, quando virdes estas coisas sucederem, sabereis que o Filho do Homem está próximo, está a chegar. Em verdade vos digo, esta geração não passará sem que tudo isto aconteça. O céu e a terra passarão, mas as minhas palavras não passarão» (*Marcos*, XIII, 28, 31).

A figueira era uma árvore venerada na Antiguidade que a considerava «antropogónica», geradora e nutritiva por excelência. O célebre *ficus ruminalis* de Roma protegera a loba que amamentava Rómulo e Remo, e Tácito, nos seus *Anais* (XIII, 58), fala da figueira sagrada sobre a qual Plínio fornece pormenores curiosos, explicando-nos que *Rumen* equivale a «mamalla» (XV, 18). Por outro lado, o deus Marte era «o pai dos Gémeos» e dos «filhos da Loba». O figo era considerado o primeiro fruto cultivado de que os homens se alimentaram e sabe-se que Adão se escondeu debaixo de uma figueira após ter comido o fruto proibido. No cofre místico dos rituais dionisíacos havia, entre outros objectos, ramos de figueira (*kradai*). A árvore indiana sagrada por excelência é a *ashvattha* ou *pippala*, ou seja, a *ficus religiosa* ou a *ficus indica*, um dos nomes sânscritos do qual é *bahupâdah*, «que tem muitos pés». Em língua védica, ambos são designados por *xikhandin*. O *ficus indica*, também chamado *vata* ou *nyagrodha*, «renasce dos seus próprios ramos» ou «do seu tronco», daí o epíteto de *skandhaga*, «nascido do tronco» ou *avakohi*, «aquele que cresce a partir de baixo» ou *skandharuha*, «que brota do seu próprio tronco».

«O eterno *ashvattha* tem as raízes no cimo, os ramos em baixo, diz a *Kathaka Upanixada*; chama-se semente, Brama, ambrósia; todos os mundos repousam sobre ele; por baixo dele, nada existe.» Serviam-se do *ashvattha* para friccionar o *xami* a fim de engendrar o fogo, símbolo da geração. O vaso do sacrifício destinado a receber o *soma*, a bebida divina, devia ser feito de madeira de *ashvattha*.

A CIÊNCIA DOS SÍMBOLOS

É também a árvore sagrada do budismo, o *Bodhipâdapa*, considerado nos textos «sacrificial», «sábio», «digno de culto», o *pippala* ou *pipal*, o *ashoka* ou «árvore sem dor», que não devemos confundir com outra planta que tem o mesmo nome, uma das mais belas da Índia, de flores vermelhas, a *jonesia asoka*. A confusão provém do facto de a árvore sob a qual o Buda realizou, graças à iluminação, «o fim da dor», ter sido comparada alegoricamente à planta que as mulheres fazem florir quando lhe tocam com o pé (cf. *Mâlavikâ e Agnimitra*), fazendo assim nascer o amor no «coração do Rei».

Estas observações bastam, parece-me, para estabelecer que a figueira corresponde por excelência à árvore da geração, isto é, à das vidas sucessivas, na perspectiva indiana e, ao que parece, nos mistérios antigos. Quando Jesus utiliza a parábola da figueira nesta passagem de *S. Marcos*, não devemos esquecer o que ele disse anteriormente a propósito do semeador: «Que aquele que tiver ouvidos para ouvir, ouça» e «Não compreendeis esta parábola? Como podereis compreender então todas as parábolas? *O semeador semeia a palavra*» (*Marcos*, IV, 13) e, anteriormente, Jesus ensinara aos apóstolos, «*em particular*», e àqueles «que o rodeavam juntamente com os doze e o interrogavam acerca das parábolas»: «*A vós foi dado o mistério do Reino de Deus; mas para aqueles que estão de fora, tudo se passa em parábolas a fim de que vendo não vejam e não se apercebam de nada, e que ao ouvir não ouçam e não compreendam, não vão eles converter-se e que os seus pecados lhes sejam perdoados*» (*Marcos*, IV, 10-14).

Estas palavras mostram, com evidência, que «aqueles que estão de fora» são os «profanos», isto é, «aqueles que estão diante do templo», no sentido literal da palavra, *pro* e *fanum*, ou «de fora», por oposição àqueles a quem «foi dado o mistério», ou seja aos «iniciados», àqueles a quem Jesus fala «em particular», do «Reino de Deus» ([1]). Nestas condições, pretender que os Evangelhos não tiveram sentidos *esotéricos* e *iniciáticos* distintos do seu sentido *exotérico*, na medida exacta em, que o *símbolo* é diferente da *parábola*, é recusar ouvir os próprios ensi-

---

([1]) Esta diferença entre o «de fora» ou «do exterior» e o «dentro» ou «do interior» é precisamente a que separa, no sentido mais exacto deste termo, o *exotérico* do *esotérico*, aquilo que é ensinado pública e abertamente, daquilo que é explicado «em particular» aos discípulos e aos iniciados.

namentos de Jesus Cristo. O *Evangelho de S. Marcos* insiste várias vezes nesta separação entre os dois ensinamentos, um público e aberto, o outro «particular» e fechado: «Era por intermédio de parábolas deste género que ele lhes anunciava a palavra, consoante o modo como eles eram capazes de a ouvir. Não lhes falava sem utilizar parábolas: *mas, em particular, explicava tudo aos seus discípulos*» (*Marcos*, IV, 33, 34).

Quando os primeiros cristãos leram na parábola da figueira que «esta geração não passará sem que tudo isto suceda», concluíram que «o tempo do Filho do Homem» estava próximo. E a dúvida começou a reinar entre eles, ao constatarem que as gerações se sucediam sem verem realizadas as palavras de Jesus.

Esqueceram-se assim que se tratava de uma parábola e que era preciso, em primeiro lugar, tentar ouvi-la de forma diferente daqueles que «ao ouvir não ouvem e não compreendem». O ensino de Jesus tem como objectivo «a geração» entendida no seu sentido «adâmico» contínuo, ou seja, a «figueira» das gerações sucessivas. Aliás, o texto situa-se na perspectiva de uma resposta de Jesus «*sentado* no monte das Oliveiras, *em frente* do templo», a uma questão posta «em particular» apenas por *quatro* apóstolos: Pedro, Tiago, João e André (cf. *Marcos*, XIII, 3, 4). Eles ficaram impressionados primeiramente com uma resposta de Jesus a um dos seus discípulos: «Vês aquelas grandes construções? Delas não restará pedra sobre pedra» (*Marcos*, XIII, 2). E os discípulos pedem ao Mestre que lhes diga «quais os sinais que lhes darão a conhecer que todas essas coisas se vão realizar» (*Marcos*, XIII, 4).

Trata-se, pois, de uma profecia do fim dos tempos. Por que razão a figueira intervém na parábola? Nos fragmentos de Hesíodo, quando o adivinho Mopsus, sobrinho de Tirésias, consegue contar os figos na figueira que se encontra em frente de Calcas, este último morre. Quem comer um figo sobre uma figueira adquire uma nova vida, tornando-se assim semelhante aos imortais. No entanto, *a figueira fica condenada a perecer* e Calcas deixa de viver logo que um adivinho contou os figos da sua árvore, os dias da sua vida.

A «figueira adâmica» continuou assim a crescer desde a origem «a partir dos seus próprios ramos». Foi semeada no Outono; passou o Inverno; conheceu a Primavera e a Páscoa; terá o seu Verão. As *quatro* estações correspondem à «cruz dos tempos». Ora, o *Verão*, a «Canícula» no esoterismo egípcio,

A CIÊNCIA DOS SÍMBOLOS

correspondia ao nascimento de Tífon, o princípio do mal. Podemos observar que a profecia de Jesus é tipicamente «tifoniana», tanto nos cataclismos que anuncia como nos avisos que faz contra os «falsos Cristos» e os «falsos profetas» (*Marcos*, XIII, 22). As suas considerações cosmológicas exigiriam longos comentários, mas quero limitar-me a demonstrar aqui toda a complexidade das parábolas evangélicas, apesar da sua aparente simplicidade de expressão. Cada palavra deve ser examinada, pesada, interpretada, não só nas suas relações com o ensinamento cristão, mas na medida em que este último *revela* o que se escondia ainda mais obscuramente nos mistérios das religiões antigas.

Vemos, por este exemplo, que *a parábola é a forma mais complexa da alegoria*, sob uma aparência banal e familiar. Pelo contrário, ela desconcerta os «profanos» muito mais facilmente que outros processos alegóricos complicados, porque ficamos convencidos que a compreendemos, mal a ouvimos. A pretensa «simplicidade» do estilo dos Evangelhos é ilusória. O *Tao-te-King* também parece limitar-se muitas vezes a repetir evidências da sabedoria rústica chinesa. Apesar disso, constitui um dos livros mais misteriosos do mundo, a ponto de nenhum sinólogo ter conseguido traduzi-lo com exactidão.

Os limites deste estudo não me permitem examinar a questão das «chaves» da interpretação dos textos sagrados das grandes religiões, orientais e ocidentais. Este problema remete, aliás, para outro, o da relação entre a autoridade dos intérpretes considerados «místicos» e o das ortodoxias religiosas historicamente constituídas. Limito-me a lembrar aqui a obra de Goldziher, publicada em 1920, acerca da interpretação islâmica do *Alcorão*, a de Henry Corbin acerca da gnose xiita e ismaelita, uma das mais importantes do nosso tempo sobre os problemas da hermenêutica esotérica e iniciática, e a de Gershom Scholem, não menos notável, sobre a cabala, a sua simbólica e as suas origens. Haveria, além disso, que mencionar muitos outros trabalhos dos orientalistas e, por exemplo, os de sinólogos tais como Maspero e Kaltenmark, no domínio do taoísmo.

Em contrapartida, é bastante paradoxal constatar a ausência de obras deste valor e deste alcance no domínio que nos interessa mais directamente, ou seja, o da hermenêutica cristã e do seu esoterismo. O que é que se teme? O erro ou a verdade? A consequência mais evidente desta vasta lacuna do ensino religioso

O APÓLOGO, A FÁBULA E A PARÁBOLA

cristão ocidental é a tendência de todas as elites intelectuais e espirituais para procurar legitimamente, na espiritualidade do oriente e do extremo-oriente, verdades mais profundas que a da simples pregação evangélica contemporânea.

Gershom Scholem lembra admiravelmente que «a palavra de Deus deve ser infinita, ou noutros termos, que a palavra absoluta ainda não tem significado em si própria, mas está 'prenhe' de significados. Ela desloca-se dentro dessas camadas infinitas do sentido no interior das quais assume, aos olhos do homem, formas definidas e dotadas de significado. Assim se aponta o 'carácter-chave' fundamental da exegese mística. Como uma chave que abre a revelação: é assim que se apresenta a revelação 'nova' que o místico recebeu. E mais ainda, a própria chave pode estar perdida, mas permanece sempre vivo o desejo infinito de a encontrar. Não é apenas esta a situação em que as obras de Kafka mostram os impulsos místicos: chegadas por assim dizer ao ponto nulo, mesmo nesse ponto nulo em que parecem desaparecer, permanecem ainda infinitamente activas» [2].

Orígenes, nas suas *Selecta in Psalmos* (Salmo I)[3] conta que um sábio «hebraico» lhe disse que as Sagradas Escrituras se assemelham a uma grande casa com muitas salas. Diante de cada uma delas está uma chave que não serve na respectiva fechadura. As chaves de todas as salas foram trocadas, de modo que é preciso encontrar as boas e verdadeiras que abrem cada uma das portas, tarefa simultaneamente extensa e difícil. Vemos que nessa época, provavelmente a da academia rabínica de Cesareia, como supõe G. Scholem ao citar este exemplo, a Revelação era recebida, mas a chave já se perdera. Ora, aquilo que outrora a investigação «separada» não conseguiu fazer, talvez hoje, graças ao extraordinário engrandecimento das nossas perspectivas históricas e à precisão sempre crescente dos nossos métodos de exame de textos, o consigamos realizar *colectivamente*, isto é, utilizando os vastos recursos da *síntese interdisciplinar futura com base na ecumenicidade*. Esta é também a única via que se nos abre para a «reconquista» das chaves e dos sentidos das nossas próprias tradições sagradas.

---

[2] G. C. Scholem, *La Kabbale et sa symbolique*, Payot, Paris, 1966, P. 20.

[3] Cf. Migne, *Patrologia Graeca*, vol. XII, col. 1080.

A CIÊNCIA DOS SÍMBOLOS

Fábulas e mitos

O politeísmo grego apresenta um contraste singular com a aversão que o génio helénico sentia por tudo o que era excessivo, monstruoso, e até pelas formas mais diversas de «desmesura». Um filho, Cronos, mutila selvaticamente o pai, Urano; este deus feroz traga os seus próprios filhos e depois vomita-os ainda vivos; Apolo, o mais belo dos deuses, a encarnação da serenidade, enforca Mársias numa árvore e esfola-o vivo; Deméter, a irmã de Zeus, devora um ombro de Pálops que fora degolado e assado pelo pai, Tântalo, com o mero objectivo de regalar os deuses. Poder-se-ia citar muitos outros horrores divinos deste género e atrocidades dignas dos povos mais bárbaros. No entanto, se um grego culto ensinasse aos seus filhos a história dos heróis e dos deuses, não podia deixar de lhes contar estas cenas terríveis e estas carnificinas absurdas.

É evidente que, embora a origem destas fábulas estivesse rodeada de mistério e elas fossem encaradas com temor e respeito, alguns filósofos gregos ousaram exprimir a sua dúvida e o seu desprezo em face delas. Xenófanes acusa Hesíodo e Homero de terem atribuído aos deuses tudo o que existe de vergonhoso entre os homens, o roubo, o adultério, a perfídia. Xenófanes afirma que «Deus é uno, o maior dentre os deuses e os homens, e não se assemelha aos homens nem na forma nem no pensamento»([4]). Este filósofo chama aos combates dos Titãs, dos centauros e dos gigantes, «invenções dos antepassados» (*Isócrates*, II, 38), e pede que a divindade seja louvada em santos relatos e em cânticos puros.

Segundo Diógenes Laércio (IX, 1), Heraclito declarava que Homero e Arquíloco mereciam ser expulsos das assembleias públicas e espancados. O mesmo autor conta que Pitágoras teria visto nos infernos a alma de Homero pendurada numa árvore e rodeada de serpentes, como castigo pelas mentiras que dissera a respeito dos Deuses.

([4]) Esta afirmação do monoteísmo é tanto mais importante quanto foi feita por um filósofo do século VI a. C., e fundador da escola de Eleia.

O APÓLOGO, A FÁBULA E A PARÁBOLA

No entanto, o poder político não permitia qualquer ataque à mitologia sagrada. Anaxágoras, que tentou dar uma interpretação moral às lendas homéricas e que, diz-se, explicou os nomes dos deuses *alegoricamente*, chegando a declarar que o Destino era uma palavra destituída de sentido, foi lançado na prisão de Atenas e só de lá saiu graças à protecção poderosa do seu discípulo e amigo Péricles. Protágoras, outro amigo de Péricles, foi expulso de Atenas e os seus livros queimados na praça pública, porque dissera que não podia saber se os deuses existiam ou não ([5]).

Todos estes factos, a que podemos acrescentar a condenação de Sócrates, embora ele nunca tenha atacado a tradição sagrada, nem sequer as fábulas populares, provam que a interpretação alegórica implicava graves riscos para o filósofo que ousava propô-la. No entanto, após a morte de Sócrates, os atenienses parecem ter admitido uma certa liberdade de pensamento, uma vez que Platão, embora declarasse que se podia interpretar os mitos, baniu da sua república os poemas homéricos. Diógenes Laércio atribui a Epicuro as seguintes palavras:

«Os deuses existem, sem dúvida, mas são diferentes daquilo que as pessoas vulgares pensam. Não é ímpio aquele que nega os deuses da multidão, mas é ímpio quem atribuir aos deuses os sentimentos do comum dos mortais» (Dióg. Laérc. X, 123). Sabe-se, aliás, que a poesia de Eurípides oscila entre estes dois extremos; ou acusa os deuses dos crimes e das injustiças que a fábula lhes atribui, ou nega a verdade dos antigos mitos porque atribuem aos deuses aquilo que é incompatível com a sua natureza.

Estas citações bastam, parece-me, para mostrar que as fábulas da mitologia grega se baseavam em tradições sagradas cujo sentido se tornara incerto, ou porque fora esquecido, ou porque apenas os hierofantas dos Mistérios o conheciam. Esta segunda hipótese parece bastante provável, devido ao carácter familiar e aos privilégios hereditários do sacerdócio antigo. O «depósito primordial» das ciências e das artes nunca foi revelado nem ensinado às claras em nenhuma das grandes civilizações antigas, ocidentais e orientais. Aristóteles parece fazer alusão a este «depósito sagrado» na seguinte passagem do livro XI da *Metafísica*:

«Uma tradição vinda dos antigos e da alta antiguidade e transmitida à posteridade sob a forma de *mitos*, ensina-nos

---

([5]) Diógenes Laércio (IX, 51), Cícero, *De natura Deorum*, I, 23, 63.

A CIÊNCIA DOS SÍMBOLOS

que os primeiros princípios do mundo são deuses e que o divino abrange a natureza inteira. O resto foi acrescentado *fabulosamente*, com o objectivo de persuadir o vulgo e de servir os reis e os interesses vulgares. Assim, disse-se que os deuses têm uma forma humana e que se assemelham a alguns dos outros animais e a outras coisas ligadas a estas.

«Se tomássemos em consideração apenas o primeiro ponto, ou seja, que os Antigos encaravam as primeiras essências como deuses, pensar-se-ia que esta tradição é verdadeiramente divina. E ao passo que, segundo todas as probabilidades, as artes e os sistemas de filosofia *foram inventados várias vezes e se perderam* outras *tantas antes de serem descobertos de novo*, estas crenças parecem *ter chegado até nós como restos da sabedoria antiga*.»

As tentativas de interpretação da mitologia grega, desde Sócrates até à nossa época, foram inúmeras. Dado que este problema exigiria, por si só, uma obra, ou antes uma enciclopédia, não o abordarei no presente estudo que se limita ao exame dos dados elementares da simbólica geral. Parece-me necessário, no entanto, recomendar ao leitor uma fonte documental, infelizmente muito difícil de encontrar nas livrarias, que é a obra monumental de Friedrich Creuzer, *Symbolik und Mythologie der alten Völker* (1819-1821), traduzida, ou melhor, refundida por Guigniaut sob o título: *Les religions de l'antiquité considérées principalement sous leurs formes symboliques*, Paris, 10 volumes, 1825-1851. Embora o sistema de Creuzer, muito admirado por Hegel, não corresponda já às concepções contemporâneas da história das religiões, as considerações do autor apresentam ainda muito interesse e não merecem o esquecimento injusto a que foram votadas.

Quanto à diferença entre o mito e a fábula, convém lembrar, antes de tudo, que o grego os designa pela mesma palavra: *mutos*. No entanto, Platão alude ao seu sentido oculto por intermédio de um termo diferente de *allegoria, upónoia*, isto é, «pensamento sub-entendido». Aquilo a que poderemos chamar uma *figura hiponoética* não apresenta, necessariamente, *outro* sentido, um significado «totalmente diferente» daquele que ela tem à primeira vista, como, em princípio, deve suceder à verdadeira alegoria. Ora, o conto e a fábula são alegorias, no sentido em que estes termos são compreendidos de uma forma geral. Em contra-

146

O APÓLOGO, A FÁBULA E A PARÁBOLA

partida, o mito propriamente dito, nas suas formas arcaicas, pelo menos, assemelha-se a essas pedras brutas e não trabalhadas que não constituem *atributos* da divindade, mas a divindade propriamente dita na sua opacidade imediata e sensível.

Nestas condições, podemos admitir a *impossibilidade de explicar alegoricamente um mito*, pois a única forma de o compreender é *vivê-lo e experimentar aquilo que ele subentende*, através da sua opacidade, das suas trevas, da sua estranheza e dos seus dramas. Não há «ponto de vista privilegiado» a partir do qual se possa «avaliar» um mito em nome de um sistema de valores diferentes daqueles que ele impõe maciçamente, se pretendemos penetrar nele. Eis porque qualquer mito só pode ser realmente abordado por intermédio dos rituais iniciáticos deduzidos da sua própria natureza e das suas normas. Efectivamente, o mito não é mais do que *a mutação* que ele opera em nós quando estamos fundidos nele.

Viver um mito não está ao alcance da observação etnológica, da reflexão filosófica, da crítica histórica ou da análise sociológica. O facto de confundirmos, na nossa época, o que é «mítico» e o que é «fictício» ou «ilusório» bastaria, à falta de outras provas, para medir o estado de degradação interior e o pauperismo espiritual da nossa sociedade. As grandes civilizações não se limitaram a representar as suas mitologias em monumentos. Conheceram-nas existencialmente e viveram-nas concretamente das suas experiências quotidianas.

Aliás, foi precisamente porque deixaram de possuir a força vital necessária para a penetração mística dos seus mitos ancestrais, que começaram a interrogar-se a propósito deles em vez de se porem a elas próprias em questão. Esquecemo-nos sempre, quando evocamos a Grécia de Sócrates ou de Platão, que a civilização nascera três mil anos antes, entre o Tigre e o Eufrates. Há um diálogo platónico, o *Crítias* que transcreve a frase de um sacerdote egípcio em que este considerava os atenienses e os gregos como «crianças», como recém-nascidos no mundo antigo. Os mitos são imemoriais. Podemos, no estado actual das investigações, ligar alguns deles à pré-história, isto é, a escalas de tempo sem relação com a das tradições escritas. O mito começou com o homem, tal como a magia. Morre com os tempos da fábula e da ciência.

VIII

A DIVISA E O EMBLEMA

Definição de divisa

Na linguagem heráldica, a palavra "divisa" deriva do verbo "dividir" que, antigamente, indicava a acção de «dispor dividindo», formar um plano. Como termo de brasão, a divisa é a «divisão» de qualquer peça honorífica do escudo. Por exemplo, uma «faixa em divisa» é uma faixa que apenas tem um terço da sua largura vulgar.

Esta acepção é diferente daquela que designa «uma figura emblemática acompanhada de qualquer sentença concisa que a explica», como, por exemplo, uma árvore seca e morta em volta da qual se pode ler as seguintes palavras *Fin che sol ritorni*: «Até que o sol regresse.» Neste caso, a figura denomina-se *corpo* e a sentença a *alma* da divisa. As divisas das armas colocam-se em cintas dispostas em redor do escudo, por cima deste ou, como sucede por vezes, na parte de baixo ou nos dois lados. As divisas das ordens são escritas em colares.

A divisa pode ser também uma sentença breve, por vezes reduzida a uma única palavra para significar qualquer qualidade atribuída às pessoas ou às coisas. Por exemplo: «Diversidade é a minha divisa».

O carácter específico da divisa, com efeito, consiste *numa semelhança abreviada*, tão concisa quanto possível. Cícero observara já que a metáfora é tanto uma comparação, como uma

A CIÊNCIA DOS SÍMBOLOS

abreviatura numa única palavra: *"Similitudinis est ad verbum contracta brevitas"* ([1]).

A metáfora pode representar tanto uma ideia por intermédio de outra ideia, como um objecto por intermédio de outro objecto que apresente uma relação analógica com o precedente. O primeiro processo é destinado, em certa medida, aos «olhos do espírito», é imaterial, abstracto. O segundo, sensível e concreto, fala à vista; uma «palavra visível», embora «silenciosa», uma «linguagem muda».

Não é fácil distinguir a divisa do emblema em todos os casos, pois este último pode apresentar também uma imagem e uma legenda, um «corpo» e uma «alma». Ésquilo, por exemplo, descreve as figuras gravadas nos escudos dos sete chefes que estavam em frente de Tebas. Polinice, diz ele, tinha no seu a deusa da Justiça com a seguinte legenda: «Far-te-ei renascer»; Etéocios, um soldado a escalar uma torre com o exergo: «Nem o próprio Marte me faria recuar». O de Capaneu apresentava um homem empunhando um archote com estas palavras: «Queimarei Tebas», etc. Eram emblemas ou divisas?

Devemos observar que a legenda e a figura correspondem exactamente entre si, sendo uma a tradução literal e directa da outra. A conformidade delas revela imediata e claramente o pensamento dos seus autores e o seu significado. O «corpo» põe a nú a «alma» inteira e sem véus. Vê-se, precisamente graças a esta nudez, que se trata de *emblemas* e não de *divisas*, pois estas impõem-nos sempre um desvio subtil, uma alusão singular e indirecta, uma divergência voluntária entre aquilo que é mostrado e aquilo que é significado. Por outras palavras, não basta ver a divisa para a compreender imediatamente; convém também *adivinhar* as ressonâncias e a música interior, por vezes dificilmente captáveis num primeiro exame.

Além disso, o emblema adequa-se à expressão das noções gerais, das máximas de interesse público, das verdades morais colectivas, das ideias filosóficas universais, das lições sociais, ao passo que a divisa se inspira em traços característicos de uma família, de um grupo restrito, de uma pessoa. A divisa exprime sempre uma característica irredutível e permanente daqueles que a usam para se distinguirem dos outros membros da sociedade.

([1]) *De orat.*, lib. III.

A divisa é, de todas as obras do espírito, aquela que diz mais em menos palavras. O apólogo, a parábola, o enigma, o oráculo até, necessitam de um certo desenvolvimento do discurso para se exprimir. Dois traços, algumas sílabas, bastam à divisa que é «um requinte de significado», um produto altamente elaborado da arte da alegoria. Se ela não é «hieroglífica» nem «simbólica» em si mesma, funda-se num esoterismo que lhe é particular e que se reporta àquilo a que Scipione Amirato chamava *una filosofia del cavaliere*, ou seja, uma filosofia «cavalheiresca», designada ainda por «linguagem dos fidalgos» ou «nobre saber».

Trata-se de uma herança e de uma tradição cujas origens são muito longínquas uma vez que remontam, tudo o leva a crer, à antiga divisão indo-europeia dos poderes religiosos, militares e económicos entre castas e famílias que possuíam «depósitos sagrados» e transmitiam iniciações particulares com fundamento em cultos a deuses diferentes dos do sacerdócio. Não insistirei neste assunto, já analisado em profundidade por George Dumézil[2]. Havia três funções primitivas, a dos sacerdotes, a dos guerreiros e a dos clãs de pastores, que correspondiam a três grupos de deuses: os «soberanos», celestes e cósmicos, ou *Aditya*, os «combatentes da tempestade» ou *Rudra*, e os «dadores de bens» ou *Vasu*. Era ao segundo grupo, aquele a que corresponderão posteriormente os cultos romanos do deus Marte, que se ligavam os cavaleiros e os guerreiros romanos.

O esoterismo «cavalheiresco» medieval é ainda muito pouco conhecido, apesar das investigações de numerosos especialistas que tentaram demonstrar a sua especialidade face ao esoterismo «sacerdotal». Para dizer a verdade, estamos menos informados acerca das tradições de ordem económica do terceiro grupo, do que acerca das do anterior embora elas tenham desempenhado, sem dúvida alguma, um papel considerável na história das nossas sociedades. A heráldica fornece poucas indicações directamente utilizáveis no domínio do esoterismo «cavalheiresco». Os melhores especialistas recusam até com indignação qualquer hipótese deste género [3].

---

[2] Cf. nomeadamente *Jupiter, Mars, Quirinus, Essai sur la conception indo-européenne de la société et sur les origines de Rome*, Paris, 1941, e *Les Dieux des Indo-Européens*, Paris, 1952.

[3] Cf. C. N. R. S., *Cahiers d'héraldique*, nº 1.

A CIÊNCIA DOS SÍMBOLOS

No entanto, é ousado negar a existência de uma «alma» nas divisas da nobreza. A heráldica não se reduz a um jogo de computador ([4]) capaz de a transformar numa ciência histórica «positiva» e «racional». Pensá-lo é uma espécie de «ingenuidade» singular que está de certo modo relacionada com os excessos de erudição. Muitos especialistas, à força de analisarem os pormenores ínfimos de cada árvore, deixaram de conseguir ver a floresta.

Demonstremos-lhes ao menos a existência das divisas e perguntemos-lhes se, na verdade, não há o menor sentido esotérico e iniciático na da Ordem da Estrela, fundada por Roberto, filho de Hugo Capeto e abolida por Luís XI: *"Mostrant regibus astra viam"*, que tinha, como «corpo», uma estrela que guiava os reis Magos? Ou na do Velo de Oiro, que apresentava como insígnia um colar composto por espingardas duplas entrelaçadas em forma de B com pedras lançando raios brilhantes e chamas e a inscrição *"Ante ferit quam flamma micet"*? Ou na forma como estava decorada: um cordeiro de oiro com a divisa *"Pretium non vile laborum"*?

Temos, evidentemente, que distinguir estas divisas daquelas que acompanharam a expedição dos Franceses à Itália, no reinado de Carlos VIII. A arte da divisa estava em moda, nessa altura. Serviam-se delas tanto nas justas galantes, como nos torneios. Elas constituíam o encanto dos bailes e divertimentos da corte; surgiam nos arcos do triunfo por ocasião do nascimento de reis, de coroações ou de visitas dos monarcas às cidades do reino. A gravura fixava essas datas em moedas, em medalhas, em móveis; a escultura transformou-as em ornamento dos palácios e em dedicatórias dos monumentos públicos; a arte de bordar difundiu-a por toda a parte, reproduzindo-as em estandartes, em arreios, nos trajos de corte. Os Médici e os Concini deram-lhes um incremento ainda maior. Os franceses foram, no século XVII, os mestres incontestados da «arte das divisas». Nessa altura, era um género literário que, por vezes, conseguia resumir todo um programa político numa palavra de quatro letras.

Uma divisa de Richelieu, por exemplo, apresentava um globo assinalado com três flores de lis sustentado por três chaveirões com a palavra *Stat*. Uma vez que as armas do cardeal tinham três chaveirões, era fácil concluir que, enquanto Richelieu fosse

---

([4]) Cf. C. N. R. S., *op. cit.*

A DIVISA E O EMBLEMA

ministro, a *estabilidade* do reino não seria abalada. Sabe-se que a divisa política de Luís XII era um *porco espinho* com as palavras *"Cominus et eminus"*, «De perto e de longe». Com um pouco de sagacidade compreendemos que as palavras *se tuetur* estão subentendidas. O porco-espinho «defende-se de perto e de longe». Os inimigos interiores e exteriores são assim claramente avisados pelo rei. O próprio verbo *tueri* é rico em subentendidos. Significa tanto «proteger-se» como «defender-se»; além disso, o equivalente fonético francês de *tueri*, «tuer» (*), sugere que uma picada do «porco-espinho» francês pode ser mortal para o adversário. Além disso, podemos ler a mesma divisa «esotericamente», «jogando» com a semelhança entre *Cominus* e *Caminus*, e entre *eminus* e *animus*. Neste caso, ela evoca «a chaminé, o lar, o fogo» e «o sopro, o espírito, o coração». Nessa altura, o porco-espinho muda de sentido; torna-se a imagem do «sol radioso». Não é sem motivo que esta divisa aparece em lugar de honra na casa Lallemand em Bourges.

O jogo de palavras, o equívoco engenhoso provocado pela assonância fonética foi utilizado pelos gregos e pelos latinos muito antes das «armas falantes» medievais. As moedas de Rodes exibiam uma rosa com cinco folhas, porque rosa em grego se diz *Ródon*. O galo, a que Aristófanes chamou pássaro «médico» ou «pérsico», foi dado como emblema aos persas por causa do equívoco entre o «vermelho-fogo» da sua crista, em grego *pursos*, derivado de *puros*, e *persas*, «habitante da Pérsia». As insígnias assírias tinham pombas cujo nome evocava o de Semíramis. O elefante, emblema de César, vem do fenício *Coesar* que designa este animal. Fabius usava como insígnia uma fava; Lentulus, uma lentilha; Torquatus, um archote, tal como, na nossa época, os Mailly usam malhos (em francês *maillets*), os La Saulsaye salgueiros (em francês *saules*), os La Tour d'Auvergne uma torre (em francês *tour*) canelada, os Colona, colunas, os Orsini, um urso, os Cardona, cardos, para não citar mais exemplos.

Em certos casos, temos de ir procurar muito longe a equivalência ou até o trocadilho. As tabuletas obedeceram durante muito tempo a esta moda antiga, tão cómoda para os analfabetos. Na verdade, não era necessário saber ler, para compreender que num albergue que apresentava uma tabuleta com um «leão

---

(*) *Tuer*, em francês, significa matar (N. da T.)

A CIÊNCIA DOS SÍMBOLOS

de oiro» (em francês *lyon d'or*) os viajantes encontrariam «quartos ou camas» pois «Na cama, dorme-se» (em francês, *Au lit, on dort*). A obra de Rabelais é um monumento erguido em honra desta linguagem insuspeita, a que Fulcanelli chamou muito acertadamente «cabala fonética» e que é, por excelência, a «linguagem da cavalaria» ([6]), que Swift transformou na do cavalo.

Algumas divisas evocam, em poucas palavras, um drama completo, tal como a de Francisco II, que exibe duas esferas com as palavras «*Unus non sufficit orbis*», «Um só mundo não chega para mim». Antes de morrer, Maria Stuart adoptou como divisa um alcaçuz cujas raízes mergulhavam na terra e a seguinte «alma»: «*Dulce meum terra tegit*», «A terra esconde a minha doçura», isto é, «meu doce amigo».

Por vezes, a alteração de uma divisa célebre bastava para exercer uma vingança sobre os poderosos. Por exemplo, sabe-se que Carlos V escolhera como «corpo» as colunas de Hércules e como «alma» «*Plus ultra*», «Mais além». Quando levantou o cerco diante de Metz, troçaram muito dele e colocaram um caranguejo em face das colunas e os seguintes dizeres: «*Plus citra*», ou seja, «Mais para trás.»

O carácter íntimo e pessoal das divisas constitui um dos seus aspectos mais atraentes. A ambição ressalta sem pudor, por exemplo, da chaminé do conde de Illiers, da casa de Entragues, que é acompanhada das seguintes palavras «*Poco duri, purchi m'innalzi*», «Por pouco que dure, quero elevar-me». O temperamento de uma princesa que inflama todos os corações mas continua fria é descrito em três palavras, «*Uro nec uror*», que acompanham a imagem do sol: «Queimo e não sou queimada». E podemos preferir à orgulhosa divisa de Erasmo, que consistia no deus Termo com a inscrição *Cedo nullli*, a espirituosa e encantadora divisa de Madame de Salers: um alfinete com os dizeres «Pico mas prendo.»

Não há nada mais difícil que a arte das divisas. Malherbe dizia que uma boa divisa era a obra da vida de um homem. Exagerava, sem dúvida, pois, na opinião dele, após escrever uma elegia de cem versos, tem-se o direito de descansar dez anos. No entanto, Paul Jove, um dos maiores génios do seu tempo neste

---

([6]) Encontra-se um excelente estudo sobre estas tradições da nobreza no ensaio de Gérard de Sède, *Aujourd'hui, les nobles*, Paris, 1975.

domínio, confessava que nunca conseguira compor uma única divisa que o satisfizesse completamente. Ruscelli exigia, para triunfar dentro deste género, uma capacidade de apreciação límpida, um espírito esclarecido, cultivado, rico em imagens nobres, um estilo vivo e uma delicadeza de gosto capaz de distinguir o que há de fino e requintado em cada objecto. Essas qualidades estão desprezadas desde há muito e não devemos esperar que a arte subtil das divisas volte a florir numa sociedade que não só já não compreende os subentendidos nem as alusões, mas também quase já deixou de ouvir o martelar do estendal publicitário quotidiano.

Os emblemas e as cores

Os Antigos davam, primitivamente, o nome de «emblemas» aos mosaicos de pedra ou de esmalte, às obras de embutidos, de incrustação de oiro em aço, às incrustações com filigranas, às grinaldas, aos baixos-relevos em oiro ou em prata, a todos os enfeites ou decorações de vasos, de móveis e até de roupas. Homero, Hesíodo e os mitógrafos contam que as portas dos templos, as taças sagradas, as baixelas eram decoradas com emblemas. Cícero, ao criticar Verres pelo roubo dos vasos e das estátuas da Sicília, chama *emblemata* aos seus ornamentos. Montaigne, no século XV, escreveu ainda à maneira romana: «Arrogo-me o direito de introduzir no meu livro, que não passa de um simples mosaico mal acabado, qualquer espécie de emblema supérfluo», quer dizer, uma espécie de acrescento.

Esta palavra serviu também para designar gravuras e selos. Em 1261, Balduíno II, imperador de Constantinopla, utiliza a expressão: «Assinado com os nossos emblemas imperiais». Em geral, o emblema pode reduzir-se a «um corpo sem alma», isto é, a uma simples figura, ou conter uma sentença ou uma legenda que lhe dê vida. Quando é usado dessa maneira, como disse anteriormente, exprime verdades gerais, filosóficas ou religiosas, morais ou políticas, de tipo colectivo, social ou universal, que tornam sensíveis abstracções ou ideias. As sentenças conhecidas, materializadas em figuras ou numa cena ou cenas ideali-

A CIÊNCIA DOS SÍMBOLOS

zadas para ilustrar uma sentença, constituem os dois principais processos de composição dos emblemas.

A emblemática desempenha um papel importante nas tabuletas. Sabe-se que, na antiguidade, existia à porta dos lupanares romanos um emblema fálico com as seguinte palavras: «*Hic habitat felicitas*». Posteriormente voltarei a insistir na questão dos distintivos e das tabuletas. Importa fixar apenas que, por um lado, o emblema se aproxima mais das artes plásticas que da expressão literária, tal como o apólogo e a fábula. Tem uma característica comum ao símbolo: *a figurabilidade*. Esta constitui, aliás, um pormenor importante, pois, ao contrário da divisa, o emblema é essencialmente figurativo; fala mais à vista do que ao espírito. *Fascina o olhar, fixa-o*, e por isso podemos considerar que a história da pintura está directamente ligada à do emblema.

Com efeito, o carácter material dos «emblemas» primitivos impôs à pintura antiga e medieval uma aprendizagem artesanal longa, minuciosa e paciente. Os grandes conjuntos decorativos do passado não são obra de um único homem, mas de uma colectividade que o espírito e o ensino de um grande mestre animavam. Era preciso suar e trabalhar muito antes de se ser considerado digno de pintar, como testemunha Cennino Cennini:

«Fica sabendo o tempo de que necessitas para aprender: em primeiro lugar, um ano para estudar o desenho elementar que executarás em tabuínhas. Para conviver com o mestre e ficares ao par de todos os segredos que pertencem à nossa arte, levas seis anos, que gastas a misturar as cores, a cozer as colas, a amassar os gessos, a adquirir prática na preparação das telas, a retocá-las, a poli-las, a aprender a utilizar o oiro e a fazer o granulado. Em seguida, precisas de outros seis anos para estudar a cor, para aprender a utilizar os cáusticos, para fazer panejamentos de oiro e para te estafares a trabalhar na parede, não desprezando o desenho nem em dia de festa nem nos outros dias. Assim, graças a uma grande habituação, a natureza converte-se em boa prática. De outra forma, seja qual for o caminho que tomares, não esperes alcançar a perfeição. Muitos dizem que aprenderam a arte sem precisarem de mestres. Não o creio» [7].

Os mestres impediam qualquer divulgação da sua ciência e dos privilégios adquiridos graças à sua habilidade técnica. Só a

---

[7] *Le livre de l'Art ou traité de la peinture*, p. 77. Este tratado foi redigido em 1437.

A DIVISA E O EMBLEMA

pouco e pouco transmitiam o seu saber aos alunos, a troco de uma obediência tão rígida que Vasari e outros escritores dão aos discípulos o nome de «criaturas» (*creato*) dos velhos mestres, palavra que passou para o espanhol e para o italiano sendo, nessas línguas, sinónimo de «servidor». Taddeo Gaddi «serviu» assim Giotto durante vinte e quatro anos, tal como Giotto fizera em relação a Agnolo durante doze anos. A «arte de pintar» correspondia a uma iniciação lenta que, muitas vezes, tinha implicações em domínios diferentes do da pintura.

Cennino, por exemplo, disse: «O cinábrio é uma cor que se faz por alquimia e é trabalhada no alambique. Se te queres dar a esse trabalho, encontrarás muitas receitas diferentes, sobretudo junto dos irmãos» (cap. X). Os pintores antigos utilizavam quantidades consideráveis de ouro; estavam, pois, mais bem informados do que geralmente se supõe acerca de tudo quanto se referia a essa matéria preciosa. Eis porque as influências alquímicas sobre a pintura ainda não foram suficientemente estudadas, não só sob o ponto de vista da história das ciências e das técnicas, mas ainda sob o ponto de vista da história dos emblemas e das obras de arte. Falar das relações entre os emblemas e as cores exigiria um estudo completo das correspondências entre os ensinamentos da filosofia hermética e os da pintura tradicional do ocidente. Limitar-me-ei a assinalar que se tratava mais de uma *magia artesanal e artística* do que de uma *simbólica religiosa*. Eis porque é necessário lembrar qual o papel do pintor nas sociedades de tipo tradicional. No Tibete, por exemplo, os pintores e os escultores «são considerados humildes artífices e não criadores individuais. Com excepção de alguns monges, conhecidos não pela sua arte, só alguns nomes sem brilho foram conservados pelos frescos do século XV. Os tibetanos, ao longo da sua história, não aludem a nenhum pintor célebre nem a nenhuma obra de arte notável ou conhecida. As pinturas e esculturas nunca apresentavam assinatura» [8].

Um dos melhores «tibetanólogos», Rudolf Stein, refere estes pormenores e outros ainda: apesar disto, dava-se aos pintores o nome de «fabricantes de divindades» (*lha-bzo-ba*) e as suas obras eram consideradas criações artísticas, pois os tibetanos apreciavam, com tanta sensibilidade como nós, a execução

---

[8] R. A. Stein, *La civilization tibétaine*, Paris, 1962, p. 242.

A CIÊNCIA DOS SÍMBOLOS

mais ou menos perfeita de uma obra e a qualidade desta. Tanto no Tibete, como na época medieval, o pintor é um *artífice* mas, enquanto tal, devia ser responsável pela eficácia *mágica* da imagem no plano de *fabrico* desta. Isto significa que ele não trabalhava num lugar qualquer nem com qualquer cor ou material. A sua tecnologia, tal como a dos pintores de ícones, é regulada por instruções minuciosas. No entanto a obra, ao sair das mãos deles, não é *simbólica* nem *sagrada* em si própria; é ainda «emblemática». Tornar-se-á uma obra autenticamente religiosa quando os ritos tradicionais transformarem a sua natureza primeira que é a sua adequação perfeita ao uso a que a destinam, adequação essa que não pode ser alcançada sem as regras *mágico-técnicas* tradicionais.

Estas regras foram conservadas, materialmente, no fabrico dessa projecção geométrica do mundo que constitui o célebre «psico-cosmograma» indo-tibetano conhecido pelo nome de *mandala*. Giusoppe Tucci publicou, sobre este assunto, um livro capital (⁹), a que os leitores se devem reportar para completar a breve descrição destas operações aqui fornecidas.

O mandala é desenhado no chão, numa superfície consagrada por rituais apropriados. Os mestres começam por determinar *a qualidade da corda* que convém utilizar para esboçar o traçado das diversas partes, a qualidade da matéria que a compõe, o número de fios que devem ser torcidos em conjunto: cinco, cada um de sua cor. Para traçar as linhas e os desenhos das figuras, utiliza-se, geralmente, pó de arroz de cores diversas, cuja escolha é determinada pelo sector no qual as figuras serão desenhadas. Cobre-se a corda com este pó; estende-se esta, presa pelas extremidades, sobre a superfície a ornamentar. Com um dedo, ergue-se a corda e em seguida deixa-se cair, de repente, fazendo assim com que o pó salte e caia no lugar escolhido. Em geral, o mandala é constituído por um círculo exterior e por um ou vários círculos concêntricos no interior dos quais existe um quadrado dividido por diagonais. Obtêm-se assim quatro triângulos e, no seu centro, que é também o da figura total, há um círculo contendo emblemas ou representações de divindades.

O mandala é rodeado, na parte exterior, por um círculo em que se desenrola uma série de volutas que representam a «mon-

---

(⁹) Giuseppe Tucci, *Théorie et pratique du Mandala*, Paris, 1974.

A DIVISA E O EMBLEMA

tanha do fogo», uma barreira de chamas que lhe obstrui a entrada. Depois, desenha-se uma «cintura de diamante», com a qual este «cosmograma» termina.

Existem muitos outros pormenores que tornam esta construção muito complexa, mas importa reter uma divisão em cinco elementos no estado «subtil» ou «grosseiro», cinco cores, cinco objectos dos sentidos, cinco «rostos» de que derivam cinco direcções que correspondem às cinco «famílias» das escolas búdicas. O branco é posto em relação com o oeste; o amarelo com o norte; o negro com o sul; o vermelho com o leste; o verde com o centro.

Cada civilização atribui às cores significados diversos e múltiplos. No entanto, podemos observar certas correspondências mais gerais que outras. Assim o vermelho é, de preferência ao branco, relacionado com o simbolismo de potências activas da natureza: o sol, o sangue, o fogo, o poder supremo. Os romanos, em dias de festa, pintavam de vermelho a estátua de Júpiter Capitolino e o rosto dos triunfadores. A dignidade social era anunciada por essa cor. No império do Oriente, só se prestavam honras superiores aos «porfirogenetas», ou seja, àqueles que «tinham nascido na púrpura».

O branco, cor da inocência e da pureza, adequava-se às actividades sagradas. Devido à purificação que qualquer iniciação impõe, o branco era, por excelência, a cor dos que conheceram «um novo nascimento», graças aos rituais. É também, analogicamente, a dos «espíritos» dos mortos e dos «manes». «Morrer, diz Plutarco, é ser iniciado nos grandes mistérios.» As pessoas de luto vestiam-se de branco, antes de usarem o negro. Por isso, o branco, que estava ligado aos «bem-aventurados» e aos «libertos» era considerado uma cor festiva. Os Romanos, em dias de aparato, vestiam um fato branco em sinal de alegria. Os dias «felizes», como se sabe, eram assinalados com uma pedra branca. Dizia-se que um homem honesto e leal era «branco», *homo albus*. A túnica branca era usada pelos aspirantes à cavalaria, daí o nome de «candidatos» por que eram designados. Na véspera das coroações, os reis e as rainhas da Grã-Bretanha usavam roupas brancas, cor que está relacionada com o nome de Albion, dado à Inglaterra. O azul a que o céu vai buscar os seus cambiantes e o mar os seus reflexos é a cor «cósmica» por excelência e, por extensão, a da sabedoria universal e da serenidade per-

A CIÊNCIA DOS SÍMBOLOS

feita. É uma cor votiva. Convém à majestade soberana: o manto real do ramo mais antigo dos Bourbon era azul celeste. O verde anuncia, naturalmente, ou a renovação da vida ou a putrefacção da morte; a renascença espiritual pode, pois, ser sugerida ou evocada por esta cor, tal como a decadência material. Outrora, por exemplo, os negociantes que faliam de maneira fraudulenta eram obrigados a usar um barrete verde. Esta sanção caiu no esquecimento; apresentava um interesse sinalético indubitável.

Limito-me a dar umas breves indicações acerca de um assunto que não pode ser focado na presente obra. As cores servem desde há muito para distinguir os partidos políticos e as seitas rivais. Os aurigas ou as quadrigas do Circo em Roma, eram divididos em quatro grandes facções: os Brancos, os Vermelhos, os Azuis e os Verdes. As suas dissidências e as suas lutas provocaram motins na capital e, ao assumirem um carácter político, transformaram-se em graves sedições. No tempo de Justiniano, chegaram a abalar o império de Bizâncio; foram massacradas quarenta mil pessoas e esta repressão sangrenta teve consequências históricas que se prolongaram durante muito tempo.

Na época das Cruzadas, os Franceses usavam uma cruz vermelha no chapéu, os Italianos, uma cruz azul, os Alemães, uma cruz negra ou cor de laranja, os Ingleses, uma cruz amarela, os Saxões uma cruz verde. Sabe-se que Florença foi destruída por lutas entre «Brancos» e «Negros», *Bianchi e Neri*. No século XV, a facção de Borgonha podia ser reconhecida pelo lenço vermelho e pela cruz vermelha de Santo André. O branco era a cor dos Armagnac.

As três cores da bandeira francesa não são explicáveis apenas do ponto de vista histórico. Têm um sentido «emblemático»: o «corpo» azul, branco e vermelho corresponde à «alma», liberdade, igualdade, fraternidade. Deixo ao leitor o cuidado de decifrar o profundo significado disto que tem raízes nas mais longínquas tradições ancestrais da nação.

IX

ALEGORIA E ICONOLOGIA

A concepção antiga e medieval de alegoria era, como disse anteriormente, aplicável a todas as variedades da expressão figurada, embora se possa distinguir a «interpretação espiritual» de tipo *anagógico* e «místico», na medida em que a natureza «anafórica» desta corresponde mais a uma orientação para o Significador do que a uma relação «metafórica» entre o significante e o significado. É apenas nesta acepção que se pode falar de uma *tipologia simbólica* diferente da *tipologia alegórica*, pois trata-se aqui de uma dinâmica da prefiguração do tipo eterno no facto temporal, de uma *allegoria in facto*, no sentido augustiniano, e não apenas de uma *allegoria in verbis*. Por outras palavras, nesta perspectiva, é o próprio facto histórico que é alegórico, porque pode ser entendido «de uma outra maneira», não já «factual» mas, de certa maneira, «não-factual».

João Crisóstomo ensina-o: «Paulo chamou impropriamente alegoria ao tipo (*tón túpon allegorían ekálesen*). Eis o que ele disse: a história não dá a entender o seu conteúdo aparente, mas proclama outras verdades: eis porque também se lhe chama *alegoria*» [1]. Por exemplo, no sentido «anagógico», o verdadeiro facto histórico da retirada do Egipto assinala realmente, segundo as palavras do salmista (Ps. 114), que «a casa de Jacob» se tornou livre, mas também que Judá passou a ser «um santuário

---

[1] João Crisóstomo, *In Epist. ad. Gal. Comment.*, 4, 24, P. G., 61, 662. Citado por Jean Pépin, *op. cit.*, p. 46, nota 60.

A CIÊNCIA DOS SÍMBOLOS

do Eterno» e «Israel, o seu domínio». No entanto, podemos dar a este acontecimento histórico um significado *tipológico* de ordem *espiritual*: a alma, liberta do pecado, torna-se santa e digna dos dons do Eterno.

Devemos observar aqui que exegetas da alta Idade Média tais como Beda e João Escoto, por exemplo, retomaram a concepção augustiniana da *allegoria in facto*. São Tomás de Aquino chama também sentido alegórico ou típico àquele segundo o qual «as coisas que ocorreram (*ea quae contingerunt*) no Antigo Testamento, ou seja, os acontecimentos, são entendidos e expostos em ligação com Cristo e a Igreja (*exponentur de Christo et Ecclesia*)(²). Além disso, S. Tomás defendeu, a propósito disto, uma tese de um grande alcance para a exegese alegórica: que o poder de dotar os próprios acontecimentos de um sentido deste género é privilégio de Deus e das Escrituras de que ele é autor. Nenhuma ciência humana podia aspirar a isso, de forma que só os textos sagrados e divinamente inspirados possuem um significado *anagógico* e são susceptíveis de sofrer uma «interpretação espiritual» deste tipo. Vemos assim que a alegoria dos teólogos não é a dos poetas. Haveria ainda que determinar muitas variantes subtis: encontrá-las-emos expostas com grande exactidão quando se fala de Dante e da tradição da alegoria na obra anteriormente citada de Jean Pépin, que constitui um estudo indispensável a todos os investigadores que desejarem conhecer o estado actual destas questões. Os gramáticos latinos confirmaram esta restrição do sentido da alegoria, apresentando-a como uma figura de retórica, a *metáfora continuada*, segundo Quintiliano. Cícero observa (*Orat.*, c. 27) que ela é uma transição do sentido próprio para o sentido figurado. No entanto, se os gramáticos da Idade Média observaram também a discrepância entre o que é dito e o que é significado através deste processo de exposição literária, «*Allegoria est cum aliud dicitur et aliud significatur*», os teólogos não o reduziram a este simples aspecto nem a uma função de «ornamento» da retórica.

Não devemos confundir a alegoria com o processo alegórico da exegese ou com o «alegorismo», isto é, com a pesquisa das relações profundas, cosmológicas, antropológicas, metafísi-

---

(²) *Quaest. quodlibet*. VII, qu. 6, art. 2 (15).

ALEGORIA E ICONOLOGIA

cas e místicas entre os diversos níveis da interpretação analógica das coisas e dos seres, entre o sensível e o inteligível, entre a imagem e a ideia. A interpretação alegórica é uma consequência de uma visão simbólica do mundo, da natureza, do homem e das suas correspondências, com uma ordem misteriosa e supra-humana que os transcende.

O «alegorismo» exprime o «simbolismo» do qual emana e procede. Longe de se opor ao símbolo, a alegoria tradicional encarna-o nas suas figuras imaginárias, de certa maneira «torna-o presente» magicamente mais do que a representa filosoficamente, enquanto sistema de ideias. Também as configurações alegóricas oscilam, na Idade Média, entre a vibração da arte românica e a precisão do gótico, através do qual se manifesta, em primeiro lugar, uma ilustração enciclopédica da «Sapiência» universal: teológica, ética e científica. No entanto, constata-se, no fim da época medieval, um extravasamento do realismo e um afastamento crescente entre o discurso e a imagem. A alegoria gótica integrara, de forma lógica e numa ordem essencialmente coerente, a extraordinária riqueza, mas também a obscuridade dos «temas originais» da arte românica cujas alegorias correspondem antes àquilo a que Isidoro de Sevilha, no seu tratado acerca das incluídas na Sagrada Escritura, chama «as prefigurações do mistério» ([3]). Estes temas da linha ornamental geral e dos ornamentos particulares animam a pedra, o metal, o pergaminho, mais com o objectivo de evocar e de significar magicamente as «potências ordenadoras» que transcendem o real, do que de representar a ordem em si mesma. Na alegoria românica, o *tema* é essencial; na alegoria gótica, é a figura. A pouco e pouco, a partir de meados do século XIII, surgiu um desejo novo de descrição objectiva do mundo que tende para o alegorismo «naturalista, correspondendo em simultâneo às orientações «intelectualistas» que triunfam nessa época, segundo as quais a natureza surge como divinamente ordenada e organizada. Esta evolução que foi acelerada no século XIV e, sobretudo, no século XV, transforma profundamente o próprio processo alegórico que, no fim da época medieval, anuncia já o alegorismo «filosófico» da Renascença.

([3]) *Quaestiones in Vetus Testamentum*, XXXIII, 207, B.

A CIÊNCIA DOS SÍMBOLOS

O declínio do simbolismo no século XV

Assim, as pessoas começaram a interrogar-se acerca da simbólica numa época em que o simbolismo já não era compreendido pelas pessoas vulgares. Os primeiros sinais deste declínio surgem no século XV, período de transição entre dois mundos cuja fronteira ele assinala, um, já do passado, a Idade Média, o outro, ainda futuro, a Renascença. J. Huizinga, numa obra fundamental, *L'automne du Moyen Age* [*O declínio da Idade Média*], demonstrou que uma das causas principais desta mudança foi o declínio do próprio simbolismo que, no século XV, se esgotou nos jogos superficiais e estéreis provocados pelo abuso das alegorias. «Depois de atribuir à ideia uma existência real, diz J. Huizinga, o espírito pretendeu dar vida a essa ideia e só o conseguiu personificando-a. Assim nasceu a alegoria. Ela não é a mesma coisa que o simbolismo. Este constata uma relação misteriosa entre duas ideias, ao passo que a alegoria dá uma forma visível à concepção desta relação. O simbolismo é uma função muito profunda do espírito. A alegoria é superficial. Ajuda o pensamento simbólico a exprimir-se, mas ao mesmo tempo compromete-o, substituindo uma figura a uma ideia viva. A força do simbolismo esgota-se na alegoria.» ([4])

A interpretação simbólica do mundo feita pelo pensamento medieval abarca a natureza, a história, a concepção humana e a divindade. A unidade que ela propunha era a de uma ordem arquitectónica e a de uma hierarquia harmónica das funções partilhadas entre as potências dos céus e da terra, o que permitia conceber uma infinidade de correspondências analógicas entre os seres e as coisas.

Na perspectiva do «realismo» escolástico, isto é, da «realidade das ideias», segundo uma teologia formada na escola do neoplatonismo, e apesar da contra-corrente do nominalismo ou da doutrina dos *universalia post rem*, que não teve a importância nem a influência da precedente, cada coisa ia buscar a sua essência e a sua pré-existência às «ideias» ou *universalia ante*

([4]) J. Huizinga, *L'automne du Moyen Age*, Payot, Paris, nova edição, 1975, p. 215.

ALEGORIA E ICONOLOGIA

rem. Segundo esta concepção, a assimilação simbólica, baseada em propriedades comuns às coisas e às ideias, permitia descobrir a essência escondida sob a aparência, uma mesma razão de ser entre dois termos, ou seja, um significado analógico revelador da glória do Verbo divino.

Cada coisa podia assim designar, através das suas diversas particularidades, várias ideias, possuindo cada uma dessas particularidades vários sentidos simbólicos. Tudo anunciava uma presença transcendente, manifestada nas mais humildes produções terrestres: uma noz testemunhava o mistério crístico: a amêndoa saborosa, a divindade do Verbo; o invólucro verde e carnudo, a sua humanidade; a madeira da casca, a Cruz. As pedras preciosas brilhavam no mundo das ideias e ao mesmo tempo, devido ao seu esplendor, no mundo mineral e terrestre. Em redor de cada símbolo agrupavam-se, como a limalha atraída pelo íman, outros símbolos que, ao menor movimento do espírito, se ordenavam em figuras simétricas sempre novas, tal como no caleidoscópio. O processa simbólico universal, no limite da assimilação lógica, atingia o próprio mistério da identidade, a Eucaristia. A hóstia era real e verdadeiramente o Cristo e o sacerdote, ao absorvê-la, tornava-se no próprio sepulcro do Senhor. Cada símbolo participava assim na vida universal da unidade mística.

Uma das consequências principais desta visão medieval do mundo era a transfiguração das ocupações terrestres e, em particular, de cada ofício. O trabalho do artífice é considerado por S. Boaventura a incarnação eterna do Verbo e a aliança entre Deus e a alma (*De Reductione artium ad theologiam,* Opera, ed. Paris, 1871, t. VII, p. 502). O sofrimento individual e o amor profano revestiam-se de um significado simbólico; sombras do sofrimento e do amor de Deus, que se destacavam da esfera obscura do particular e se elevavam até às luzes do universal. Na realidade, o simbolismo medieval só tinha sentido graças à relação do humano com o divino e esta relação fundamental podia também transformar-se num princípio de contradição e de declínio, a partir do momento em que o antropocentrismo transferia para o domínio moral e social o pensamento simbólico sob as formas degradadas das alegorias profanas e despidas de um sentido espiritual.

A degradação do simbolismo surge, com bastante evidência, nas alegorias políticas de Chastellain e Molinet; os três

A CIÊNCIA DOS SÍMBOLOS

estados representam as qualidades da Virgem; os sete eleitores do Império, as virtudes; as cinco cidades de Artois e de Hainaut que, em 1477 permaneceram fiéis à casa de Borgonha, são as cinco virtudes sábias ([5]). Ou mais acentuadamente ainda, em obras como *Parement et triumphe des dames* de Olivier de Marche, em que cada peça do vestuário feminino designa uma virtude, tema alegórico desenvolvido também por Coquillart ([6]): os sapatos, cautela e diligência, as meias, perseverança, as ligas, resolução, etc.

Para melhor compreender esta decadência do simbolismo no século XV temos que lembrar que a relação simbólica não é uma relação de causa a efeito, mas uma conexão de significados e de trocas mútuas, desde que os termos em presença tenham em comum uma qualidade essencial que possamos reportar a um princípio geral de classificação. O pensamento medieval concebia, muitas vezes, as relações de origem segundo relações de filiação de tipo genealógico. A «Árvore da origem do direito e das leis», por exemplo, classificava simbolicamente todo o direito sob a forma de uma árvore com muitos ramos.

O perigo mais evidente deste método era o seu esquematismo arbitrário que tendia a substituir a experimentação, desprezada, nessa altura, assim como os seus meios dedutivos, por relações analógicas de procriação e de ramificação, principalmente indutivos e intuitivos. Conhecer os «modelos» dos seres e das coisas bastava, de certa maneira, ao pensamento medieval para decidir a sua natureza real, isto é, o lugar e o grau hierárquico das suas funções e das suas propriedades na unidade do «plano divino». Tudo aquilo que ainda nos parece digno de atenção e de interesse no simbolismo da Idade Média, ou seja, a transfiguração do real que ele operava até o transformar numa extraordinária «surrealidade» espiritual, não deve fazer-nos esquecer que esse movimento dependia mais de uma capacidade de exaltação poética e religiosa, do que de uma investigação racional e sistemática, cuja necessidade se impôs posteriormente em condições económicas e sociais novas.

([5]) Chastellain, «Traité par forme d'allégorie mystique sur l'entrée du roi Loys en nouveau règne», *Oeuvres*, VII, p. 1. Molinet, II, p. 71, III.

([6]) Cf. Coquillart, *Les droits nouveaux et d'Héricault*, I, v. 72.

ALEGORIA E ICONOLOGIA

Aliás, o homem da Idade Média caracterizava-se por um individualismo religioso e por uma busca da salvação pessoal muito mais livre do que geralmente se pensa. A diversidade da civilização medieval é um dos caracteres mais singulares e, na aparência, um dos mais paradoxais de uma época assinalada pela unidade do seu pensamento simbólico. Na realidade, nada existe aí de contraditório. Se classificarmos o mundo por intermédio de um sistema analógico de correspondências entre as propriedades e as qualidades dos seres e das coisas e as ideias que são as raízes reais destas, podemos sempre extrair deste complexo uma qualidade qualquer, com a qual temos o direito de estabelecer uma nova relação simbólica. Quando criticaram Foulques de Toulouse por dar esmola a um albigense, ele limitou-se a responder: «Não dou ao herético, mas ao pobre». E Margarida da Escócia, rainha de França, que beijou na boca o poeta Alain Chartier que encontrou adormecido, teria justificado a sua conduta nos seguintes termos: «Não beijei o homem, mas a boca da qual saíram e brotaram tantas palavras boas e virtuosas».

Pensa-se, geralmente, que esta época era assinalada por um «moralismo» rigoroso, nomeadamente no plano do erotismo e da sexualidade. Isso é um erro demonstrado por numerosos exemplos e documentos citados por todos os historiadores. De facto, como lembra J. Huizinga, «o fim da Idade Média caracteriza-se simultaneamente por um profundo sentimento de pudor e por uma licenciosidade extrema» (p. 322). No meio dos massacres e das pilhagens mais atrozes, deixa-se ficar as camisa às vítimas. O nú feminino surge muito pouco nas obras de arte. Em contrapartida, para festejar a chegada dos príncipes, havia exibições de deusas ou de ninfas sem o mais pequeno véu a cobri-las e esses «quadros vivos» tinham lugar em palcos, por vezes até na água, como o das sereias «completamente nuas e despenteadas» junto da ponte por onde devia passar o duque Filipe, ao entrar em Gand em 1457 ([7]). O julgamento de Páris era o tema favorito. Foi oferecido este mesmo espectáculo em 1461 a Luís XI, quando da sua entrada em Paris: «E havia ainda três belas raparigas, completamente nuas, a fazer de sereias, com belos mamilos tesos, separados, redondos e duros, o que é uma coisa muito agradável de ver, que proferiam brejeirices e motejos; e

---

([7]) Chastellain, III, p. 414.

A CIÊNCIA DOS SÍMBOLOS

perto delas tangiam-se vários instrumentos donde brotavam doces melodias» ([8]). Estes «quadros vivos» ainda estavam na moda no século XVI, quando, por exemplo, Carlos V entrou em Anvers e Guilherme de Orange em Bruxelas, em 1578. O «moralismo» neste domínio não é anterior à Contra-Reforma e ao século XVII.

Numerosas facetas do século XV testemunham assim uma evolução da alegoria para uma iconologia mítica bizarra, uma estranha mistura de personificações pagãs, de temas macabros, de superstições singulares e de naturalismo ingénuo. Vemos, por numerosos indícios, que as grandes epidemias de peste que dizimaram um terço da população da Europa, deixaram traços profundos na mentalidade da época. Jean Gerson, o ilustre chanceler da Universidade de Paris, um dos primeiros e também um dos maiores místicos do seu tempo, adivinhara a natureza pato-psicológica desta abundância de alegorias ocas, de imagens supersticiosas, de práticas ascéticas excessivas e suspeitas, com perversões sexuais à mistura. Elas têm origem, diz ele, unicamente na doença da imaginação e da melancolia causada por inspirações diabólicas, *hominum phantasione et melancholica imaginatione* ([9]). Ao sagrado barco da Igreja parece juntar-se agora, como as conchas à quilha de um navio, uma camada de crenças obscuras e obstinadas que a degradam. A própria Eucaristia se transforma num meio profilático particular: julgava-se, por exemplo, que a missa diária bastava para proteger da apoplexia e da cegueira até ao dia seguinte e ainda que, enquanto assistiam ao serviço divino, as pessoas não envelheciam ([10]).

No fim da civilização medieval, o pensamento religioso parece, também ele, *imprimir-se* nos espíritos sob formas materiais contidas em estruturas alegóricas, daí em diante facilmente reprodutíveis e sem relação directa com a sua fonte simbólica. Como podemos observar nos fenómenos de saturação salina de um meio líquido, a vida essencialmente dinâmica e fluida da época medieval mais recuada, tão diversa e tão pouco estável sob tantos aspectos que o seu «nomadismo» impressionou todos os historiadores, sem excepção, parece ter sofrido já os efeitos

---

([8]) Jean de Roye, *Chron. scand.*, I, p. 27. Cf. J. Huizinga, *op. cit.*, p. 324.

([9]) Gerson, *Opera*, I, p. 203.

([10]) Gerson, *Opera*, II, pp. 521-522.

de uma sedentarização e de uma concentração crescentes. Talvez J. Huizinga não tenha posto em evidência suficientemente o aspecto «pré-burguês» do século XV que anuncia já, pelos seus conflitos sociais e pela ascensão dos banqueiros e dos grandes mercadores europeus, aquilo a que Ernst Bloch chamou «a filosofia burguesa da Renascença», quer dizer, a aurora dos tempos modernos ([11]).

A revolução cultural do século XV

O verdadeiro início do «regresso à Antiguidade» não se situa, com efeito, no século XV, como geralmente se pensa. Teve como causa a conquista de Constantinopla pelos turcos em 1453 e a influência dos filósofos e sábios bizantinos que, ao fugirem da pátria encontraram um refúgio em Florença, graças aos Médicis, e na Itália de uma forma geral onde puderam, graças às altas protecções de que gozaram, introduzir não apenas a língua grega, mas também as doutrinas neo-platónicas e as suas práticas místico-mágicas. Fala-se muitas vezes de Marcílio Ficino (1433-1499), o primeiro tradutor para latim dos textos gregos de Platão e de Plotino, dos quais apenas se conheciam até aí versões árabes, ou de Pico de Mirândola (1463-1494), que ensinava na «Academia platónica» de Florença, fundada pelos Médicis, nove séculos após o encerramento da anterior pelo imperador Justiniano, em 529. Em contrapartida, omitem-se muitas vezes os nomes de duas personagens que desempenharam um papel capital nesta «revolução cultural»: Georges Gemistus ou Gemisto, conhecido também por Pléthon e o cardeal João Bessárion ([12]).

O primeiro, que provavelmente nasceu em 1350 em Constantinopla, era, em 1426, um dos conselheiros íntimos de Miguel Paleólogo. O segundo garantira a vitória do papa Eugénio IV sobre os Padres do concilio cismático de Constan-

---

([11]) Ernst Bloch, *Vorlesungen zur Philosophie der Renaissance*, Francoforte no Meno, 1972.

([12]) Enquanto arcebispo de Niceia, Bessárion, que nasceu em Trebizonda no fim do século XIV e morreu em 1472, era monge de S. Basílio e desempenhou um papel eminente na época da guerra contra os turcos.

A CIÊNCIA DOS SÍMBOLOS

ça e contribuiu também para o triunfo do pontificado romano. O cardeal Bessárion, que se tornou uma das personagens mais poderosas da Igreja, a ponto de ter estado por duas vezes prestes a ocupar o cargo de Sumo Pontífice, protegeu Pléthon, tal como Cosme de Médicis garantiu a segurança de Marcílio Ficino.

Pléthon era um dos representantes da Igreja grega no concílio de Florença, em 1438. Platónico fervoroso, atacou abertamente Jorge de Trebizonda, chefe dos partidários de Aristóteles e chegou a suspeitar-se que pretendia substituir o cristianismo por uma religião platónica. Estes rumores não eram destituídos de fundamento, a avaliar por uma carta singular escrita pelo cardeal Bessárion ao filho de Pléthon após a morte do pai, na qual este alto dignitário da Igreja romana felicita o defunto por ter ido juntar-se aos deuses do Olimpo e celebrar com eles «o coro místico de Iaco», isto é, o canto dos iniciados nos mistérios de Elêusis, no dia da Manifestação. Além disso, Gemisto Pléthon era o «mestre» de Marsílio Ficino. Pléthon, iniciado em Andrinopla por um eminente cabalista judeu, acusado de praticar a magia e condenado à fogueira, fora obrigado a refugiar-se em Mizitra, a antiga Esparta.

Como se sabe, todas estas personagens giravam em volta dos Médicis que criaram em Florença, não só uma Academia platónica, mas também o primeiro banco da Europa. Interesses consideráveis, tais como os do comércio com o Oriente, ocultos por trás de múltiplos véus, opunham entre si as grandes dinastias financeiras na Itália e na Alemanha. Assim, só podemos compreender a Reforma se tivermos em consideração a importância dos conflitos entre os Fugger e os Médicis.

A «revolução cultural» da Renascença começa, pois, verdadeiramente, no século XV. A economia medieval correspondia ao mercado «fechado» das corporações e as necessidades facilmente previsíveis, ocasionais e limitadas, dos mercados locais. No fim da Idade Média, o «espaço-tempo» modifica-se em função das novas descobertas geográficas, científicas e históricas. No século XV, o «nosso» mundo era «aqui», mas um «aqui» que não ia buscar sentido ao «além».

O pensamento religioso cristaliza-se, nessa altura, em imagens de um «fim dos tempos», dum *memento mori* que corresponde também à aparição de uma forma nova da representação artística, a gravura em madeira, que associava a *imagem à pregação*, e que penetrou em todas as classes da sociedade, tal como sucede actualmente com a televisão. Sob uma forma simples, directa, facilmente acessível, o realismo apresenta, da morte, apenas os aspectos mais concretos e mais grosseiros, que em vez de darem consolação e esperança, impõem o medo. Se examinarmos com atenção esta «dança de Macabré», nome próprio que deu origem ao adjectivo, constatamos que ela apresenta poucos aspectos comuns à fé cristã, pois essa morte fantástica e alucinante é uma personagem do teatro, tendo a «dança macabra» sido tocada, pintada e representada como sucedeu, por exemplo, no ano de 1449, em presença do duque de Borgonha, na sua residência de Bruges. Sabe-se que este espectáculo passou a ornamentar, em 1424, as paredes da galeria do cemitério dos Inocentes, em Paris. Milhares de pessoas se deslocavam ali como quem vai ao cinema, para contemplar as imagens e ler as estrofes que terminavam todas com um provérbio.

Teria esta morte simiesca e trocista um valor de exorcismo contra a verdadeira morte, cuja presença nunca foi tão evidente como nessa época de epidemias e massacres? Ou exprime já, por intermédio do igualitarismo sinistro que sugere, uma forma velada de sátira política e social? Ou será a expressão de um antropocentrismo novo mais voltado para as imagens da morte dos homens do que para as da Paixão de Deus? Podemos hesitar entre estas diferentes hipóteses, mas pelo menos é indubitável que a *imagem*, no fim da Idade Média, é assinalada por um «naturalismo» e por um «realismo» muito diferentes dos princípios tradicionais da iconologia gótica e sobretudo românica.

O teatro e a representação cénica desempenharam, sem dúvida, um papel importante nesta evolução. Os novos meios pedagógicos que a gravura em madeira e a imprensa constituíam deram à «arte das imagens», desde a Renascença até à nossa época, uma importância que a «civilização da imagem» actual é, com todas consequências antropocêntricas e narcísicas que implica, um produto dela. Esta função do «espelho alegórico» surge já claramente definida no teatro «auto-sacramental» de Calderón:

A CIÊNCIA DOS SÍMBOLOS

«A alegoria é apenas
Um espelho, espelho que traduz
Aquilo que é por aquilo que não é,
E a sua elegância consiste,
Em que a imagem seja tão fiel
À original, que aquele
Que olha para uma, julgue
Contemplar as duas ao mesmo tempo.»

Por isso, o grande dramaturgo, quando se ergue o pano no início da sua peça *O Labirinto do Mundo*, declara que se trata de, graças à alegoria, mostrar este espelho a todos e de ensinar:

«O povo de que não existe
Fábula que não tenha o seu mistério
Por pouco alegoricamente
Que o seu significado se entenda.»

Esta capacidade pedagógica da alegoria é, pois, essencialmente *colectiva e social*: difere assim do símbolo iniciático ou religioso que só se reveste de significado ao nível da «interpretação espiritual» de cada um, ou da comunidade fechada que a reunião dos crentes e dos fiéis constitui. O carácter «aberto» aos profanos e aos incrédulos do processo iconológico ou teatral da alegoria não implica, com efeito, uma relação diferente da que existe entre o espectador e o espectáculo. Assim se introduz também a possibilidade de aplicar, tanto a objectos como a sujeitos, os processos de «personificação» que a alegoria utiliza. O «feiticismo» da mercadoria e o seu teatro publicitário contemporâneo «hetero-sacramental» são um testemunho disso. «Traduzir aquilo que é» ou seja, a simples troca económica, por «aquilo que não é», quer dizer, a comunicação complexa de um poder pessoal novo ou de um prestígio mágico e mítico pela aquisição do objecto vendido, constitui a mola impulsionadora dos argumentos da publicidade moderna. Assim, a pseudo-eucaristia contemporânea é uma transubstanciação rigorosamente inversa da anterior e, por isso, essencialmente paródica. Aquele que não tem meios para comprar pão e vinho, fica imediatamente privado da comunhão dos clientes «fiéis» e a sua única salvação é ganhar o dinheiro suficiente para ser digno de participar de novo na vida «unânime» da Igreja dos consumidores. Como não detectar na noção de «notas», no sentido de «moeda com valor legal» e no estranho cerimonial dos «rituais bancários», indícios de uma «sacralização» da economia? Assim, a alegoria mudou completamente de orientação, mas não de processos. Neste sentido, a nossa «civilização da imagem» funda-se não já na *anáfora* simbólica, mas numa *metáfora contínua* através da qual a filosofia burguesa realiza a proeza de incarnar na vida quotidiana a passagem permanente do sentido *próprio* para o sentido *figurado*.

Alegoria e arqueologia

Uma das obras mais importantes da história da simbólica no século XVIII é o *Éssai sur l'allégorie* ([13]) do arqueólogo alemão Jean-Joachim Winckelmann (1717-1768), que foi o primeiro a tentar interpretar, de forma científica, os monumentos da antiguidade. Inicialmente bibliotecário do conde de Bunau, perto de Dresda, e depois conservador das colecções de antiguidades do cardeal Albani, em 1758 estudou as ruínas recentemente descobertas em Nápoles e em Pompeia, antes de ser nomeado perfeito das antiguidades romenas e, um pouco mais tarde, bibliotecário do Vaticano. No regresso de uma viagem à Alemanha, foi assassinado em Trieste por um certo Archangeli, cuja cobiça fora despertada pelas medalhas de oiro que a vítima possuía.

Winckelmann publicou diversas obras eruditas e, principalmente, *Carta sobre as antiguidades de Herculanum* (1762), *História da Arte entre os Antigos* (1764) e *Monumenti antichi inediti* (1767). As interpretações de Winckelmann exerceram uma influência grande nas concepções kantianas do simbolismo e, por intermédio deste, numa parte importante da filosofia alemã do século XIX.

Winckelmann compara a alegoria não só à *iconologia*, mas também à *ideografia*: «A alegoria que os Gregos afirmam ter sido inventada pelos Egípcios, foi mais cultivada por este povo do que pelas outras nações; era a língua sagrada deles e os sinais

---

([13]) Publicado em Dresda, em 1766, e dedicado à «Sociedade Real das Ciências de Göttingen».

A CIÊNCIA DOS SÍMBOLOS

inteligíveis, isto é, as imagens sensíveis das coisas, pareciam ser os mais antigos de todos» ([14]). Eis porque Winckelman aproxima a língua chinesa da egípcia e a considera «alegórica», pois identifica as alegorias com *todas as imagens*, quer sejam «abstractas», quer «concretas».

De resto, este arqueólogo lembra as obras dos principais autores que expuseram anteriormente os princípios e as aplicações do processo alegórico e, em particular, os tratados do jurisconsulto milanês André Alciat, *Os Emblemas*; a obra do literato e filólogo Valeriano Bolzani conhecido por Valerianus Pierus ou Pierius, segundo certos autos, *Os Hieróglifos*, as *Pesquisas e figuras* de César Ripa, que Jean-Baptiste Boudard voltou a publicar sob o título *Iconologie ou Science des Images*. Os dois primeiros tratados, que são os mais antigos, surgiram no século XVI e foram editados várias vezes em diversas línguas até ao século XVII. Constituíam monumentos de erudição característicos das Luzes e das sombras da filosofia da Renascença que não merecem, principalmente o segundo, as severas críticas que lhes fez Winckelmann: «Aquilo que estes autores afirmam, diz ele, assenta, na sua maior parte, em frágeis conjecturas e, quanto à obra de Valerianus, tudo o que nela existe de bom está afogado numa onda de raciocínios inúteis que apenas servem para encher páginas» ([15]). Na edição de Lião feita «por Paul Frellon», publicada em 1615 e «restituída novamente aos Franceses» por I. de Montlyard, os *Hieróglifos* de «Ian-Pierre Valerian, vulgarmente conhecido por Pierius», são designados por «outros Comentários das Letras e Figuras sagradas dos Egípcios e outras nações, Obra reduzida em 58 Livros aos quais se juntaram outros dois de Caelius Curio, respeitantes ao significado das diversas efígies e retratos dos Deuses e dos Homens». Este espesso tratado tem 870 páginas fora o índice, numerosas gravuras e muitos autores antigos e modernos se serviram dele para as suas obras. Estes, na maior parte dos casos, não citam a fonte que utilizaram. César Ripa foi um deles, tendo ido buscar o resto aos «Emblemas» de Alciat, limitando-se a acrescentar algumas interpretações pessoais (1644).

A *Iconologia* de Jean-Baptiste Boudard é muito posterior às precedentes. Publicada em 1759 em francês e em italiano, tem

---

([14]) Cf. *op. cit.*, p. 26.
([15]) Cf. *op. cit.*, p. 67.

três volumes. Boudard era um escultor, ligado ao serviço artístico do duque de Parma. A maior parte das suas imagens tem origem praticamente na *Iconologia* de Ripa, que aliás foi reproduzida em numerosas edições «para uso dos artistas», sem nome de autor, sob o título de *Pequeno Tesouro dos Artistas e dos Amadores das Artes*, por exemplo. Nas publicações deste género, as gravuras eram ligeiramente modificadas e as explicações, em contrapartida, diferiam muitas vezes das do original. Urge fazer uma análise destas «deformações alegóricas» dos séculos XVI e XVIII, pois elas desempenharam um papel importante na história da arte e do simbolismo.

Limitar-me-ei a citar um exemplo: Boudard representa a imagem da «Febre» pela figura alegórica de uma mulher deitada sobre um leão, da boca do qual saem vapores. Na sua interpretação, Boudard «explica» o sentido desta relação entre a febre e a fera: «Por causa, diz ele, da natureza melancólica do leão». Winckelmann critica legitimamente Boudard e propõe, por sua vez, uma «pseudo-explicação», que extraíu provavelmente dos *Hieroglifos* de Pierius: Boudard, na opinião dele, devia saber e referir que os antigos naturalistas pretendiam que o leão é atreito a febres, sobretudo à febre quartã; circunstância que o levou a utilizá-lo para a representação desta doença ([16]).

Na realidade, esta alegoria inspira-se na meteorologia e na astronomia. No mês de Agosto, o sol atravessa o signo zodiacal *do Leão*. Após os calores caniculares, a atmosfera torna-se pesada, abafante; do solo, *erguem-se vapores*. A terra parece «ter febre,» daí esta representação de «uma mulher deitada» na época mais quente do ano, assinalada pelo nascer e pelo pôr do sol na antiga constelação do «Grande Cão». Atribuía-se a esse período da Canícula a influência mais desastrosa. O próprio Hipócrates desaconselhava que, durante ela, «se tomassem remédios»: *Sub Cane et ante Canem, difficiles sunt purgationes*. Os que nascem no princípio dessa época, segundo Firmicus Maternus, teriam predisposição *para as febres* e para um furor que os levaria a cometer toda a espécie de excessos. É bastante significativo constatar que a interpretação «cosmológica» mais simples e mais evidente não parece ter sido compreendida por Boudard nem por Winckelmann, no século XVIII.

([16]) *Op. cit.*, p. 70.

QUINTA PARTE

O TIPO

X

A FUNÇÃO TIPOLÓGICA DO SIMBOLISMO

Quando relacionei anteriormente as bases arcaicas da lógica da analogia com as experiências pré-históricas da caça e da armadilhagem, com o mimetismo animal e a nutrição, tentei demonstrar o carácter concreto de um processo essencialmente dinâmico e baseado, em todos os seus níveis, infra-humanos e humanos, no princípio da assimilação do vivo pelo vivo e na acção do semelhante sobre o semelhante.

Trata-se aqui de um tematismo geral da percepção e da acção nas suas relações com a analogia. Isso não constitui uma prerrogativa especificamente humana: «O tematismo da percepção e da acção cerebral e consciente, diz-nos Raymond Ruyer, caracteriza todas as espécies de vida e até todas as espécies de indivíduos. Caracteriza a consciência primária orgânica e também a consciência segunda cerebral. Os organismos não são amontoados de moléculas, mas conjuntos de órgãos com uma função, um tema de constituição e de acção e a consciência cerebral limita-se a aplicar ao mundo percebido a temática inerente ao organismo... Eis por que, *vista de fora e à distância*, a humanidade e as suas obras parecem continuar a ordem das produções *orgânicas*. As obras de arte, os monumentos, as máquinas, os códigos, as religiões e as línguas, embora também constituam algo de diferente, são, de um certo ponto de vista, como demonstrou Cournot, produções orgânicas naturais... É que o homem não é o único ser consciente que se esforça segundo temas

A CIÊNCIA DOS SÍMBOLOS

'sensatos', ao passo que é o único que encontrou o meio de 'significar' os sentidos» ([1]).

De resto, sabe-se que o animal é capaz de actos inteligentes. Os ratos da Noruega que foram objecto de certas experiências, aprenderam os desvios de um labirinto mais depressa do que um grupo estudantes. Muitos animais realizam trabalhos de arquitectura e utilizam instrumentos. Karl von Frisch, na sua obra([2]), demonstrou que determinadas espécies empregam uma verdadeira tecnologia na realização das suas obras de arte. Certos perus australianos, os megapódios, que põem ovos enormes em relação ao peso que têm (um quarto do seu peso), e em número de trinta e cinco por estação, constroem uma *incubadora artificial*. Utilizam areia como isolador térmico e fazem um buraco de três metros de diâmetro por um metro e cinquenta de profundidade onde colocam um composto de folhas e ervas no qual miríades de bactérias produzem um calor considerável regulado a uma temperatura constante de 33 graus centígrados, graças à construção de entradas para o ar e, no Verão, de camadas de areia cuja espessura varia em função das condições exteriores. Frank Lloyd Wright afirmou muitas vezes que o homem devia estudar as formas e as construções dos animais que usam como instrumento principal o seu próprio corpo.

Todos estes factos constatados no domínio *infra-humano* e *humano* não põem apenas o problema da passagem do tematismo inconsciente para o simbolismo consciente, da transição entre temas associados a esquemas motores ou a estímulos-sinais, e «modelos» míticos e simbólicos muito mais complexos. Estas observações incitam-nos também a interrogarmo-nos acerca da própria origem destes «modelos» e destes «temas».

Sinalização e significação

Raymond Ruyer propôs uma teoria da função simbólica e da sua origem que convém lembrar aqui, pois ela parece-me

---

([1]) Raymond Ruyer, *L'animal, l'homme, la fonction symbolique*, Gallimard, Paris, 1964, p. 86.

([2]) Karl von Frisch, *L'architecture animale*, Paris, 1975.

A FUNÇÃO TIPOLÓGICA DO SIMBOLISMO

mais acertada que a de E. Cassirer [3]; para este, numa perspectiva quase-kantiana, as «categorias simbolizantes» constituem o mundo da cultura tal como, no sistema de Kant, as «categorias» da sensibilidade e do entendimento «constituem» o mundo dos fenómenos.

Aceitando o princípio de Cassirer segundo o qual a unidade específica das obras humanas e dos diversos sectores da cultura se deve ir buscar à função simbólica e à manipulação dos signos-símbolos, muito diferentes dos «estímulos-indícios» do animal, Raymond Ruyer especifica que esta passagem se faz quando o sinal «é compreendido não já como anunciando ou indicando um objecto ou uma situação semelhante ou próxima, mas como podendo ser utilizado em si mesmo, *para conceber o objecto, mesmo na ausência deste objecto*» [4].

A mesma palavra, por exemplo, «água», pode servir de duas maneiras diferentes e situar-se a níveis diferentes. Ela designa a presença do objecto para o qual aponta: «Eis aqui a água...». Ou, então, fixa a concepção ou a ideia enquanto instrumento do pensamento, mas não da acção imediata, na ausência do objecto e sem intenção realizadora em face deste. «Não é, pois, a linguagem, no sentido mais geral da palavra, observa Raymond Ruyer, mas a linguagem enquanto *sistema simbólico* que, ao permitir as concepções e os pensamentos 'inactuais', constitui simultaneamente o instrumento e a marca do nível humano... O animal, com ou sem palavras, é capaz, através do gesto, da mímica ou da vocalização, de 'falar a alguém', de se exprimir. A humanidade começou quando, graças a uma mudança funcional aparentemente insignificante, a uma mutação mental que não implicava a menor mutação orgânica nem nenhuma animação nova e milagrosa, um ser primitivo utilizou um *sinal* como *signo*, falou com alguém ou, em primeiro lugar, consigo próprio, *de* alguém ou *de* alguma coisa através de enunciados ou de gestos simbólicos.» [5]

Raymond Ruyer observa acertadamente que a intenção de comunicar não basta para explicar o comportamento simbólico. Efectivamente, a comunicação estabelece-se de uma forma

---

[3] E. Cassirer, *Essay on Man*, p. 93.
[4] R. Ruyer, *op. cit.*, p. 94.
[5] Raymond Ruyer. *op. cit.*, p. 95.

A CIÊNCIA DOS SÍMBOLOS

espontânea através de «signos-sinais» cujo lado utilitário imediato impede mais do que favorece a transformação do indício em símbolo: *«Uma paragem da acção imediata e da comunicação*, sublinha ele, *é, pelo contrário, a condição indispensável da experiência mental e do comportamento simbólico.* O animal comunica espontaneamente necessidades actuais. 'As primeiras 'concepções' do animal-homem devem ter-se produzido fora das pantomimas de comunicação e até em oposição a estas»([6]).

Esta observação é importante. E. Sapir lembrou que as primeiras vocalizações da criança têm um carácter «autístico» indubitável. As tentativas de aprendizagem da linguagem feitas por chimpanzés, por crianças «selvagens», por surdos-mudos-cegos de nascença falharam enquanto os educadores teimaram em permanecer no plano da comunicação *utilitária*. Em contrapartida, elas pareceram ter êxito quando os sujeitos, muitas vezes por acaso, se encontravam num estado de desprendimento e concebiam, num sentido *estético* ou *mágico*, o valor expressivo próprio de certos objectos.

S. Langer, nas suas observações do caso de uma cega-surda de nascença, Helen Keller, demonstra que quando esta, após três semanas de exercício, aprendeu a interpretar os sinais tácteis que lhe traçaram na palma da mão, passando a conhecer assim vinte e uma palavras, estas não constituíam para ela, originariamente, mais do que *sinais*, pois ainda não possuía a noção de que «tudo tem um nome». Confundia, por exemplo, a «palavra-sinal» *mug*, «caneca» com a «palavra-sinal» *water*, «água», estando uma e outra associadas à acção de «beber», tal como o cão condicionado pode confundir o «barulho de metrónomo» com a «blusa branca de Pavlov». O mistério da linguagem foi revelado a Helen Keller quando a sua professora lhe agarrou na mão e a colocou debaixo de um jacto de água fresca, ao mesmo tempo que soletrava na outra mão, através de sinais tácteis, a palavra *water*. «Soube, nessa altura, que aquela coisa maravilhosamente fresca (*wonderful cool something*) que escorria pela minha mão era verdadeiramente *significado* por *water*.» Assim, aquela palavra não constituía apenas um «sinal», pelo qual a água era esperada, pedida ou obtida. Passou a ser também «o nome dessa

---

([6]) Raymond Ruyer, *op. cit.*, p. 97.

A FUNÇÃO TIPOLÓGICA DO SIMBOLISMO

substância graças à qual ela se podia mencionar, evocar, conceber, festejar» ([7]).

Vemos, pois, que a descoberta da *significação poética e simbólica da palavra* é uma experiência absolutamente distinta da interpretação *utilitária e pragmática* da sua sinalização. Um chimpanzé pode aprender a pronunciar a palavra «papá» quando vê o seu pai adoptivo, como sucedeu nas experiências de Kellog com Gua, ou a palavra «banana», no caso de Yerkes com Chun. No entanto, trata-se, neste caso, de um adestramento particular, de uma aplicação da «palavra-sinal» a um comportamento. O animal não compreende melhor do que Helen Keller antes da sua «iluminação» repentina, que tudo tem um nome e que todos os nomes podem evocar um *objecto ausente*, tornando a sua repetição de novo presentes, à experiência interior, as imagens das lembranças e as suas relações analógicas. De resto, os animais, sensíveis à expressividade das formas visuais, não o são à das formas vocais tão claramente como as crianças. Uma vez que não têm vocalizações espontâneas, não são capazes de elaborar vocalizações facilmente susceptíveis de serem repetidas, algumas das quais poderiam impressioná-los pela sua expressividade ou favorecer uma montagem cerebral que correspondesse às formas visuais de um objecto ou de uma situação. Não existe mais do que uma diferença de grau de evolução entre a sinalização e a significação. Entre o animal e o homem continua a existir um intervalo inexplicado e talvez inexplicável ou, antes, um abismo a que se dá o nome de consciência. Na verdade, é a consciência a causa e a condição da função simbólica da linguagem. As suas relações mútuas, no entanto, são de tipo cibernético e implicam efeitos de retroacção, como os da mão e do cérebro.

O intervalo, a consciência e o tempo

A *capacidade de retardar* a acção imediata, a possibilidade de «colocação à distância» do «signo-símbolo» relativamente ao «signo-sinal», a percepção de vários «níveis» de *significação*

([7]) S. Langer, *Phylosophy in a new key*, p. 51.

A CIÊNCIA DOS SÍMBOLOS

das coisas e dos seres são características especificamente humanas. Nesta perspectiva, Heidegger viu com grande profundidade a nossa condição, concebendo o homem como um «habitante do Tempo». Efectivamente, com o intervalo indispensável a qualquer diferenciação entre o actual e o inactual, o percebido e o concebido, o presente e o representado, surgiam simultaneamente a consciência, o descontínuo subjectivo-objectivo e o tempo. Aquilo que caracteriza o homem enquanto homem é também aquilo que o separa de uma integração total do acto no eterno presente, de uma experiência existencial imediata e espontânea que é também a do animal e a da criança muito jovem. Este intervalo pode ser sentido como uma «queda» no tempo e, sob este ponto de vista, como um «pecado» realmente original, uma vez que tem como consequência permitir-nos conceber a nossa própria morte enquanto acontecimento previsível e certo. «Habitar no tempo» ou saber que temos que morrer tarde ou cedo é um dado original e único da nossa condição.

É aqui que intervém uma outra experiência inacessível ao animal, a da significação do objecto ausente, a da «palavra-símbolo», relativamente à sinalização do objecto presente. Vemos assim quão prodigiosa é a arquitectura que a linguagem humana ergue e opõe ao tempo e à morte, embora as suas bases estejam enraizadas nelas. A «logosfera» tornou-se para o homem *um novo meio vivo* que transcende a passagem do tempo e os seus limites efémeros. Ao darem nomes aos seres e às coisas, eles nascem para *uma outra vida*, a da sua significação, a da sua *função simbólica*. Eis porque o «animal-simbolizante» que é o homem *se alimenta* dos produtos deste novo meio vivo, a «logosfera», tal como o animal se alimenta das produções da biosfera. Uma sociedade sem símbolos não pode, pois, deixar de descer ao nível das sociedades *infra-humanas* quando são agitadas e determinadas apenas por sinais e estímulos-sinais.

Em contrapartida, se o processo «de assimilação do vivo pelo vivo» se ergue, através de níveis sucessivos, desde os mais baixos graus de nutrição aos mais elevados, podemos conceber que estes não estejam limitados às realidades humanas e que a função simbólica constitua também um meio de relação entre o humano e o *supra-humano*.

Nestas condições, como é que os estados «supra-humanos» do ser não poderiam ser ligados aos estados «humanos» através

A FUNÇÃO TIPOLÓGICA DO SIMBOLISMO

dos símbolos, quando verificamos com evidência que o homem está ligado com toda a parte «infra-humana» da sua condição através de outros sinais e de «estímulos-signais»? Pelo menos, é isto que afirmam todas as tradições iniciáticas e religiosas a propósito da instituição «supra-humana» e «divina» dos seus símbolos, dos seus mitos e dos seus rituais. Estamos evidentemente, no direito de duvidar disso, mas não poderemos constatar esta unanimidade acerca deste ponto capital.

De resto, que significa essa hipótese se não que as realidades espirituais existem sob formas tão diversas como as realidades materiais, físicas e intelectuais? O facto de um único movimento de caridade ter conseguido *uma só vez* produzir-se num universo físico e no seio de uma natureza que parecem ignorá-lo totalmente, constitui por si só um enigma. De onde surge ele? Qual a sua verdadeira origem? A caridade não é material nem natural porque, se o fosse, constataríamos a sua existência nos fenómenos observados. Se ela é de origem social, também não a vemos manifestar-se nas sociedades animais, só começando a sê-lo ao nível das sociedades humanas. Nesta perspectiva, chegamos ao paradoxo que consiste em defender que o homem teria inventado, graças unicamente ao seu génio, algo que não existe em parte alguma fora dele na imensidade do Cosmos. *Onde* descobriu *ele o modelo*? Se não o encontrou fora dele, encontrou-o em si, no seu próprio coração. Mas nesse caso temos que admitir que esse coração é diferente de tudo o resto ou então que, se não o foi sempre, se tornou assim. Encontramo-nos, pois, perante duas conclusões inevitáveis: ou a natureza evolui para o sobrenatural, ou o sobrenatural existe na natureza, ou então o universo contém uma caridade que ignora ou a caridade não está contida no universo.

A posição das tradições antigas face a estes raciocínios ilusórios caracteriza-se pelo simples bom senso. Uma vez que somos incapazes de criar algo a partir de nada e que, por outro lado, a vida espiritual existe na condição humana, mas não na natureza terrestre que não fornece nenhum exemplo dela, nem no universo *tal como o observamos*, nem nas condições da nossa vida animal, os seus «modelos» foram obrigatoriamente ensinados às sociedades humanas por «instrutores supra-humanos», ou então, os homens conhecem-nos através de uma inspiração ou de uma verdadeira revelação «supra-humana». Caso contrário, o homem seria um ser absolutamente estranho à realidade universal, um mistério totalmente incompreensível. Vemos assim que a afirmação da existência de poderes espirituais não os situa necessariamente «fora» do Cosmos, como frequentemente se afirma.

O génio de Ibn Khaldun pressentira, muito antes das teorias «evolucionistas» modernas, a ascensão geral do Cosmos e a existência dos diversos níveis das relações dos vivos com a vida universal.

«Contemplem o universo da criação!» ([8]), diz Ibn Khaldun. Ele parte do reino mineral e ascende progressivamente, de maneira admirável, ao reino vegetal e depois ao animal. O último «plano» (*ufuq*) ([9]) mineral está ligado ao primeiro plano vegetal: ervas e plantas sem semente ([10]). O último plano vegetal – palmeiras e vinhas – está ligado ao primeiro plano animal, o das lesmas e dos moluscos, que não possuem nenhum sentido além do do tacto. A palavra «relação» (*ittisâl*) significa que o *último* plano de cada reino está pronto a tornar-se no *primeiro* do reino seguinte.

«O reino animal (*âlam al-hayawân*) desenvolve-se, as suas espécies aumentam e, dentro do progresso gradual da Criação (*tadarruj at-takwîn*) termina no homem, dotado de pensamento e de reflexão. *O plano humano é atingido a partir dos macacos (girada), nos quais existe sagacidade (kays) e percepção (idrâk), mas que ainda não atingiram a reflexão (rawiyya) e o pensamento. Dentro deste ponto de vista, o primeiro nível humano vem depois do mundo dos macacos; a nossa observação, fica-se por aqui.*»

Estas concepções de Ibn Khaldun bastam, parece-me, para demonstrar que a filosofia tradicional não é necessariamente «infantil» ou «ingénua», como pretenderam os seus adversários «cientistas» que nunca se deram ao trabalho de ler os textos dos autores antigos, que julgam sem conhecer. Aliás, resta perguntar se muitos dos teólogos considerados «modernos» e «revolucio-

---

([8]) Faço questão de agradecer aqui a M. P. Monteil, o eminente tradutor do *Discurso sobre a História Universal* de Ibn Khaldun. É a ele que devo o conhecimento e a comunicação deste texto fundamental.

([9]) À letra «horizonte».

([10]) Se Ibn Khaldun conhecesse melhor a alquimia, não teria privado o mineral das suas possibilidades genéticas de transição.

A FUNÇÃO TIPOLÓGICA DO SIMBOLISMO

nários» não se inspiraram em obras antigas *não citadas* pelos seus plagiários. Conheço vários exemplos disso, até no domínio das teorias físicas e matemáticas. Contrariamente às aparências, a descoberta de uma ideia verdadeiramente nova é tão rara como a de um continente inexplorado.

Ibn Khaldun raciocina quando deixa de poder observar *factos*, o que não sucede com Darwin, e é esse, embora os «racionalistas» pretendam o contrário, o único uso legítimo que se pode fazer da razão. «Ora, diz ele, nestes mundos diferentes encontram-se influências diferentes. O mundo sensível é influenciado pelos movimentos das esferas e dos elementos. No universo da Criação, há influências dos movimentos de crescimento e de percepção. Tudo isso mostra bem que existe alguma coisa distinta do corpo que exerce uma influência. Trata-se de algo espiritual (*rûhâni*) ligado às criaturas, uma vez que os diversos mundos se relacionam com a sua existência. Este elemento espiritual é a alma (*nafs*) que percebe e que move. Acima da alma deve existir algo relacionado com ela que lhe confere um poder de percepção e movimento, cuja essência é percepção pura e compreensão (*ta'aqqul*) absoluta: é o Mundo dos Anjos. É necessário, pois, que a alma esteja pronta a despojar-se da humanidade e a trocá-la pelo angelismo (*mala-kiyya*) *a fim de participar, subitamente, na espécie angélica*. É isso que se produz quando a essência espiritual da alma atinge a perfeição.

«A alma está em conexão com o nível vizinho, tal como os outros planos das coisas existentes, tanto para cima como para baixo. Para baixo, está ligada ao corpo: é isso que lhe proporciona as percepções sensoriais que a preparam para a compreensão efectiva. Para cima, liga-se ao nível dos Anjos. É aí que ela adquire as percepções *científicas* e *sobrenaturais*: com efeito, o conhecimento dos acontecimentos que se produzem existe nas *inteligências intemporais* dos anjos. Tudo isto, por causa da *Ordem* do universo cujas essências e poderes devem depender uns dos outros... As possibilidades de percepção sensorial são progressivas, desde a mais elevada, o pensamento ou potência racional (*nâtiqa*).»

Se analisarmos este texto com atenção, vemos que o «evolucionismo» de Ibn Khaldun corresponde a uma concepção da *ordem* e que a podemos justificar cientificamente por meio de uma teoria geral da entropia *positiva* ou *negativa*. O homem e

A CIÊNCIA DOS SÍMBOLOS

o animal alimentam-se de entropia *negativa*, ou seja, de *ordem*, a fim de compensar a sua entropia *positiva*, isto é, a desordem provocada pela aparição de qualquer sistema de acontecimentos num determinado sector espácio-temporal. Efectivamente, é a *ordem* que é *nutritiva* e não apenas a energia e o átomo, pois uma caloria equivale a outra e um átomo de ferro ingerido não é nada mais, em si mesmo, do que qualquer outro átomo de ferro do meio exterior. A ordem *biológica* é, de facto, o verdadeiro substracto da nutrição do vivo porque traz «a ordem a partir da ordem» e não «a ordem a partir da desordem», como no mecanismo estatístico da ordem *física* ([11]).

Estes fenómenos existem não só ao nível do *corpo*, mas também ao nível da *alma* e do psiquismo. A ordem de que a alma se alimenta traz também «a ordem a partir da ordem», mas de duas maneiras e sob dois aspectos distintos: nas suas relações passivas com o corpo e a sua história, isto é, segundo as suas impressões passadas, e nas suas relações activas com o espírito e a sua actividade criadora, ou seja, segundo os seus *modelos futuros*. Assim, a função simbólica exerce-se segundo uma dupla polaridade, uma *inconsciente*, a outra *supra-consciente*, a primeira determinada e realizada, a segunda, em vias de determinação e de realização.

A impressão e o modelo

No reino animal, a imagem do objecto que aparece e é percebido precocemente parece «impregnar» certos jovens vertebrados e, em particular, os pássaros nidífugas e nidícolas. Spalding observara, em 1873, que os pintainhos podem procurar tanto a companhia de um pato como de um homem ou de uma galinha. Whitman constatou, no fim do século passado, que as tartarugas selvagens chocadas por tartarugas domésticas preferiam, na idade adulta, acasalar-se com estas a fazê-lo com as da sua própria espécie. Em 1935, Lorenz propôs uma teoria geral destes

---

([11]) Isto não significa que este novo «nível» seja «metafísico». Cf. Erwin Schrödinger, *Qu'est-ce que la vie? L'aspect physique de la cellule vivante*, Paris, 1950, pp. 148-149.

fenómenos de formação de relações de apego familiar ou de orientação sexual que nada têm de inatas, mas são adquiridas no decurso da história individual do animal. Lorenz chamou «impressão» (*Prägung*) a esta «aquisição do objecto orientador das reacções instintivas sociais».

Ela distingue-se dos outros modos de aprendizagem por diversas características. A impregnação só pode dar-se durante um breve período crítico da vida de um indivíduo e num estado fisiológica específico do desenvolvimento do jovem animal. Passado este período, tudo funciona como se se tratasse de um conhecimento inato, «irreversível» e «totalmente rígido». Esta impressão é consolidada antes das reacções comportamentais e, em particular, sexuais, serem, elas próprias, fixadas. O «esquema motor» da impressão não corresponde a um reconhecimento *dos caracteres particulares do objecto* «impregnante» mas ao conjunto *dos caracteres gerais da categoria* a que o objecto pertence.

É este último ponto que me parece o mais importante nas suas relações com *a função indutora da analogia*. Speeman observara já que, se se retirar tecido de um embrião de tritão da região ventral, num estado pouco avançado de diferenciação celular, e o enxertarmos em seguida na região goteira neural, obtém-se um bocado de medula espinal e reciprocamente, por uma espécie de «acordo analógico» com o substracto. Em contrapartida, uma vez ultrapassado o «momento crítico», as características do lugar de origem deixam de ser permutáveis.

Aliás, devemos observar que um *modelo artificial substituído* permite realizar o fenómeno de impregnação de uma forma tão nítida como um *sujeito natural impregnante*. Um jovem pato pode, entre a décima terceira e a décima sexta hora depois de nascer, ser *induzido analogicamente*, numa dezena de minutos, a experimentar um apego por um modelo empalhado, sonoro e móvel, com o qual foi encerrado numa gaiola circular. O facto da *irreversibilidade* da impressão não me parece tão nitidamente estabelecido como supõe Lorenz, mas não há dúvida que a indução analógica inicial provoca *sempre* uma fase de regressão e de regresso a comportamentos juvenis, noutras circunstâncias *semelhantes* às da primeira impregnação. Sujeitos adultos, educados socialmente, ficam tão perturbados com a aparição do modelo inicial como os jovens, e os seus comportamentos sexuais são um testemunho disso. Não podemos pôr em

A CIÊNCIA DOS SÍMBOLOS

dúvida que existem simultaneamente profundos efeitos da impregnação e um período experimental privilegiado para a sua realização artificial ou natural.

O apego analógico ao objecto impregnante vai muito longe no sentido da semelhança das relações que determinam posteriormente a escolha e procura sexual do parceiro. P. P. G. Bateson demonstrou, em 1966, que um pintainho criado isoladamente se ligava até *ao esquema das paredes da sua própria gaiola* e, posteriormente, podia procurar um objecto com aspectos análogos. Jean-Marie Vidal referiu, em 1976, num artigo notável ([12]), que «galos isolados procuram acasalar-se com a manjedoura ou o bebedouro, que preferem por vezes a uma companheira da sua própria espécie. Por outro lado, a maior parte dos galos assim educados dirige os seus comportamentos agressivos e sexuais para certas partes do seu próprio corpo».

Esta observação parece-me muito importante, pois deixa supor que o galo pode adquirir «a partir de estímulos específicos emanados do seu próprio corpo, certas informações que integra no processo de identificação do objecto das suas reacções sexuais». Jean-Marie Vidal acrescenta que tais galos orientam os seus comportamentos sexuais para um parceiro *que se lhes assemelhe, mesmo que seja um macho* e que, nessa altura, as tentativas de acasalamento que fazem são orientadas *em posição inversa.*

Lorenz sublinhou outro ponto, não menos significativo: a *impressão* não corresponde à aquisição de uma ligação «estímulo-resposta» mas à *de um objecto polivalente*, portador de múltiplas respostas e, em particular, a do repertório do comportamento social. O apego à mãe não é apenas *nutritivo*, é *territorial* tanto no jovem pássaro como no primata.

Há que reter destas experiências complexas e ainda em vias de interpretação, que a angústia do jovem, animal ou humano, se torna mais intensa quando não há objecto de impregnação e de contacto ou se ele o perde prematuramente. Spitz constatou a existência de uma mortalidade acentuada em crianças hospitalizadas e sem objectos de apego. O mesmo sucede com jovens pintos criados num estado de isolamento, apesar do grau de conforto material das suas gaiolas e da satisfação das suas ne-

---

([12]) «L'empreinte chez les animaux», in *La Recherche*, n° 63, p. 32.

A FUNÇÃO TIPOLÓGICA DO SIMBOLISMO

cessidades de calor, de alimento e de bebida. *O apego analógico ao território* e a certas zonas de um biótipo tem origem, provavelmente, nos mesmos factores afectivos que os da impregnação original. Tudo aquilo que degrada o ambiente topográfico, familiar e social, exerce, pois, sobre todos os seres vivos *em estado de crescimento*, efeitos de *angústia interior* que não conseguimos sequer imaginar e cujas consequências podem ser irreversíveis.

XI

A ADIVINHAÇÃO E A INTERPRETAÇÃO SIMBÓLICA DO COSMOS

A *hermenêutica oracular e divinatória*

Todas as línguas iniciáticas e religiosas admitiram a necessidade da interpretação da «língua dos Deuses» tanto nas suas formas arcaicas, de tipo divinatório e oracular, como nas suas expressões complexas de ensinamentos transmitidos pelos textos sagrados. Uma vez que a casta sacerdotal constituía, no seu conjunto, um órgão de relação entre os homens e os deuses, estava necessariamente investida do poder e do cargo de reunir, conservar e explicar as instruções, os avisos, os conselhos, as visões, os presságios e os sinais recebidos pelos adivinhos e pelos profetas. Nas civilizações tradicionais, a estratificação do corpo sacerdotal reflectiu historicamente uma diferenciação e uma especialização das actividades religiosas. No entanto, numa época anterior a esta repartição das funções, o conjunto dos sacerdotes tinha acesso a níveis diversos e, sob certas condições, às técnicas divinatórias ensinadas ao mesmo nível que os calendários, a medicina, a escrita e a leitura dos hieróglifos, a todos aqueles que se consagravam ao exercício do culto.

Aliás, trata-se de uma longínqua herança pré-histórica da economia da caça. Constatamo-la tão nitidamente nos rituais divinatórios arcaicos da extispicina* mesopotâmica como, no século XV da nossa era, entre os aztecas, que, muito tempo antes, também haviam sido caçadores. Quem ler as descrições

---

* Previsão pelo exame das entranhas das vítimas sacrificiais [N.T].

A CIÊNCIA DOS SÍMBOLOS

clássicas de Sahagun na sua famosa *História da Nova-Espanha* (*Codex Florentinus*) não pode deixar de se sentir impressionado com a importância dos presságios e dos sinais na existência quotidiana tanto dos indivíduos como do soberano.

Sabe-se que, nas décadas que precederam a invasão de Cortês em 1519, o soberano de Texcoco, Nezahualpilli, que morreu em 1516, tivera conhecimento de uma profecia dos seus sacerdotes-adivinhos que anunciava a chegada próxima de estrangeiros que iriam apoderar-se do vale de México. Em 1507, aquando da cerimónia que assinalava a entrada num outro ciclo e que consistia em acender uma nova fogueira ritual, verificaram-se prodígios naturais inquietantes e sinais sinistros que Sahagun relata. Por volta da meia-noite, todas as noites e durante um ano, viu-se uma estranha língua de fogo erguer-se a leste. Um incêndio devastou o templo do deus Huitzilopochtli; um relâmpago sem trovão destruiu o santuário do deus Xiuhtecutli. Vagas imensas agitaram a superfície do lago de Texcoco e a água chegou às portas de México. Uma irmã de Montezuma, dada por morta e enterrada havia quatro dias, voltou à vida, foi levada para o palácio, e contou ao soberano aterrado que, durante o período em que estivera morta, vira os estranhos que iam arruinar o império.

Surgiram monstros. Apresentavam-nos ao rei, mas eles desapareciam quando este os encarava. Passarinheiros levaram ao soberano uma ave cinzenta prateada que se assemelhava a um grou. Na cabeça, tinha um espelho circular com um orifício que fazia lembrar o espelho utilizado pelos adivinhos, e nele podia observar-se o céu e as estrelas num fundo de obsidiana tão negro como o das paisagens lunares dos nossos *écrans* de televisão. Quando Montezuma examinou a imagem misteriosa transmitida pelo pássaro, viu um exército de homens armados que avançava montado em veados. Convocaram-se os sacerdotes para explicarem o significado deste presságio; mal eles chegaram, o grou profético volatilizou-se nos ares.

A interpretação impôs-se por si própria a Montezuma: Quetzalcoatl, a «Serpente com penas» voltava, como ele profetizara: no ano «Uma-Cana» ele empreendia a reconquista do território e da cidade donde fora expulso pelo deus guerreiro Tezcatlipoca. Segundo o calendário azteca, o último ano «Uma-Cana» correspondia a 1467, devendo o próximo ocorrer necessariamente cin-

A ADIVINHAÇÃO E A INTERPRETAÇÃO SIMBÓLICA DO COSMOS

quenta e dois anos mais tarde, em 1519. Os astrólogos calcularam que teria início no dia «Novo-Vento», que correspondia a 22 de Abril de 1519. Ora foi *exactamente* essa a data do desembarque de Cortez perto da actual Vera-Cruz ([1]).

A *hermenêutica divinatória mesopotâmica*

A adivinhação ocupava o primeiro lugar na cultura babilónica. A aruspicina, isto é, o exame das entranhas do animal sacrificado, em especial do fígado, mas também dos pulmões e da espiral do cólon, era também a mais antiga e a mais constante de todas as práticas divinatórias. Ela parece ter precedido a astrologia e deriva provavelmente dos rituais mágicos das sociedades pré-históricas dominadas pela «economia da caça».

Geralmente ignora-se a extraordinária complexidade das técnicas divinatórias da aruspicina. Jean Nougayrol ([2]) mostrou que a aruspicina babilónica não deixava escapar nenhum sinal, nenhuma característica das partes constitutivas do animal sacrificado. O vocabulário técnico da adivinhação, de tipo funcional, comparável à nossa toponímia cerebral, contava *seis mil sinais* diferentes que era preciso distinguir. Ora, uma vez que o vocabulário corrente era demasiado pobre para os designar, criou-se uma língua especializada gravada em «livros de tijolos» de uma manipulação difícil, que continham os códigos indispensáveis às interpretações. Nestas condições, parece justificar-se a hipótese de que a aparição *dos sinais da escrita* não passaria de uma «simplificação» derivada dos *sinais divinatórios arcaicos*.

Vou resumir as indicações fornecidas sobre este assunto pelo próprio J. Nougayrol ([3]). Dado que o exame era metódico, os sinais divinatórios apresentavam-se *duplamente polivalentes*, quer no que se refere a algumas das suas modalidades particulares, quer pelo seu destino geral. No primeiro caso, era preciso

---

([1]) Estes factos foram referidos e verificados por um eminente especialista sueco, A. Hultkrantz. Cf. «La divination en Amérique du Nord». Bibliografia, *in fine*. *La Divination*, Paris, 1968.

([2]) Cf. Bibliografia, *in fine*.

([3]) Cf. «Colloque sur le signe et les systèmes de signes», Royaumont, 12-15 de Abril de 1962.

195

A CIÊNCIA DOS SÍMBOLOS

aplicar, para determinados valores, uma «grelha das categorias»: presença, estado, posição, disposição, número, dimensão, forma, cor, associação, etc. A forma era resumida, muitas vezes, por uma «silhueta de referência» ou por um desenho. No segundo caso, convinha saber qual o objectivo geral da consulta, quem era o consultante e qual a natureza do acto em causa, se se tratava de um homem saudável, de um doente, de um amigo ou de um inimigo, qual a posição social, etc.

Os arúspices usavam dois métodos. Ou a pura observação, sem ideia preconcebida, que só prestava atenção à anomalia evidente ou predominante, interpretada qualitativamente, ou a consulta, precedida de numerosos rituais e de uma prece, redigida com todos os cuidados. Todos os sinais existentes no fígado e nas outras vísceras eram examinados com atenção. No primeiro método, observa-se um sinal principal; no segundo, de dez a vinte. *Para ler a resposta*, ou seja, para interpretar o conjunto, todos estes sinais eram despojados do seu valor «qualitativo», retendo-se apenas o valor «negativo» e «desfavorável» ou «positivo» e «favorável». A soma deles, «algébrica» em certa medida, respondia à questão apresentada. As grandes colectâneas de presságios eram previamente consultadas, pois, antes desse despojamento «quantitativo», era preciso conhecer o sentido «qualitativo» de cada sinal observado, por comparação com os conservados nos «códigos» tradicionais.

As regras de interpretação não são conhecidas na totalidade. No entanto, sabe-se, graças a comentários tardios, em que consistiam algumas delas e pensa-se que foram aplicadas desde a origem. Por exemplo, a *direita* é o lado do *consultante*; a *esquerda*, o do seu *inimigo*. Por consequência, um sinal favorável em si, é bom para o seu consultante à direita e bom para o inimigo à esquerda, isto é, desfavorável para o consultante. Cada zona apresentava dificuldades particulares de repartição «direita-esquerda». Outra regra era a do número: *dois* sinais análogos confirmam o significado de um sinal, mas *três* negam-no. Alguns princípios eram evidentes: o que lesa ou diminui era mau, o que aumenta ou fortifica, bom. Outros são muito complexos, nomeadamente as regras de combinação de sinais elementares que produziam sinais «decisivos», «inversivos», «geminados», etc. Além disso, cada um dos *sectores* de observação tinha um significado particular.

A ADIVINHAÇÃO E A INTERPRETAÇÃO SIMBÓLICA DO COSMOS

J. Nougayrol, à semelhança de outros arqueólogos, apercebeu-se da importância do papel das «participações linguísticas» na interpretação e, nomeadamente, da importância do *trocadilho*, das semelhanças e das assonâncias fonéticas. Este ponto, na minha opinião, é muito importante, pois as observações psicológicas mostram o papel desempenhado por estes fenómenos no inconsciente. Podemos perguntar-nos se este «deslizamento» de imagens não favorecia a aparição de faculdades paranormais de previsão uma vez que, no sonho, o próprio desenrolar sucessivo do tempo é perturbado, não existindo uma separação tão nítida entre o «antes» e o «depois» como no estado de vigília. O que «aconteceu» é então «sonhado» ou «foi sonhado» como aquilo que «acontece» ou pode «acontecer». O inconsciente não detecta qualquer diferença, quanto ao essencial: a realização do desejo ou do temor.

Além destes aspectos psicológicos prováveis, a adivinhação mesopotâmica baseava-se ainda em *processos de racionalização tecnológica e na experiência adquirida*. Os presságios históricos eram conservados com o maior cuidado e, por vezes, utilizavam-se modelos. O mesmo sinal era considerado como indo preceder, no futuro, o mesmo acontecimento. Aqui a analogia estende-se, como vemos, à própria estrutura do tempo e da sua linguagem. Quando os sinais não correspondiam à previsão, o arúspice pensava que eles tinham sido *mal lidos*. Aliás, não devemos esquecer que a ambiguidade dos sinais é própria da escrita cuneiforme. Nem o melhor assiriólogo, lembra oportunamente Jean Nougayrol, consegue ler sinais isolados sem o apoio de um contexto imaginado ou real. Da mesma forma, o sinal divinatório «hepatoscópico» deve ser lido de forma diferente, consoante a sua posição, a sua disposição, as suas dimensões, as suas associações, numa palavra: *consoante o seu contexto*. Essa é uma regra muito mais geral que a das técnicas da aruspicina babilónica. Ela estende-se não só ao conjunto das artes divinatórias, mas também a todas as hermenêuticas sagradas. Só o deus é capaz de ler e de escrever directamente os sinais, sem o mais pequeno obstáculo físico ou lógico, como prova esta oração babilónica ao Deus-Sol, Senhor por excelência do mistério divinatório:

«Tu lês a tabuínha envolvida na sua capa (sem a abrir)
E (sem a abrir) escreves os sinais
No ventre do Carneiro».

A CIÊNCIA DOS SÍMBOLOS

Enigmas e oráculos antigos

Littré atribui ao enigma o significado de uma «definição de coisas em termos obscuros mas que, uma vez juntos, designam exclusivamente o seu objecto e são dados a adivinhar», e faz derivar a palavra do grego *ainigma*, de *ainíssestai*, «falar por enigmas», de *ainos*, «discursos, palavras». A palavra francesa tem origem directamente no vocabulário filosófico aristotélico medieval: efectivamente, *tá enigména* designa, em Aristóteles, «*as coisas ditas ou indicadas por palavras encobertas*».

Podemos procurar a origem da palavra grega em *ainos*, «palavra, discurso», mas também «sentença, adágio», e numa «comparação» com o verbo *mainomai* ou o seu derivado *mainas*, sob a forma *eikemainas*, «comparável àquilo que é dito pela Ménade» ou pela bacante nos mistérios dionisíacos. O profeta e a sibila, «possuídos pelos deuses», anunciavam o mistério recorrendo ao enigma. Eis porque o enigma tem primeiramente um carácter *sagrado*; foi só graças a uma extensão deste sentido primitivo que se designou posteriormente tudo aquilo que é dito, de forma análoga, na língua *profana* e que exige uma decifração do próprio *objecto* do discurso ou da palavra. Este objecto é essencial, de tal modo que o próprio termo, em francês, foi masculino antes de ser feminino. Rabelais, Montaigne e Massillon ainda diziam «*un* énigme».

Podemos, assim, comparar o enigma ao oráculo nas suas formas tradicionais. Efectivamente, sendo o «Totalmente outro» por excelência, o carácter do «Sagrado», uma palavra «totalmente diferente» do seu significado profundo não é uma simples alegoria, nem um apólogo, nem uma parábola. Ela exige uma interpretação não menos sagrada que a sua expressão misteriosa. Eis porque os sacerdotes eram os únicos intérpretes autorizados dos oráculos antigos e, nos primórdios do oráculo de Delfos, era a própria sacerdotisa que usava o título de «Pítia» ou de «Pitonisa». Este nome foi dado posteriormente aos outros intérpretes dos oráculos consagrados a Apolo como, por exemplo, o dos Brânquidas, no templo de Didyméon, na Jónia; mais tarde, foi dado às mulheres que prediziam o futuro, como a famosa «pitonisa de Endor». No entanto, o nome pelo qual se designavam vulgarmente as profetisas era «sibilas».

A primeira era a de *Delfos*. Diodoro da Sicília chama-lhe Dafne, outros Ártemis; Crisipo diz que ela viveu antes da guerra de Tróia. A segunda foi a sibila *Eritreia*, que predisse aos gregos que conquistariam e queimariam a cidade de Príamo. A terceira chamava-se *Ciméria* ou *Itálica*, segundo Moevius, nos seus *Livros da Guerra de África* e Pisão nos seus *Anais*. A quarta foi a *sibila de Cumas*, chamada pelos historiadores Amalteia, Herófila ou Demófila, que teria vendido a Tarquínio, *o Antigo*, os famosos *Livros sibilinos*. A quinta habitava a *ilha de Samos*; Eusébio chama-lhe Eurifila e Erastótenes, Bytho. A sexta, que nasceu na cidade de Marpena no Helesponto, era, por esse motivo, conhecida por *Helespôntica*, e viveu no tempo de Sólon. A sétima, que vivia na Líbia, era a sibila *Líbia*. Segundo S. Justino, a oitava sibila, *Caldeia ou Pérsica*, seria filha do historiador Berósio. Este pormenor é importante do ponto de vista arqueológico, pois faz supor que os *Livros sibilinos* transmitiram tradições mesopotâmicas arcaicas. A nona sibila, que morava em Ancira, era conhecida pelo nome de *Frígia*. Finalmente a décima, chamada Albuneia ou *Tibertina*, fazia os seus oráculos em Tibur ou Tivoli, na margem do Tibre.

Quando a sibila de Cumas foi propor a Tarquínio, *o Antigo*, nove rolos de profecias respeitantes, dizia ela, ao futuro de Roma, o rei ter-se-ia recusado a adquiri-los, pois considerou exorbitante a soma pedida. Nessa altura, a sibila lançou três desses documentos ao fogo. Perante nova recusa de Tarquínio, queimou mais três e seguidamente propôs, pela última vez, ao monarca ceder-lhe os três últimos rolos pelo preço que exigira pela colecção completa. Espantado com a estranheza deste comportamento e talvez com receio das consequências mágicas nefastas da sua recusa, Tarquínio, *o Antigo*, consentiu em pagar essas revelações parciais pelo preço exigido e mandou colocar os três volumes no Capitólio, criando, para os guardar, um corpo especial de dignitários. Esta colecção foi destruída em 84 antes da era cristã, no incêndio do Capitólio. O Senado enviou embaixadores à Grécia e à Ásia, numa tentativa para reconstituir uma nova colectânea dos vestígios dos oráculos sibilinos. Mil versos proféticos foram assim reunidos, examinados e guardados de novo no templo de Júpiter. Por uma estranha fatalidade, a segun-

A CIÊNCIA DOS SÍMBOLOS

da colecção foi, tal como a primeira, vítima das chamas, no tempo de Nero, no ano 68 da era cristã. Após este sinistro, pensa-se que a compilação chegada até nós e que data, quando muito, do século II d.c., pouco ou nada tem a ver com os livros primitivos.

A decifração dos sinais do mundo

Cícero, no seu tratado intitulado *De divinatione*, distingue já dois grandes domínios dentro das técnicas divinatórias: o da adivinhação dita *intuitiva* ou *natural* e o da adivinhação *indutiva, raciocinada* ou *conjectural*. A primeira consiste na inspiração que pode apoderar-se de certos seres privilegiados, videntes, sacerdotisas e profetas; a segunda é constituída pela observação e pela interpretação dos sinais sagrados apontados, na terra ou no céu, pelos deuses. Na civilização grega, as Sibilas e os oráculos desempenharam um papel considerável no que se refere às relações entre as cidades. Em contrapartida, noutras culturas, por exemplo, na Etrúria e na civilização romana, constata-se que a adivinhação «raciocinada» ou «indutiva» foi muito mais importante do que a anterior, como sucedera já na Mesopotâmia.

A adivinhação etrusca distingue-se pelo carácter «revelado» ([17]) do «depósito» religioso primordial, um conjunto de livros sagrados cujos fragmentos foram transmitidos por autores gregos e latinos. Estes *Libri etrusci* parecem, segundo Cícero (*De divinatione*, I, 72), ter sido divididos em três partes: «*quod Etruscorum declarant et haruspicini et fulgurales et rituales libri*». O primeiro grupo referia-se ao estudo das entranhas da vítima e, como disse já, tinha origem nas técnicas mesopotâmicas. O segundo grupo estudava os problemas da interpretação dos raios e mencionava os rituais necessários para a sua expiação. O terceiro expunha as tradições relativas ao destino humano, à vida de além-túmulo e aos prodígios, os *ostenta*, sinais sagrados que permitiam decifrar os fenómenos como outros tantos sinais sagrados da «linguagem dos deuses».

([17]) A religião etrusca, ao contrário da religião grega, assenta numa «revelação» das escrituras sagradas por uma «ninfa», Vegoia ou Begoe e por uma «criança-velho», Tages, identificado pelos gregas como sendo Hermes-Ctónico.

A ADIVINHAÇÃO E A INTERPRETAÇÃO SIMBÓLICA DO COSMOS

As técnicas da extispicina etrusca, no seu conjunto, não diferem das da adivinhação babilónica anteriormente descrita. Em contrapartida, a «Kauronoscopia», ou seja, «o estudo dos raios», apresenta muito interesse para a ciência dos símbolos porque dá um exemplo significativo, para utilizarmos a expressão de Raymond Bloch, de «uma casuística de interpretação», de uma teologia exacta e complexa ([4]).

Segundo Séneca (*Quaest. Nat.*, II): «A ciência dos raios é constituída por três partes, a observação, a interpretação e a conjuração». Efectivamente, os adivinhos etruscos eram considerados pelos Romanos capazes não só de desviar os raios (*exorare*), mas também de os atrair para a terra (*elicere*). Podemos avaliar o tempo que a sua reputação se manteve se constatarmos que os arúspices, em 408 da nossa era, propuseram, segundo Zósimo, proteger Roma de Alarico, fulminando o exército do conquistador.

Os Etruscos dividiam o céu em quatro partes, determinadas pelos pontos cardeais, e subdividiam cada uma delas em quatro sectores iguais. Podemos observar, a propósito disto, que este simbolismo numerológico utiliza o quatro e o dezasseis e não o três e o doze, como a divisão zodiacal. Trata-se de um sistema diferente da nossa divisão do círculo, que encontramos tanto na adivinhação chinesa do Yi-King, como na adivinhação arcaica através da aranha-mígala. Entre os Etruscos, o observador coloca-se voltado para sul. As secções da esquerda anunciavam sinais favoráveis, pois, no lado de onde vem a luz do dia, a oriente, residem as divindades propícias. Em contrapartida, os presságios que surgem nas secções da direita, do lado do ocidente, do pôr-do-sol e da noite, são funestos. Se nos reportarmos às indicações dadas por Plínio, Cícero, Servius e Festus, há que ter em conta o eixo norte-sul e separar à esquerda e à direita oito regiões favoráveis e oito desfavoráveis, sendo os sinais melhores ou piores consoante a sua proximidade do norte, considerado como a sede, por excelência, das divindades superiores. Podemos perguntar-nos se tal divisão não evocaria o mundo luminoso e terrestre dos vivos à esquerda e o mundo tenebroso e celeste dos mortos à direita. Georges Dumézil apresentou esta hipótese a propósito do fígado divinatório ([5]) e ela parece-me

---

([4]) Cf. Raymond Bloch, «La divination en Étrurie et à Rome», in *La Divination*, t. I, Paris, 1968, p. 205.

([5]) Georges Dumézil, *La religion romaine archaique*, Payot, Paris, 1974, p. 675.

A CIÊNCIA DOS SÍMBOLOS

tanto mais justificada quanto não podemos separar as práticas da interpretação fulgural das crenças etruscas relativas à existência de um «país dos mortos» e de uma topologia sagrada do além.

Aliás, a «teoria dos raios» tal como a conhecemos, apresenta-se muito incompleta e recheada de especulações gregas posteriores. Os deuses das dezasseis regiões constituem, provavelmente, o sistema mais antigo que existe baseado numa numerologia simbólica derivada do quaternário, como já referi. Em contrapartida, encontramos na classificação tardia de Martianus Capella, no século V da era cristã, doze «grandes deuses» e sete divindades cujo simbolismo está ligado ao sistema e à numerologia astrológicos. Esta sobreposição do ternário ao quaternário torna muito difícil a interpretação do panteão etrusco primitivo.

A teologia etrusca atribui a diversas pessoas divinas o poder e o direito de dar a conhecer aos homens as suas intenções e as suas vontades por intermédio das trovoadas ou da *linguagem fulgural sagrada*. Efectivamente, segundo Séneca: «Não é porque há colisão de nuvens que o raio explode. Uma vez que eles remetem tudo para a divindade, estão convencidos não que os raios anunciam o futuro porque se formaram, mas que se formam porque têm que anunciar o futuro» [6].

Assim, segundo a lógica e o raciocínio dos Etruscos, os fenómenos da natureza não passam de sinais através dos quais as potências divinas «falam» aos homens a fim de os instruir acerca dos seus deveres, revelando-lhes o futuro e os desígnios transcendentes que correspondem ao seu destino. A ciência por excelência, dentro desta perspectiva, é, pois, mais a hermenêutica da «língua dos deuses» do que a adivinhação, como geralmente se pensa. Eis porque a ciência dos símbolos não pode deixar de se interrogar acerca das práticas divinatórias sagradas não enquanto operações justas ou falsas de previsão, mas nas suas relações com uma visão do mundo diferente da nossa, com uma outra lógica, a da analogia entre o natural e o sobrenatural, o visível e o invisível, o aparente e o oculto. Trata-se de uma hermenêutica fundamental dos diversos níveis de uma ordem «qualitativa» de um sistema «acabado»

---

[6] Séneca, *Questões naturais*, II, 32. Nesta obra, Séneca transmitiu fragmentos de um tratado de A. Caecina, *De etrusca disciplina*.

A ADIVINHAÇÃO E A INTERPRETAÇÃO SIMBÓLICA DO COSMOS

e «fechado» do universo concebido como *cosmos* indissociável do *logos* que o exprime.

É bastante curioso constatar, por exemplo, que na língua fulgural sagrada a significação do presságio enviado pelos deuses varia consoante a intenção do observador humano. Se este apenas concebe um projecto, o raio é conselheiro: *fulmen consiliarum*. Se ele começou a realizá-lo, o raio autoriza-o a isso ou proíbe-lho: *fulmen auctoritatis*. Se não sabe o que fazer, o raio incita-o a agir: *fulmen monitorium*. Ele pode assim avisá-lo, anunciar-lhe um acontecimento fatal ou um acontecimento que pode ser desviado ou diferido por intermédio de rituais apropriados.

Além disso, a interpretação do presságio depende tanto da hora, da cor e do efeito material do relâmpago, como da identificação dos deuses que enviavam o raio, ou melhor, que o «manejavam». Júpiter dispunha, sozinho, de três tipos distintos de raio ou *manubiae*. Apesar deste privilégio e antes de lançar uma segunda *manubia*, Júpiter tinha que consultar a assembleia dos deuses «conselheiros» (*Dii Consentes*) e, antes da terceira, de se sujeitar à decisão dos misteriosos deuses «velados» e «superiores» (*Dii Involuti, Superiores*).

Os arúspices etruscos eram, pois, teólogos, mas tinham também que praticar a magia, tanto para repelir o raio como para o atrair, por intermédio das suas cerimónias rituais. Enquanto elemento sagrado por excelência, o raio implica um contacto perigoso para qualquer profano, quer se trate do indivíduo ou do grupo. Só o arúspice consegue proteger dele os homens através das expiações que os purificam do rasto material da passagem dos deuses. Sacrificam-se ovelhas e o raio é enterrado de acordo com os rituais, como lembra Lucano na «Farsália»: «Arruns recolhe os fogos dispersos do raio, enterra-os murmurando obscuras fórmulas e dedica o local ao deus que o protege».

Os Romanos conservaram, destas crenças etruscas, o «terror sagrado», o *horror* pelo sinal fulgural, pelo presságio por excelência. O solo que a trovoada consagra torna-se «intocável»: Horácio (*Arte Poética*, 471-472) garante que aquele que o pisar perde a razão. O homem fulminado deve ser enterrado no local em que pereceu, sem quaisquer honras fúnebres.

A CIÊNCIA DOS SÍMBOLOS

As relações analógicas entre os sectores do cosmos

Encontramos na civilização chinesa outras provas da importância filosófica e religiosa da língua simbólica da adivinhação. O «Livro Clássico» considerado como o mais antigo e o mais profundo é o *Yi King*, o «Livro das Mutações». As escolas confucionistas e taoístas, à semelhança de muitas outras, referem-se constantemente a elas nos domínios cosmológicos e metafísicos. As suas aplicações práticas à previsão do futuro são conhecidas a partir do século IX a.C. e da dinastia dos Tcheú. Não é certo que este costume oracular atribuído ao rei Wen, antepassado dos Tcheú, corresponda à primeira utilização deste conjunto de sessenta e quatro símbolos chamados *Kua* e que nós designamos por «hexagramas», porque são constituídos por seis linhas sobrepostas, umas contínuas, outras quebradas. A «disposição» de Fo-hi e a do rei Wen que surgem a partir do II milénio a.c. mostram que o sistema «desenvolvido» das sessenta e quatro *Kua* se baseia num esquema primitivo ou «radical» de oito «trigramas» dispostos como uma «Rosa dos Ventos».

Os filósofos chineses designam muitas vezes o universo pelo termo *Yu-yeú*, o «espaço-tempo». Com efeito, estas duas categorias estão intimamente ligadas no pensamento chinês. Cada uma das quatro estações é também um dos quatro «orientes»: a Primavera corresponde ao leste; o Verão, ao sul; o Outono, ao oeste e o Inverno ao norte. Além disso, a noção de «centro» faz intervir uma quinta analogia temporal: «o meio do Verão» que se liga ao elemento «terra», à cor amarela, ao número cinco e ao coração. O leste corresponde à madeira, ao verde, ao oito e ao baço; o sul, ao fogo, ao vermelho, ao sete e aos pulmões; o oeste, ao metal, ao branco, ao nove e ao fígado; o norte, à água, ao preto, ao seis e aos rins.

Os «cinco elementos» *Wu hing* não são substâncias «grosseiras», mas energias «subtis», «sopros-potências» *K'i*. As suas relações com as «cinco vísceras» provêm do facto do universo ser considerado como um grande organismo complexo: o Céu-Terra (*T'ien-Ti*); entre esses dois pólos de uma mesma unidade viva, o Homem (*Jen*) era um intermediário (*T'ien-Ti-Jen*).

A ADIVINHAÇÃO E A INTERPRETAÇÃO SIMBÓLICA DO COSMOS

Não se trata aqui de um ser humano qualquer, mas do homem por excelência, isto é, do rei ou do adivinho que «se assemelha ao Céu e à Terra e estabelece ordem na natureza».

Os problemas postos pela origem do *Yi-King*, esse livro misterioso por excelência, não são resolvidos nem pelos próprios letrados chineses e, num domínio tão obscuro, apenas podemos aventar hipóteses mais ou menos úteis às investigações. No entanto, tendo em consideração a importância essencial desse «resíduo» tradicional dentro da civilização chinesa e o interesse bastante evidente que apresenta para a cultura humana em geral, uma vez que testemunha uma capacidade de abstracção e uma «economia de pensamento» que chamaram a atenção de eminentes matemáticos e sábios modernos, podemos perguntar se não nos encontramos perante um «código universal» que utiliza uma lógica completamente diferente da nossa e cuja simbólica geral pode contribuir muito para esclarecer as operações e as estruturas.

No plano divinatório propriamente dito, os processos arcaicos chineses foram principalmente os da adivinhação através da tartaruga (*pu*) e das hastes de aquileia (*che*). Os primeiros foram precedidos, antes da época Chang, pela consulta das fissuras de ossos queimados de diversos animais e principalmente de omoplatas de bois ou de veados, técnica denominada «escapulomancia», em geral, se se examinar apenas o aspecto da omoplata ou de outro osso chato, ou então «piroscapulomancia» se se tratar de uma interpretação dos sinais surgidos após um aquecimento ou uma cozedura prévios. Podemos constatar que esta técnica é conhecida na Ásia setentrional e na América do Norte, na península do Labrador, entre os caçadores de renas ou de caribús da tundra do Norte, os Naskapi ([7]). Ficou claramente estabelecido que estes rituais divinatórios estão associados a experiências oníricas com valor de presságios para caças futuras. Cooper pensa que a escapulomancia representa, tal como o ritual funerário do urso, um traço cultural que une regiões árcticas e subárcticas da América do Norte à taiga eurasiática ([8]). Este processo divinatório caracteriza a civilização *setentrional* dos caçadores europeus e asiáticos. Segundo Eisenberg ([9]), ele nunca sur-

---

([7]) Cf. Cooper, *Northern Algonkian Scrying*; e Speck, *Divination by Scapulimancy*.

([8]) Cooper, *The Culture of the North Eastern Indian Hunters*, p. 298.

([9]) Eisenberg, *Das Wahrsagen aus dem Schulterblatt*.

A CIÊNCIA DOS SÍMBOLOS

giu no sul dos Estados Unidos, nem na América central, nem na América do sul.

Já me referi à importância das descobertas do *Drachenloch* no que se refere ao culto dos crânios e das ossadas de urso das cavernas dos Paleantropídeos. Torna-se assim bastante claro que as raízes da «escapulomancia» árctica, subárctica e eurasiática estão ligadas às mais longínquas tradições mágico-religiosas conhecidas arqueologicamente. Aliás, podemos observar que entre os Naskapi, a *rótula do urso*, por si só, constitui um oráculo: colocavam-na sobre uma pedra aquecida e faziam-lhe perguntas. Se ela se mexia, a resposta era afirmativa; se ficava imóvel, a decisão é negativa: os caçadores não iriam encontrar caça ([10]).

A adivinhação chinesa «piroscapulomântica» está ligada, sem dúvida, a uma economia pré-histórica da caça. Embora tenha sido utilizada no tempo dos Chang, dos Tcheú e até dos Han, podemos observar que os fragmentos anteriores aos Chang que foram descobertos não apresentam inscrição. Parece que a carapaça de tartaruga foi considerada, desde que o rei P'an-Keng fixou residência em Yiu até ao fim da dinastia (1384-1110 a.C.), como um material mais nobre do que os ossos de mamíferos.

Este pormenor é muito importante. Efectivamente, os adivinhos utilizavam apenas a carapaça *ventral*, chata e «quadrada», isto é, o símbolo da *terra*, nas suas manipulações, ao passo que a carapaça dorsal, redonda e abaulada, símbolo do céu, não intervinha nestas operações rituais. O animal era capturado numa determinada época do ano e, durante a dinastia dos Tcheú, sempre no *Outono*. Consagravam-no, aspergindo-o com o sangue de *quatro bois*, segundo o *Kuan-Tsé*. Praticava-se uma incisão ao comprimento na superfície interna da parte ventral e depois, sobre esta, fazia-se um buraco circular, evitando furar a carapaça - de um lado ao outro. Aplicava-se em seguida um estilete incandescente no orifício e formavam-se fissuras na outra face, em forma de T; daí a imagem dessas fissuras no caracter *pu* que designa este método divinatório ([11]).

Estes rituais implicam um fenómeno económico e sócio-cultural novo, relativamente ao estado anterior da civilização préhistórica da caça. Surgem as primeiras operações de explicação

---

([10]) Speck, *Naskapi*, pp. 107, 162 e sq.

([11]) Cf. Max Kaltenmark e Ngo Van Xuyet, «La divination dans la Chine ancienne», in *La Divination*, t. 1, Paris, 1968, p.p. 339-340.

A ADIVINHAÇÃO E A INTERPRETAÇÃO SIMBÓLICA DO COSMOS

por intermédio do fogo e do trabalho do solo. Marcel Granet lembra-o: o deus dos «ventos abrasadores», Chen-nong, o deus dos fogos de arroteamento, é também o deus dos lavradores. A cabeça de touro que ele apresenta evoca também a terra e é vencido pelo primeiro soberano mítico, Huang-ti, tal como o inventor das armas, o grande fundidor e ferreiro, o deus Tch'e-Yeú, com cabeça de cobre e testa de ferro, o «comedor de mineral» ([12]). Através destes mitos, transparece a existência de confrarias rivais. A sua organização hierarquizada constitui-se a pouco e pouco por intermédio de uma centralização do poder ligada a uma distribuição das potências em sectores cujas «Virtudes» se opõem e alternam, sob a forma de «Ventos». Cada grupo social corresponde assim a um departamento do universo, da natureza e a uma função mágica capaz de situar o mundo dos homens no seu lugar exacto, entre a Terra e o Céu. Este acordo é de ordem essencialmente harmónica. Eis por que os «oito Ventos» presidem, em conjunto, à música e à dança.

A Tartaruga é penetrada pelo calor e «fala» por intermédio do fogo segundo uma certa ordem, exprimindo assim as divisões «eficazes» da Terra face ao Caminho do Céu. Tchuang-tsé fornece um pormenor significativo a respeito disto. Afirma que após 72 perfurações, já não havia espaços livres na carapaça. M. Kaltenmark constata que «este número possui, evidentemente, um valor simbólico mas que, de facto, as carapaças serviam, no máximo, para umas sessenta operações. Estas obedeciam a uma certa ordem imposta pelas divisões naturais da carapaça e, sobretudo, pela linha mediana que a divide numa parte direita e numa parte esquerda».

De facto, creio que a alusão de Tchuang-tsé se liga *ao número característico das confrarias*, segundo o *Chan hai King* (LV, 357). Deixa de haver lugar na terra, tal como na carapaça da Tartaruga, quando a repartição entre as confrarias é *total*. É nessa altura que o Tao do Céu deixa de circular. Nestas condições, a suspensão de «oito ventos» impõe-se e, a partir de então, obtém-se, com o número sessenta e quatro, a perfeição necessariamente *sempre inacabada* que exige a ordem verdadeira do universo no espaço-tempo, ou seja, a «hierarquia eficaz»: 8 X 8. Nessa altura, espontaneamente, o Céu produz os seres e as coi-

---

([12]) Marcel Granet, *La Civilisation chinoise*, Paris, 1929, p. 230.

A CIÊNCIA DOS SÍMBOLOS

sas, a Terra alimenta-os, as Quatro Estações sucedem-se regularmente, os Cinco Elementos substituem-se uns aos outros num ciclo sem fim, o *yin* e o *yang* alternam e tudo evolui na perfeição por si mesmo, a partir da *suspensão primordial*. Daí a justificação das teses fundamentais de Tchuang-tsé sobre o *wuwei*, o «não-agir» que é, pelo contrário, o modo de eficácia verdadeiro dos mais elevados de entre os Imortais.

Assim, os símbolos divinatórios, segundo o *Hi-ts'é*, evocam «os dez mil seres», isto é, a totalidade das coisas. Mas eles só o podem fazer devido à *suspensão voluntária* do «décimo milionésimo primeiro». Eis por que, na manipulação do lote das cinquenta hastes de aquileia, o *Hi-ts'é* (secção 9) declara: «Os números da Grande Expansão (do Céu e da Terra) perfazem 50; mas 49 são activos (só se utilizam 49 bastes em 50: a que é posta de lado representa a Unidade suprema). Em seguida, elas são divididas em dois (montes) que são a imagem (*siang*) dos Dois (o *Yin* e o *Yang*, Céu e Terra, linha contínua e linha descontínua). (Pega-se) numa (haste do monte da direita) que se coloca (entre o dedo mínimo e o anelar da mão esquerda) para representar as Três (potências: Céu, Terra, Homem)» ([13]).

A linguagem divinatória, no caso das tradições chinesas do *Yi-King*, não pode, pois, ser reduzida a simples técnica de previsão, exacta ou falsa, do futuro. Enquanto se baseia numa visão simbólica do universo, da natureza e do homem, ela integra, não só a totalidade das suas relações analógicas visíveis e concretas no espaço-tempo, mas também evoca e sugere mais subtilmente do que a linguagem científica baseada na lógica da identidade, a unidade invisível, incompreensível e, no entanto, supremamente eficaz do princípio transcendente da sua origem e do seu fim.

([13]) M. Kaltenmark e Ngo Van Xuyet, art. citado, p. 149.

XII

O MITO E O RITO

O vocábulo «mito» tem dois significados principais que geralmente se opõem: o de «fábula» ou «ficção» e o de «modelo exemplar» ou de «revelação primordial», de origem «supra- -humana» e transmitida por uma tradição sagrada. Lembrei anteriormente que, desde Xenófanes e da sua crítica à mitologia de Homero e Hesíodo, a «dessacralização, progressiva da cultura grega esvaziou a pouco e pouco o *mythos* de todo o conteúdo «supra-humano» de ordem iniciática, religiosa ou metafísica. «A palavra *mythos*, oposta tanto a *logos* como, mais tarde, a *história*, lembra Mircea Eliade, acabou por significar tudo o que não pode existir realmente. Por sua vez, o judeo-cristianismo relegava para o domínio da 'mentira' e da 'ilusão', tudo o que não era justificado ou admitido por um dos dois Testamentos.» ([1])

Há sessenta anos, aproximadamente, etnólogos, psicólogos, sociólogos e historiadores das religiões começavam a fazer pesquisas que permitiram compreender melhor a natureza e a função do mito nas sociedades primitivas: «Encarado naquilo que ele tem de vivo, diz Bronislaw Malinowski, o mito não é uma explicação destinada a satisfazer uma curiosidade científica, mas um relato que faz reviver uma realidade original e que responde a uma profunda necessidade religiosa, a aspirações morais, a constrangimentos e a imperativos de ordem social e até a exigências práticas. Nas civilizações primitivas, o mito

---

([1]) Mircea Eliade, *Aspects du mythe*, Paris, 1963, p. 10.[*Aspectos do Mito*, Lisboa, Edições 70]

A CIÊNCIA DOS SÍMBOLOS

desempenha uma função indispensável: exprime, realça e codifica as crenças; salvaguarda os princípios morais e impõe-nos; garante a eficácia das cerimónias rituais e apresenta regras práticas para uso do homem. O mito é, pois, um elemento essencial da civilização humana: não constitui uma máxima oca, é antes uma realidade viva à qual recorremos constantemente; não é uma teoria abstracta ou um desenvolvimento de imagens, mas uma autêntica codificação da religião primitiva e da sabedoria prática» (²).

O valor moral do mito

No entanto, podemos interrogar-nos acerca de alguns pontos desta concepção «clássica» do mito de Malinowski e, principalmente, acerca das relações do mito com «a salvaguarda dos princípios morais» que ele «impõe» ou com «imperativos de ordem social». Limitar-me-ei a apresentar um exemplo: o mito iniciático grego dos mistérios do «dia de *Iaco*» em Elêusis e o mito japonês de *Ama-no-Uzumé* ou *Uzumé*, a divindade celeste das sacerdotisas *Sarumé*.

Efectivamente, estas duas tradições iniciáticas não derivam uma da outra, os especialistas são unânimes em dizê-lo, mas a sua concordância ritual não deixa de ser evidente e demonstra bem, creio, o valor primordial do *ritual arcaico iniciático mágico-religioso* face à *expressão mítica*, essencialmente variável consoante as diversas áreas culturais.

Por outras palavras, sem o seu contexto ritual, sem uma participação existencial no seu processo dinâmico, o mito transforma-se em «fábula», a «conduta de intenção», de tipo sagrado, torna-se numa «conduta de relato» de tipo cultural, «social», «moral» e profana, o Verbo dos deuses vê-se reduzido à linguagem dos homens, alienando-os assim da solidariedade universal das «forças supra-humanas» e «humanas» que exige a «re-criação» permanente de uma *significação simbólica do Cosmos*, isto é, *de um excedente experimental* ou de uma «sobre-reali-

---

(²) Cf. B. Malinowski, *Myth in Primitive Psychology*, em *Magic, Science and Religion*, Nova Iorque. 1955, pp. 101-108. [*Magia, Ciência e Religião*, Lisboa, Edições 70]

O MITO E O RITO

dade» que o transfigura. Veremos nestes dois exemplos a intensidade com que se opera a transfiguração dos gestos mais simples ao nível de uma «re-criação» do sentido do universo e a que ponto o «sobrenatural» está comprometido nos processos de fecundação e de fertilidade da natureza, no âmbito das civilizações agrárias arcaicas.

O *mito japonês da revelação de Uzumé*

As fontes *escritas* do mito japonês não são anteriores ao século VII da nossa era. Foram assimiladas às «palavras antigas» ditadas por uma «mulher velha», Hieda no Aré, que as sabia de cor, e transmitidas pelo *Kojiki*, composto em 712 por ordem da imperatriz Gemmyo ([3]). Liga-se muitas vezes esta tradição à dos *Katari-bé*, corporação de sacerdotes-aedos que guardavam o «depósito primordial» dos hinos sagrados e da música ancestral. O episódio místico da deusa *Uzumé* intercala-se no ciclo lendário cantado da grande divindade dos clãs do sul, *Amaterasu*, antepassado celeste da dinastia imperial, regente «supra-humana» do Sol e de toda a natureza. Atribui-se-lhe, nomeadamente, a invenção da agricultura, o traçado, a plantação e a fertilidade dos arrozais. Dela depende a liturgia celeste que deve ser repetida no plano terrestre pelo imperador a fim de agir favoravelmente sobre a nova colheita. Esta divindade domina também a arte da tecelagem ([4]) nos céus e as suas sacerdotisas imitam-na tecendo na terra as vestes sagradas.

Se o imperador reinante é o descendente e o herdeiro da «Grande Deusa» Amaterasu, há que observar que esta, antes de enviar para o Japão o seu neto Ninigi, fundador da futura dinastia, confiou a missão de o preceder a Uzumé que, na origem dos tempos, dançou diante de Amaterasu. Ora, as sacerdotisas Sarumé descendem de um «grande Antepassado», *Sarumé-no-Kami*, directamente ligada ao culto de Uzumé. Trata-se, segundo todas as probabilidades, de um sacerdócio feminino, de tipo matriarcal, que permaneceu através das idades e desempenhou sempre

---

([3]) Cf. *Kojiki or Records of ancient matters*, por B. H. Chamberlain, Londres, 1882.
([4]) Cf. os atributos de Atena e de Minerva, nas religiões grega e romana.

211

A CIÊNCIA DOS SÍMBOLOS

uma função sagrada nas cerimónias religiosas, principalmente na que se celebrava no fim do Outono, no dia da lua cheia, o *Mitama-shizumé* ([5]).

A deusa Uzumé teria inventado a flauta e uma espécie de cítara, o *koto*. Na cerimónia instituída em sua honra, tocam-se esses dois instrumentos e um coro de cem mulheres acompanha os gestos da sacerdotisa. Esta derruba uma tina, sobe para cima dela e bate-lhe dez vezes com um pilão. O ritual exige que ela dê oito gritos que o cerimonial transcreve assim:

Achimé! O-ô-ô-ô! O-ô-ô-ô! O-ô-ô-ô!

Este grito é seguido de uma encantação de oito estrofes que começa da seguinte forma:

«No céu e na terra,
Faz-se ressoar o pilão,
Faz-se ressoar o pilão.
Os Deuses como eu,
Ouvem o pilão» ([6]).

Estes gritos e estas pancadas têm por objectivo chamar a atenção dos deuses que se retiraram para o côncavo do céu e que é preciso obrigar a descer à terra.

A recitação da segunda estrofe corresponde à revelação de um objecto sagrado: a grande espada de oito mãos, trazida do céu pelo deus *Nigi-hayahi*:

«Às sacerdotisas que desejarem a Grande Espada
Que está no templo Furu d'Iso no Kami,
Às que a desejarem, nós apresentá-la-emos!»

Durante a terceira estrofe, são exibidos os arcos e as flechas dos caçadores divinos. Efectivamente, Uzumé, ao tanger as cordas dos arcos, inventou a cítara que tem o poder de obrigar as forças dos espíritos divinos a descer.

([5]) No tempo do imperador Mommû (697-707). Esta cerimónia é assinalada nos anais oficiais japoneses desde o ano 685.

([6]) Cf. *Nenchû-gyôgi-hisho*, citado por N. Matsumoto, *Essai sur la mythologie japonaise*, Paris, 1928, pp. 83-85.

A quarta estrofe evoca Amaterasu, a «Grande Deusa». Trata-se de uma cerimónia mágica de encantação e de «captura» das «almas solares. Após a repetição deste grito ritual, pronunciam-se as seguintes palavras:

«Desejamos captar as almas
Da opulenta Deusa do Sol
Que se digna erguer-se!»

As sacerdotisas são em seguida convidadas a coroar-se com «ervas rasteiras», à semelhança de Uzumé na sua dança e dos génios imortais que dão a verdura à terra:

«Enfeitai os vossos cabelos com ervas rasteiras,
Imitai os génios imortais
Da montanha Anashi».

As últimas estrofes acompanham o ritual *furu* (do verbo que significa «sacudir»). «Sacodem-se» para uma grande caixa envolta em tecido de casca de árvore, dez talismãs trazidos do céu pelo deus *Nigi-hayahi*: quatro jóias mágicas, dois espelhos, uma espada, uma «faixa de serpente», uma «faixa de vespa», uma «faixa de ser misterioso» ([7]).

Graças a este ritual, os deuses regressam à terra:

«Na caixa das almas
Por entre os tecidos de casca de árvore
Deixemos que os Manes sejam apanhados.
Os Deuses cujas almas augustas subiram
Agora dignam-se voltar.
Trazendo a caixa das almas,
Obrigamos a regressar
As almas que tinham partido».

Após esta encantação, recita-se dez vezes: um, dois, três, quatro, cinco, seis, sete, oito, nove, dez! E de cada vez, um membro da família *Nakotomi*, uma das «famílias sagradas» encarregadas do culto na corte, ata «um nó de almas», fixando assim magicamente o regresso dos deuses.

([7]) Cf. Matsumoto, p. 82.

A CIÊNCIA DOS SÍMBOLOS

Este precioso ritual da cerimónia *Mitama-Shizumé*, esconde, na realidade, sob a aparência subtil de uma cultura japonesa evoluída, um rito primitivo muito mais simples: o que tinha por objectos a dança e a revelação da deusa Uzumé que expulsam as trevas do tempo, purificam a natureza e ressuscitam a luz e a vida.

O mito da deusa solar Amaterasu é, sob este ponto de vista, bastante significativo. Obrigada a retirar-se perante os actos sacrílegos do irmão, o impetuoso Susanóo, que destrói os limites dos arrozais e suja com os seus excrementos o templo onde é oferecido o novo grão, Amaterasu, aterrada com este excesso de impiedades, «entrou na Gruta-rochosa-do-Céu, obstruiu-lhe a entrada e deixou-se ali ficar escondida. Nessa altura, em todo o universo, passou a reinar a obscuridade de uma noite eterna».

As oitocentas miríades de divindades reúnem-se no leito seco de um rio e pedem ao deus *Omoikané* que encontre um meio para vencer as trevas. Mandam fabricar um espelho mágico e penduram-no juntamente com outros talismãs de cortiça e de cânhamo numa árvore diante da gruta onde se escondeu a deusa do Sol. Um outro deus, *Ama-no-Koyané*, salmodia uma longa encantação. Mas, finalmente, a deusa Uzumé intervém.

Cobre os braços com uma planta, o licopódio, do monte celeste Kagu, chamada «Sombra-do-Sol-do-Céu». Enfeita os cabelos com uma planta rasteira e, segurando na mão um ramo de folhas de bambú, derruba uma grande selha redonda que poderia servir de barco, a *uke*, e sobe para cima dela. Fazendo-a ressoar dançando em cima dela, possuída pela força divina, tira todos os véus, desnuda os seios e expõe a todos os olhares as suas partes sexuais. Nessa altura, as oitocentas miríades de deuses desatam a rir.

Imediatamente, a Grande Deusa, empurrando a pedra que obstrui a entrada da gruta, indaga a causa daquele riso. «Alegramo-nos, respondem os deuses, porque temos entre nós uma deusa capaz de te vencer!» Apresentam o espelho mágico à divindade solar e estendem uma corda por trás dela. Imediatamente, a luz brota de novo dos céus, iluminando a terra. Uma vez restabelecida a ordem cósmica, a causa de todos estes males, o deus Susanóo, é castigado. Cortam-lhe o bigode e a barba, arrancam-lhe as unhas e expulsam-no do céu.

O MITO E O RITO

O mito grego da dança de Baubó

Constata-se, na Grécia, uma «recuperação cultural» do rito primitivo e do mito original, muito semelhante ao observado no Japão. O hino homérico a Deméter, composto provavelmente na primeira metade do século VI antes da nossa era, para um concurso de aedos, em Elêusis, apresenta o elogio da deusa e o seu mito sob formas literárias elegantes e muito atenuadas.

A Grande Deusa, fundadora e legisladora da vida agrícola, fica irada e veste-se de luto, porque a filha foi raptada pelo deus dos infernos. Depois de jejuar no céu durante nove dias, desce à terra, disfarçada sob a aparência de uma velha cretense. É recebida em Elêusis pelo rei Kéleos e pela rainha Metamina que a contrata como ama do filho recém-nascido e lhe oferece abrigo:

«Mas Deméter, a dos frutos numerosos, a dos dons esplêndidos,
Não quis sentar-se no leito brilhante.
Permaneceu silenciosa, baixando os lindos olhos
Até que a diligente Iambé lhe ofereceu
Um assento maciço coberto com um pano prateado.
Sentou-se e tapou o rosto com o véu.
Sempre muda, sofrendo sentada no escabelo,
Não falava com ninguém, de nada se ocupava,
Não ria, não tocava na comida nem na bebida,
Desgostosa por causa da filha
Do largo cinto, até que a diligente Iambé
Com brincadeiras e risos
Levou a casta soberana
A sorrir, a rir, a recuperar o bom humor».

A deusa, já bem disposta, consente em alimentar-se e aceita o *kykeon*, calda de sêmola e de hortelã selvagem; depois da divindade ter comido e voltado a rir, a terra tornou-se novamente fecunda. O significado do mito parece consistir em lembrar que os homens, antes da invenção da agricultura, jejuavam muitas vezes, tal como a própria deusa. No entanto, esta interpretação «histórica» e «razoável» não permite compreender de forma

A CIÊNCIA DOS SÍMBOLOS

nenhuma aquilo que o poeta não disse: por que artes conseguiu a «diligente Iambé» consolar uma mãe que sofria o mais cruel dos desgostos?

Clemente de Alexandria consegue esclarecer um pouco estes mistérios pagãos no seu *Protréptikon* (II, 20): «Depois de receber Deméter, Baubó (ou seja, Iambé) estende-lhe o *kykeon*. Esta recusa-se a pegar nele e a bebê-lo porque estava de luto e Baubó, irritada como se sentisse que a desprezavam, levanta a roupa e mostra o sexo à deusa. Nessa altura, Deméter alegrou-se; depois de ver este espectáculo, consente em beber o caldo. Eis os mistérios dos Atenienses! Sim, eis o que dizia Orfeu:

> «Dizendo isto, ela ergue o vestido
> Revelando completamente
> O indecente contorno do corpo.
> E surgiu a criança Iaco
> (Ela mexia-lhe com a mão) rindo,
> Debaixo das saias de Baubó.
> Nessa altura a deusa riu alegremente
> E aceitou a escudela brilhante que continha o *kykeon*».

Este texto de Clemente de Alexandria pôs aos arqueólogos o problema insolúvel da interpretação da aparição da «criança Iaco», até 1895-1896, ano das investigações de Wiegand e Schrader em Priena. Foram encontradas estatuetas bizarras no templo local de Deméter, construído no século IV antes da nossa era. Sem trono, nem cabeça, representavam um ventre de mulher com os traços de um rosto por cima do sexo ([8]). Hermann Diels demonstrou, em 1901, que se tratava de estatuetas de Baubó, nome que, segundo Empédocles, significava precisamente o «ventre» (*Baubó* e depois *Bamno*, segundo Hesíquio).

O rosto desenhado no ventre era o da «criança Iaco». Arnóbio (*Adv. nationes*, V, 25) diz, a propósito disto: «Ela dá à sua parte mais íntima um aspecto cuidado e torna-a lisa à semelhança de um rapaz cujos pêlos não são ainda duros nem hirsutos.» E Arnóbio transcreve da seguinte maneira o fragmento órfico citado por Clemente de Alexandria: «Dizendo isto, Baubó ergueu o vestido desde a fímbria e revelou as feições represen-

---

([8]) Cf. Th. Wiegand e H. Schrader, *Priena*, Berlim, 1904, pp. 149-154.

O MITO E O RITO

tadas no baixo ventre. Baubó agitou-as com a palma da mão, pois elas formavam um rosto infantil, fazendo-as esticar e encolher de uma maneira engraçada.» Segundo Paul Perdrizet, Baubó executa «uma dança do ventre» diante de Deméter. Sempre que fazia uma contorsão, o rosto que desenhara em volta do umbigo parecia rir [9].

Assim, nas suas formas primitivas, o mito grego e o mito japonês são muito semelhantes, se não idênticos. Mas só podemos chegar às suas raízes comuns a partir do nível de ritos agrícolas de fertilidade, provavelmente proto-históricos, ocultos e velados por uma mitologia que varia consoante a área onde foi posteriormente elaborada.

Nestas condições, o alcance «moral» do mito, no sentido em que Malinowski o entende, parece mais ou menos nulo, pelo menos no que se refere aos nossos sistemas actuais de valores. Em contrapartida, vemos até que ponto estes mitos e estes rituais estão profundamente ligados à economia geral das relações do homem com a natureza. Neste sentido, uma economia pré-histórica da caça apresentava necessariamente aspectos míticos e rituais muito diferentes dos das economias pastoris e agrícolas. No entanto, a continuidade das tradições iniciáticas e religiosas devia necessariamente integrar dados arcaicos cujas raízes eram demasiado profundas para serem arrancadas do espírito humano.

Assim, um fenómeno geral de «sobreposição mítica» correspondeu ao da «sobreposição totémica» a que aludi anteriormente. A polivalência do símbolo não é, portanto, um facto inexplicável: ela conservou, até à nossa época, todos os níveis das experiências humanas, desde as suas origens mais longínquas. A ciência dos símbolos coloca, pois, à nossa disposição uma *arqueologia psíquica* talvez mais vasta e mais importante ainda do que a arqueologia material. Os hieróglifos desta monumental arquitectura interior, se conseguíssemos decifrá-los, permitir-nos-iam compreender a história em todas as suas dimensões reais, externas e internas, isto é, não opor o mito à história, mas discernir neles a cadeia e a trama complexa e subtil do tempo.

---

[9] P. Perdrizet, *Bronzes grecs d'Égypte de la collection Fouquet*, Paris, 1911, pp. 42-43.

217

As sacerdotisas de Elêusis e as famílias sagradas

Conhecemos o título e algumas palavras de um discurso de defesa pronunciado em nome da sacerdotisa de Deméter num processo que ela intentara contra o hierofanta de Elêusis. Paul Foucart concluíu acertadamente, aliás, que uma parte desse discurso tinha «como assunto os mitos relativos à chegada de Deméter e aos que a haviam recebido, pois era dessas lendas que as famílias sagradas de Elêusis faziam derivar os direitos que afirmavam possuir» ([10]).

A sacerdotisa de Deméter pertencia a uma antiga família sagrada, os *Philleidai*, designada pelo nome das mulheres, e na qual a função sacerdotal era escolhida à sorte. A sacerdotisa ocupava uma casa à parte, sustentada à custa do templo e situada dentro do recinto sagrado. Enquanto guardiã dos ritos primordiais, era ela e não o hierofanta ou o *dadouchos*, chefes de outras famílias sagradas, «o éponimo» do santuário, aquela «que dava o seu nome» às obras sagradas. Até na época imperial, as estátuas de Elêusis apresentam o nome de uma sacerdotisa de Deméter correspondente à data da sua consagração. Era ela e não o hierofanta que presidia a uma cerimónia invernal arcaica em que sacrificavam vítimas animais nas áreas reservadas aos deuses, os *Haloa*. Arquias, um hierofanta que imolara abusivamente uma vítima fora desta festa, foi condenado por impiedade.

Os especialistas são unânimes em considerar que a festa dos *Haloa* tinha como centro uma cerimónia secreta de «iniciação das mulheres», esboço primitivo da iniciação conferida aos dois sexos pelos Grandes Mistérios. Sabe-se muito pouco acerca destes rituais: apenas que eram aí confeccionados bolos à imagem dos órgãos sexuais, que se usavam jóias ou enfeites deste género, que as mulheres trocavam entre si palavras muito livres e que lhes era oferecida uma refeição em que o vinho corria em abundância. A quebra do jejum e a obscenidade tinham um significado simbólico importante dentro de uma civilização agrícola:

([10]) Paul Foucart, *Les mystères d'Éleusis*, Paris, 1914, pp. 218-219.

O MITO E O RITO

reanimavam «magicamente» as forças fecundas dos campos e da terra.

Sabe-se que, nos Grandes Mistérios, a sacerdotisa de Deméter desempenhava um papel essencial. Súidas diz-nos que à semelhança do hierofanta e do *dadouchos* ela era «aquela que inicia os mistos». Ela fazia uma representação com o hierofanta em que este a arrastava para um lugar retirado e escuro, imitando assim a união nupcial de Deméter e de Zeus. Nessa altura, apagavam-se os archotes e a multidão dos mistos «esperava a salvação daquilo que acontecia na escuridão entre estes dois personagens» ([11]). Hipólito (*Philosophumena*, V, 8) acrescenta os seguinte pormenores: «O hierofanta não é mutilado como Atis, mas tornou-se eunuco por meio da cicuta, renunciando a toda a procriação carnal. Quando em Elêusis, à noite, por entre uma multidão de archotes, ele celebra os grandes e inefáveis mistérios, ergue a voz e grita as seguintes palavras: «O Augusto gerou um menino sagrado, *Brimó Brimos!* (ou seja, a Forte, o Forte!)» A dança sagrada de Baubó devia corresponder, muito provavelmente, à última fase destes ritos de fecundidade. As sacerdotisas de Elêusis, tal como as da deusa Sarumé, estavam, pois, encarregadas de funções sacerdotais eminentes, das quais Baubó e Uzumé eram os protótipos míticos.

O alcance mágico destes rituais gregos e japoneses é indubitável e importa observar que, nestes dois casos, as cerimónias místico-religiosas estavam ligadas à música e à dança, à poesia e ao canto. Efectivamente, foi Baubó-Iambé que inventou o *iambo*, isto é, o passo a três tempos da «valsa» antiga. O laço da poesia iâmbica com o culto e os mistérios de Elêusis é reconhecido pelos arqueólogos. O *iambo* era acompanhado por dois instrumentos de música e a estas danças ligeiras correspondiam cantos em que a troça, as alusões sexuais e as frases equívocas eram impostas pela tradição sagrada.

Tal como no Japão, os gritos rituais tinham uma importância litúrgica considerável. Quando se dirigiam em cortejo de Atenas para Elêusis, os mistos gritavam: *Iaco!* E o seu entusiasmo crescia à medida que se aproximavam do santuário. Atribuía-se a este grito uma eficácia mágica. Segundo Heródoto, pouco tempo antes da batalha de Salamina, um ateniense que passara para o

---

([11]) *Asterius*, citado por Foucart, p. 477.

A CIÊNCIA DOS SÍMBOLOS

lado dos Persas e o antigo rei de Esparta, Demarato, viram erguer-se, para as bandas de Elêusis, uma nuvem de poeira que parecia ter sido levantada pelos pés de milhares de homens, da qual saía um clamor em que o ateniense reconheceu o místico *Iaco!* Explicou ao rei de Esparta que aquela voz pertencia aos deuses que vinham em socorro dos Atenienses e dos seus aliados. Acreditava-se que aquele grito conseguia destruir, graças ao seu «sopro», tudo o que era susceptível de conspurcar os arredores de Elêusis.

Iaco, a criança risonha que aquele grito evocava, dava o nome ao «19 *Boedrómion*», o dia da procissão dos mistos, escoltada por efebos de lança em punho, escudo no braço e coroa de mirto na cabeça. Estrabão chama-lhe «o demónio dos mistérios de Deméter». É a este chefe ideal do cortejo que Aristófanes dedica as estrofes seguintes:

«Iaco, oh Iaco, vem neste prado dançar no *thíasos sagrado!* Agita a coroa de mirto fecundo que trazes na cabeça! Mostra com passos ousados aos mistos piedosos a louca, a graciosa, a desenfreada, a religiosa, a sagrada dança!... De pé! Ei-lo que agita chamas nas mãos, Iaco, oh Iaco, luminosa estrela da festa nocturna! No prado brilham fogueiras. Os joelhos dos velhos tremem. Eles põem de lado as canseiras e os longos anos dos velhos tempos, graças a uma santa função. Tu, cujo archote arde, avança, arrasta para a húmida planície em flor, oh bem-aventurado, as danças da juventude!» ([12])

A transmissão poética do mito

Os exemplos anteriores bastam para demonstrar a importância da expressão poética nas fórmulas rituais e na recapitulação simbólica da cosmogonia e da mitologia originais ([13]). Não se trata aqui de uma finalidade *estética*, mas de uma eficácia

---

([12]) Aristófanes, *Rãs*, 324-353. [Lisboa, Edições 70]

([13]) Há que assinalar aqui o incisivo estudo de Gérard Legrand, *Sur Oedipe (Anatomie de la mythologie)*, Losfeld, Paris, 1972, em que encontramos uma abordagem nova e profunda da natureza *genética* do mito. «Qualquer mito verdadeiro, diz Gérard Legrand, está, de certo modo, ligado ao nascimento e qualquer nascimento do discurso procura formular-se por referência ao *mythos*» (*op. cit.*, p. 24).

O MITO E O RITO

mágica da repetição de palavras sagradas às quais se atribuía um poder criador. Para as sociedades arcaicas, se a vida não pode ser *recuperada*, se o seu fluxo é irreversível, pelo menos pode ser *chamada* a ela mesma e, de certa maneira, «despertada» por intermédio da memória do seu jorro inicial. Este regresso é uma comemoração mítica e simbólica da Palavra primordial, carregada com uma energia fecunda inesgotável e que transcende o tempo.

«As palavras graças às quais Io modelou o universo, segundo as tradições polinésias, as palavras graças às quais o mundo foi gerado e levado a engendrar a luz no seio das trevas, são usadas nos rituais de fecundação de uma matriz estéril ou nos rituais destinados a alegrar os corações sombrios e abatidos ou a combater a impotência e a senilidade. Eles levam a claridade aos lugares escondidos e escuros; inspiram aqueles que compõem os cantos e amparam os corações nos desastres da guerra ou em circunstâncias que levam o homem ao desespero. Estes rituais têm por objecto difundir a luz e a fé, reproduzindo as palavras de que Io se serviu para vencer e dissipar as trevas.» ([14])

Aqui o mito serve de «modelo», de «tipo» magicamente eficaz e aplicável a qualquer génese nova, à procriação de uma criança, à «recriação» de um equilíbrio e de uma ordem harmoniosa entre o Céu e a Terra, quer se trate de uma crise social ou de um atentado à vida de um indivíduo ameaçado pela dúvida, pela melancolia ou pelo desespero. O homem primitivo parece pressentir a homologia das estruturas genéticas e a analogia das relações entre o biológico, o psicológico e o sociológico, enquanto situações existenciais que brotam de uma mesma dinâmica da unidade genética primordial do *Cosmos* e do *Logos*. Ao «re-conduzir» o significante e o significado *em direcção ao próprio Significador*, a recitação das fórmulas rituais «re-insere» de certa maneira, a história e o tempo vivido no coração do *eterno Testemunho*, que os experimenta mas que também os transcende, «no fim» e «no princípio» de todos os ciclos das coisas e dos seres.

Por isso, o mito cosmogónico é recitado tanto por ocasião da morte, seja esta física ou iniciática, como no nascimento de uma criança. Por exemplo, numa tribo norte-americana, os

---

([14]) Cf. E. S. C. Handy, *Polynesian Religion*, Honolulu, 1927, pp. 10-11.

A CIÊNCIA DOS SÍMBOLOS

Osage, «um homem que falou com os deuses» apresenta-se em casa da parturiente e recita, diante do recém-nascido, a história da Criação do Universo e dos animais terrestres. A criança não pode ser amamentada sem que este ritual tenha sido previamente observado. Mais tarde, quando a criança deseja beber água, outras palavras devem comemorar a origem deste elemento e, quando a alimentação muda, é evocada a criação dos cereais e de outras plantas necessárias à vida ([15]).

Nas cerimónias colectivas, por ocasião de acontecimentos importantes para a comunidade, os mitos são sempre «reactualizados». Isso sucede, nomeadamente, quando um novo soberano toma o poder. A sagração do rei indiano, *raiasûya*, implica uma «re-criação» do Universo. As diversas fases do ritual correspondem «a uma regressão do futuro soberano ao estado embrionário, à época em que tinha um ano de gestação e depois ao seu renascimento mítico como 'Rei do Mundo', identificado simultaneamente com *Prajâpati* (o Deus-Todo) e com o Cosmos» ([16]). Mircea Eliade lembrou que a renovação cósmica primitiva realizada aquando da sagração teve consequências consideráveis na história posterior da humanidade. As cerimónias móveis foram separadas a pouco e pouco do âmbito litúrgico imutável do calendário sagrado arcaico e o rei tornou-se, de certa maneira, o único responsável pela estabilidade, pela fecundidade e pela prosperidade do Cosmos. Uma vez que a renovação universal deixara de ser solidária com os grandes ritmos cósmicos e naturais, foi transferida miticamente para os acontecimentos e para as personagens históricas ([17]).

A própria transmissão poética sofreu profundas modificações na medida em que estava ligada ao *mito* e não à *história*, à *magia dos ritmos* e aos seus poderes, mais necessários para a «re-actualização» das tradições orais do que para o *canto das palavras* e das cargas emocionais que elas podem evocar e transmitir. Assim observou-se que a *quantidade* da sílaba breve ou longa, essa noção totalmente musical, deixa rapidamente de ser observada a partir do século III ou IV, na literatura poética galo-romana, no fim do Império.

([15]) Cf. Alice C. Fletcher e F. la Flesche, *The Omaha Tribe*, Washington, 1911, p. 116.

([16]) Mircea Eliade, *Aspects du mythe*, Paris, 1963, p. 54.[*Aspectos do Mito*, Lisboa, Edições 70]

([17]) Mircea Eliade, *Méphistophélès et l'Androgyne*, pp. 193-194.

O MITO E O RITO

O verso latino, como é sabido, desconhecia a rima e baseava-se no ritmo. Até o acento latino, esse sucedâneo do ritmo, deixa de ser assinalado por volta do século VIII na língua francesa, em que a acentuação incide uniformemente na última sílaba nas palavras latinas introduzidas nos textos poéticos em língua românica. Uma das causas desta transformação foi a simplificação do canto litúrgico, voluntariamente realizada pela Igreja a fim de lutar contra um regresso às cerimónias pagãs, como demonstrou G. Lotte [18]. Quando, por volta de 393, Santo Agostinho teve de combater a heresia donatista no seio da plebe africana, optou por escrever um poema que «rejeita todo o laço prosódico ou tónico: não se preocupa com a quantidade nem com o acento, de tal forma que nos versos, as sílabas são simplesmente contadas» [19].

Assim, já não é o *ritmo*, mas o *silabismo* que se torna num meio *mnemotécnico* adaptado às necessidades do ensino de populações analfabetas, tornando-se essencial determinar quantas sílabas o ouvido conseguia reter, sem serem agrupadas por intermédio de cortes. A assembleia dos fiéis era assim animada, mantida e orientada pela sua participação nos ofícios cantados, pela associação do silabismo às emoções litúrgicas e musicais. Posteriormente, produziu-se uma laicização progressiva dos versos latinos e românicos e a seguir um desenvolvimento novo, sob a influência dos antigos cantos populares dançados, de origem pagã, integrados na poesia românica entre os séculos VIII e X.

Dois séculos mais tarde, a participação total dos fiéis na liturgia cantada foi cessando progressivamente e o desenvolvimento da música fez com que se passasse a confiar a cantores profissionais as partes das cerimónias em que anteriormente tomava parte todo «o povo de Deus». Esta primeira separação entre uma música e uma poesia «eruditas» e as suas expressões «populares» foi ainda acentuada pelo desenvolvimento da escrita e da poesia *lida* e *ouvida* apenas por um público suficientemente rico para adquirir manuscritos caros. A partir de então, os meios de difusão e também os gostos e os interesses passaram a dividir-se entre duas «culturas poéticas» doravante estranhas uma à outra, a dos letrados e a dos iletrados, entre duas classes sociais, a dos «ricos» e seu séquito e a dos «pobres».

---

[18] G. Lotte, *Histoire du vers français*, t. I, p. 55.
[19] Cf. G. Lotte, *ob. cit.*

A CIÊNCIA DOS SÍMBOLOS

Nestas condições, a *actividade poética*, no sentido «genético» e cosmogónico da sua expressão mítica primordial, nunca mais foi compreendida independentemente da sua formulação literária e dos seus critérios estéticos, ou da sua linguagem emocional e cantada. Assim, ela foi comunicada sob a forma de poemas cada vez mais subtilmente elaborados de uma exegese acessível apenas a um público muito restrito de leitores cultos, ou então sob a forma de canções populares que exprimiam maciçamente, com uma intensidade o mais imediata possível, as cores elementares das paisagens psíquicas, os violentos contrastes cromáticos de postais ilustrados e de calendários enfeitados com flores de retórica em torno das imagens de um só e mesmo «casal-espelho», sem nome e sem rosto.

A *consumação* destas duas formas culturais corresponde quantitativamente à diferença numérica cada vez mais acentuada entre dois públicos, um dos quais diminui sem cessar enquanto o outro aumenta constantemente e a tal ponto que a momento do triunfo universal da canção sobre o poema é facilmente previsível. Trata-se de um fenómeno muito mais geral, aquele que resulta do facto da produção intelectual, quer se trate de arte e de poesia ou de filosofia e de ciência, nunca ser totalmente independente das condições concretas da economia numa sociedade inteiramente dominada por *uma mitologia da produção.*

É isso que sucede com a nossa civilização desde a Renascença e é nesse sentido que podemos ligar a decadência crescente da «actividade poética» nas sociedades contemporâneas ocidentais ao facto de o *historicismo* e o seu desenvolvimento terem situado a arte na *história produzida* e não na perspectiva «genética» do *mito* eternamente criador e «recriador» da sua expressão. Para Hegel, por exemplo, a arte constitui uma das fases da história do espírito: nasceu, cresceu e pode morrer na medida em que constitui uma forma ainda imperfeita, embora agradável, de possuir o mundo. Originariamente objecto de prazer, depois de crítica e de juízo, e finalmente de ciência, ela não passa de uma etapa da tomada de consciência do mundo e, enquanto tal, este limite deve ser necessariamente «ultrapassado» pelos progressos da «cultura reflexiva» e da *produção das formas* que tornam manifesto o desenvolvimento da ideia.

De facto, esta concepção da arte e da poesia que, segundo Hegel, é a forma estética por excelência, deve ser situada nas suas relações com a *filosofia burguesa do símbolo*, tal como ela se exprimiu desde a Renascença até à nossa época e, principalmente, nos sistemas de Kant e Hegel, assim como nos principais representantes da filosofia alemã.

Esta evolução geral foi assinalada, noutros domínios, por numerosos autores. No seu *Dictionnaire raisonné de l'architecture française du XIe au XVIe siècle*, Viollet-Le-Duc (1814-1879) tinha posto já o problema essencial da perda progressiva do sentido poético e simbólico nas classes populares desde a Renascença: «As trovas tantas vezes representadas nas nossas esculturas e pinturas dos séculos XIII, XIV e XV constituem, quase sempre, um ensinamento moral destinado a imprimir-se na memória por intermédio dos olhos [20]. Mas estas representações não podem ser confundidas com as figuras simbólicas que são de uma ordem mais elevada e exigem uma certa dose de metafísica para serem compreendidas. Não é necessário, sequer, sublinhar os recursos que a simbólica medieval proporcionava aos artistas e como *ela era mais poética que todas essas representações vulgares de ornamentos e de figuras, sem significado para a generalidade das pessoas, que enfeitam os nossos monumentos desde a Renascença*. Por isso, não é de admirar que a indiferença por todas estas esculturas, ainda que alegóricas, tenha substituído, no povo, o interesse ligado a símbolos cujo sentido era decifrado por cada um. Foi assim que a arte, entre nós, passou a ser dirigida apenas ao *diletantismo*, deixando de penetrar *na vida de todos, do pequeno ao grande*; e que, sob o reinado de um classicismo de convenção, ao lado dos *amadores*, já não existem senão *bárbaros*» [21].

Isto não é um fenómeno isolado de outros factos da evolução política, jurídica, filosófica, científica e técnica. E se a economia não constitui a única causa activa de todos estes factos que reagem uns sobre os outros e, ao mesmo tempo, sobre a sua base económica, pelo menos forma um eixo de convergência em volta do qual se reúnem, como se se tratasse de um íman, de

---

[20] Vemos que a aplicação «mnetnotécnica» da imagem pintada ou esculpida constituía uma espécie de «silabismo visual» de «canto mnemonizado por intermédio da vista» e que era acompanhado, de certa maneira, por esse ensinamento «moral» dos iletrados, o «silabismo musical» da liturgia, destinado a fixar as lembranças das emoções místicas e religiosas.

[21] Viollet-Le-Duc, *op. cit.*, p. 506.

A CIÊNCIA DOS SÍMBOLOS

forma bem mais visível que noutras direcções, os «campos de força» de uma sociedade. Uma *mitologia da produção*, indispensável economicamente à classe política no poder, não pode conciliar os seus valores com os das sociedades tradicionais, para as quais o objectivo de qualquer civilização humana verdadeira era a *contemplação* e não a acção.

XIII

A FILOSOFIA BURGUESA DO SÍMBOLO

A filosofia hegeliana do símbolo

O combate da natureza e do espírito é a lei do mundo? Podemos admitir, como pretende Hegel, que «a essência do espírito, no seu desenvolvimento completo, consiste num *desdobramento*, em virtude do qual ele se distingue como *objecto* e como *sujeito*, e, graças a uma reflexão sobre si próprio, se liberta dos elos da natureza para surgir livre e vitorioso perante ela»? (¹) Este momento «principal», este instante «decisivo» é algo mais do que uma nova encenação na representação que o homem faz constantemente da sua própria imagem? Esta transição nova exige, com efeito, que o próprio espírito esteja acorrentado ao tempo, pois ela mostra-se *sob a forma histórica* como o aperfeiçoamento da natureza humana, como a conquista sucessiva dos seus direitos e da propriedade, do aperfeiçoamento das leis, da constituição e da vida política» (²).

Não se trata, na realidade, de algo diferente de uma fase do «desenvolvimento do espírito»? E, mais ainda, de um momento historicamente «decisivo» e real, é certo, mas que não se reporta senão à *consciência de uma classe social*, finalmente «livre» e «vitoriosa», uma vez que acaba de vencer todas as outras, após três séculos de combates ideológicos e de conflitos políticos? A «filosofia burguesa», no sentido que Ernst Bloch dá a esta

---

(¹) W. F. Hegel, *Esthétique*, t. II, 1843, p. 278.
(²) W. F. Hegel, *op. cit.*, p. 279.

A CIÊNCIA DOS SÍMBOLOS

expressão ([3]), germe da Renascença, surge no «século das Luzes» expandindo-se no ideal revolucionário francês e no racionalismo de Kant. No entanto, ela encontra a sua expressão mais profunda e duradoira na filosofia de Hegel e no «historicismo» que dela decorre. Com efeito, não é apenas a *ideia* que constitui, segundo Hegel, o fundo das coisas, o elemento essencial do real, mas também o progresso histórico da *produção* ([4]) das formas que a realizam e a *objectivam*. «A ideia só é verdadeira, diz Hegel, se realizada nas suas formas. Por isso, a cada etapa vencida pelo ideal no seu desenvolvimento, está imediatamente ligada uma forma real. É, pois, *indiferente* que consideremos o progresso no desenvolvimento da ideia ou no das formas que a realizam, uma vez que estes dois termos estão intimamente ligados um ao outro e que o aperfeiçoamento da ideia como *fundo* surge também como o aperfeiçoamento da *forma*.»

Esta tese é indispensável para a coerência de toda a estética hegeliana e para a sua análise do «símbolo em geral», pela qual começa o segundo volume do *Curso de Estética*: «O símbolo, diz Hegel, dentro do significado que damos aqui a este termo, constitui, pela sua própria ideia e pelo momento da sua aparição na história, o começo da arte.» ([5]) Esta abordagem da problemática do simbolismo é já contestável. Mais eis a «explicação geral» que Hegel dá para isto: «O símbolo é um *objecto sensível* que não deve ser tomado tal como se oferece imediatamente a nós e em si mesmo, mas num sentido mais lato e mais geral. Há, portanto, no símbolo, dois termos a distinguir: o *sentido* e a *expressão*. O primeiro é uma concepção do espírito; o segundo, um fenómeno sensível, uma *imagem* que se dirige aos sentidos. O símbolo é, pois, em primeiro lugar, um *signo*. Mas, no signo propriamente dito, a relação que une o signo à coisa significada é *arbitrária*. O objecto sensível e a imagem não representam nada por si mesmos, mas apenas um objecto estranho com o qual não têm qualquer ligação especial» ([6]).

A concepção hegeliana do sinal será retomada, mais ou menos textualmente, por Ferdinand de Saussure, o «pai da linguística», um século mais tarde: «Assim, acrescenta Hegel, nas

---

([3]) Cf. Ernest Bloch, *op. cit.*

([4]) Hegel dá à mitologia da produção as suas bases ideológicas verdadeiras.

([5]) Hegel, *op. cit.*, p. 7.

([6]) Hegel. *op. cit.*, pag. 8.

A FILOSOFIA BURGUESA DO SÍMBOLO

línguas, os sons articulados exprimem toda a espécie de ideias e de sentimentos; mas a maior parte das palavras de que um idioma se compõe estão ligadas, de uma forma completamente acidental, com as ideias que exprimem... O sinal e a coisa significada são, aqui, indiferentes um ao outro... Já com o sinal particular que constitui a símbolo não sucede o mesmo. O leão, por exemplo, será usado como símbolo da magnanimidade; a raposa, da manha; o círculo, como símbolo da eternidade; o triângulo, da Trindade... Assim, nestas espécies de símbolos, o objecto exterior encerra já em si mesmo o sentido na representação do qual é usado. Este sinal não é arbitrário nem indiferente. No entanto, não deve ser considerado em si mesmo na sua existência *real* ou *individual*, mas apenas como uma *imagem* destinada a despertar no espírito *uma ideia geral*» ([7]).

O leitor observou, sem dúvida, que os exemplos que Hegel dá para apoiar as suas definições não são «símbolos» iniciáticos e religiosos, mas «alegorias» filosóficas e estéticas, assimilação abusiva de origem kantiana. Nas páginas que dedica à alegoria, Hegel, como que contra vontade, deixa transparecer a verdadeira razão desta confusão inicial: «Schlegel, diz ele, pretendeu que toda a obra de arte devia ser uma alegoria. Esta afirmação só é verdadeira enquanto se limita a dizer: toda a obra de arte deve encerrar uma ideia geral e ter um sentido. Ora, aquilo a que se chama aqui uma alegoria é um género de representação inferior, tanto no que respeita ao fundo como à forma, que corresponde imperfeitamente à ideia da arte. Qualquer circunstância, qualquer acção, qualquer relação da vida humana encerra um elemento geral que se deixa isolar através da reflexão; mas se o artista tem semelhantes abstracções presentes no espírito e deseja representá-las na sua generalidade prosaica (o que sucede mais ou menos no que se refere à alegoria), tal produção é estranha à arte. Winckelmann escreveu também sobre a alegoria uma obra superficial em que reuniu muitos exemplos. Confunde quase sempre o símbolo com a alegoria» ([8]).

Efectivamente, Hegel empreende simultaneamente uma crítica «redutora» da alegoria e «amplificadora» do símbolo na arte, a fim de transferir para a estética da forma e para a metafí-

---

([7]) Hegel, *op. cit.*, p. 9.
([8]) Hegel, *op. cit.*, p. 168.

A CIÊNCIA DOS SÍMBOLOS

sica da ideia, isto é, para a antropologia, ou melhor, para a «teo-antropologia» ([9]) que ele concebe, tudo aquilo que, antes, ligava a alegoria à «arte sagrada» e o símbolo à teologia. Eis porque, pelo menos neste ponto, Kant e Hegel estão de acordo: trata-se de fundar a «religião da humanidade» própria da filosofia burguesa. A oposição a Schlegel é tanto mais significativa, quanto as tendências místicas e religiosas deste filósofo exerceram uma influência profunda no teólogo Schleiermacher. Além disso, Hegel evita especificar que Winckelmann não só confundiu o símbolo com a alegoria, mas ainda a alegoria com a *iconologia*, propondo uma definição do símbolo muito próxima da noção hegeliana de uma relação entre uma *imagem* e uma *ideia geral*.

Não podemos deixar de nos admirar com a extraordinária «amplificação» da antropologia e, sobretudo, da função da arte em geral, tal como Hegel as concebe: «Não é na natureza propriamente dita e no mundo físico que se deve procurar a verdadeira realização do absoluto; é no mundo da personalidade e da liberdade. Aqui, em vez de perder na sua manifestação exterior a consciência de si mesmo como absoluto, ele adquire-a, precisamente, desenvolvendo-se e realizando-se. Deus, na sua realidade, não é, pois, um ideal criado pela imaginação. Ele reside no seio do finito, no meio deste mundo das existências acidentais e, no entanto, conhece-se como princípio divino que permanece infinito; revela a si mesmo a sua infinidade. A partir daí, sendo o homem real a verdadeira manifestação de Deus, a *arte obtém assim o direito mais elevado de usar a existência humana e, em geral, as formas do mundo sensível, para exprimir o absoluto.* Os momentos sucessivos que constituem o desenvolvimento total desta fase do pensamento universal, a mais alta expressão da verdade, encontram, a partir daí, a sua manifestação no homem». ([10])

Assim, segundo a nova «teo-antropologia» da «filosofia burguesa», o homem já não é a *imagem* de Deus ou *uma das suas sombras* entre uma infinidade de outras sombras, é a «verdadeira» manifestação do divino e, «através dele», o absoluto

---

([9]) A *teogonia* não deve ser confundida com a *teo-antropologia*. A primeira é uma ontogénese de origem transcendente ou supra-humana, a segunda é necessariamente imanente.

([10]) Hegel, *op. cit.*, pp. 374-375.

revela-se ao relativo e no relativo. Nestas condições, como é que o homem não haveria de ter *todos os direitos*, inclusivamente o de destruir a natureza e os seus semelhantes, se o *espírito* e a *ideia* o exigirem, segundo os momentos oportunos da história?

Nenhuma civilização propôs uma interpretação tão evidentemente *antropocêntrica* da condição humana como a «filosofia burguesa» da «teo-antropologia», tal como ela se desenvolveu em Hegel. Como não compreender as palavras ferozes de Léon Brunschwig: «Para que serve ser Hegel, trazer em si o universo da lógica e da história, da arte e da religião, se, com isso, apenas se consegue ver num imperador que passa *a alma do mundo* a cavalo?»

A filosofia kantiana do símbolo

Entre os «clássicos do racionalismo», segundo a expressão de F. Courtès ([11]), os *Sonhos de um Visionário*, essa obra pouco conhecida de Kant, merece, no entanto, figurar na primeira fila. Com efeito, é raro que um grande filósofo se digne descer ao nível do «misticismo obscurantista» ou do «charlatanismo iluminista», a fim de combater, nesse campo, os moinhos de vento e as miragens. Eles são considerados tão evidentes nos meios académicos, que se arriscam a «desonrar intelectualmente» até os seus adversários declarados: podemos conspurcar a nossa espada cruzando-a com os varapaus dos campónios. É evidente que Kant tinha uma desculpa; estava ainda longe da celebridade: «Daí, diz-nos pudicamente F. Courtès, esse movimento de inconsciência, de generosa irreflexão que o leva a atacar Swedenborg: ainda não tinha aprendido a conservar-se à distância» ([12]).

Não exageremos esta proximidade caridosa: Kant conseguiu, apesar de tudo, neste livro, a habilidade de não dizer uma palavra acerca da carreira científica de Swedenborg, nem da elevada qualidade técnica da sua *Dissertação sobre as Finanças*, nem do seu papel de engenheiro de Estado, nem das dificuldades da sua velhice solitária, nem sequer dos problemas do seu país, a Suécia, afastada da Europa, fechada sobre si mesma e entregue aos fantasmas arcaicos.

([11]) Cf. Immanuel Kant, *Rêves d'un visionnaire*, Paris, 1967.
([12]) *Ob. cit.*, Introdução, p. 7.

A CIÊNCIA DOS SÍMBOLOS

Estas circunstâncias, estes factos biográficos, não apresentam qualquer interesse para Kant. Aos olhos dele, Swedenborg não passa de um tipo de «visionário» entre outros. Ao acusá-lo, o seu objectivo é apenas acabar com a experiência mística, com os «devaneios metafísicos», com as «sociedades fictícias» e com as «viagens imaginárias». Em Koenigsberg, pelo menos, a razão sabe perfeitamente onde se encontra: na cidade que coroa os reis da Prússia. Isto sucede há pouco tempo, aliás, pois a família destes novos ricos comprou tudo no espaço de uma geração: as terras e a coroa. Daí uma tendência para alugar a aliança militar a quem fizer a maior oferta. Segundo F. Courtès, em Koenigsberg, «o *despotismo* tem as suas tropas do génio, a sua intendência e os seus agentes pelos quais é *esclarecido*, como o são os verdadeiros combatentes pelas incursões de reconhecimento feitas pela cavalaria» ([13]).

Com os «visionários», nunca se sabe o que pode acontecer, tanto mais que eles têm a mania de defender constantemente a causa dos oprimidos. «O nosso Kant, *unser Kant*, é muito capaz de trabalhar para que voltem a erguer-se tantas cabeças entusiastas», como diz Borowski, o filho do sacristão da igreja do castelo. Logo nas primeiras linhas do título, a artilharia pesada kantiana inicia o seu ataque: «Sonhos de um visionário *explicados por sonhos metafísicos*.» Já tudo foi dito. O tom está dado: «O império das sombras é o paraíso dos fantasistas. Eles encontram aí uma terra sem limites onde se podem instalar à vontade. Os vapores hipocondríacos, os contos das avozinhas e os milagres dos conventos não deixam que se esgotem os seus materiais de construção» ([14]).

Nada é verdade em tudo isto. Kant atesta-o: não encontrou «aquilo que habitualmente existe onde não há nada a procurar, ou seja, não encontrou nada. Essa era já uma razão suficiente para escrever este livro...» ([15])

Estranho motivo: «Foi daí que nasceu a presente dissertação e julgo que ela dará ao leitor plenas satisfações, adequadas à natureza do problema: as de não compreender a parte essencial dele, de não acreditar na outra e de não se importar com o resto. ([16])

([13]) F. Courtès, *op. cit.*, p. 33.
([14]) Kant, *op. cit.*, p. 47.
([15]) Kant, *op. cit.*, p. 48.
([16]) Kant, *op. cit.*, p. 48.

A FILOSOFIA BURGUESA DO SÍMBOLO

De facto, Kant exprime uma «filosofia burguesa» bastante diferente daquela que surgiu, em primeiro lugar, na época da Renascença, como demonstrou Ernst Bloch. Os antigos «cidadãos das cidades francas» adquiriram, daí em diante, uma história, conquistaram um poder, formaram uma ciência que reflecte as condições e as operações dos valores e das garantias indispensáveis ao funcionamento de uma economia mercantil, já industrial e especulativa. Na época medieval, o acesso às feiras internacionais, aos mercados estrangeiros, exigia deslocações longas e muitas vezes perigosas. Desde a criação do primeiro banco europeu em Florença pelos Médicis, podiam ser realizadas operações financeiras consideráveis através de intermediários diversos e sem riscos físicos pessoais. A *abstracção crescente* das trocas económicas reflecte-se na evolução da própria linguagem filosófica e científica.

Descartes expõe os problemas mais difíceis da maneira mais clara, numa linguagem que não se distingue em nada da do «honesto homem» do seu tempo. Com Kant, a arte de obscurecer a evidência começa a tornar-se o critério do génio do filósofo. A burguesia realizou assim uma das formas mais duradouras do seu ideal: *encobrir realidades concretas próximas sob imperativos abstractos longínquos.* Descartes ainda viaja: Kant nem sequer se desloca. Não se corre riscos em Koenigsberg, nem no campo dos negócios nem no do pensamento.

Pensa-se tal como se pesa a mercadoria: com uma balança Kant declara-o claramente e coloca assim, de uma só vez, o racionalismo sob o signo dos atributos da razão mercantil: «Quando uma balança se destina a regulamentar o negócio, diz ele, no âmbito das leis civis, podemos descobrir se ela é falsa mudando a mercadoria e os pesos de prato e, no que se refere à balança do entendimento, é precisamente o mesmo processo que revela a parcialidade deste, pois sem ele, mesmo em matéria de juízos filosóficos, não é a comparação das maneiras de avaliar que produzirá resultados concordantes... Pois bem! Confesso que todos os contos sobre a aparição de almas defuntas ou sobre influxos espirituais e que todas as teorias de carácter conjectural sobre a natureza dos seres espirituais e da sua ligação connosco, pesam sensivelmente apenas no prato da esperança ao passo que, em contrapartida, no da especulação, parecem de uma consistência absolutamente aérea» [17].

---

[17] *Op. cit.*, pp. 87-88.

A CIÊNCIA DOS SÍMBOLOS

Assim a razão, a especulação propriamente dita, mudam de sentido. A razão, o poder de conhecimento universal, a interrogação acerca dos fins substanciais, transforma-se, graças ao racionalismo, numa capacidade *prática* de coordenação *funcional* entre meios e fins. O seu critério reduz-se à *eficácia*. A sua lógica fundamental não é a da analogia que *não garante nada*; reduz-se ao ideal da identidade e aos seus métodos, pois sem eles nenhum cálculo é possível, *não se garante qualquer valor ao produto*. A especulação deve também «trazer» algo de palpável ou, pelo menos, um interesse *permutável* socialmente. Esta «razão instrumental» sob as suas diversas formas, «positivismo», «pragmatismo», «cientismo», culto idolátrico do «rendimento» tecnológico, não passa, desde o kantismo aos seus sistemas contemporâneos, de um «achatamento» do mundo e da natureza a que Marcuse chamou com toda a propriedade a «falsa consciência unidimensional».

Por isso Kant, considerando que é «tempo perdido, pretender estender a «mil projectos aventurosos» a frágil medida das suas forças, declara que convém «evitar certas pesquisas perfeitamente desesperadas», a fim de empregar «com mais proveito» nos «objectos restantes», as faculdades intelectuais. Vemos surgir assim o princípio da «economia de pensamento» que constitui ainda o ideal da tecnocracia contemporânea.

Assim, a filosofia depois de Kant muda totalmente de sentido e de alcance. Germanizada desde a origem, prussianizada por Hegel, historicizada e depois socializada pelos pós-hegelianos, recuperada pelo poder político sob a forma dos «cães de guarda» tão acertadamente chicoteados por Paul Nizan, a busca aventurosa do verdadeiro, tal como era realizada pelos grandes «cães de caça» antigos e medievais, tornou-se-lhe totalmente alheia. Para que lhe serviam os subtis indícios do Desconhecido que são os símbolos? O mistério nada traz de proveitoso: nem sequer a satisfação de o compreender. Para quê usar em vão o faro e as patas, quando as montras deste mundo estão pejadas de peças de caça comestíveis e visíveis? Na conclusão, Kant cita Voltaire: «Ocupemo-nos do que nos diz respeito; vamos para o jardim e trabalhemos».

Swedenborg respondeu, num comentário, a esta filosofia hortícola do racionalismo: «*Cultivar o húmus*, diz ele, aplica-se àqueles que tomam o partido de Caim. É existir sem caridade,

A FILOSOFIA BURGUESA DO SÍMBOLO

na sequência da fé separada do amor, fé essa que é nula. Por isso, Jeová desprezou o presente de Caim e este matou o irmão, isto é, a caridade significada por Abel. Dizia-se que aqueles que têm por objectivo as coisas corporais e as coisas terrestres 'cultivavam o húmus', como se vê pelo que vem referido no capítulo III, 19, 23, em que se afirma que o homem foi expulso do Jardim do Éden para cultivar o húmus» ([18]).

O «Caim» de Koenigsberg reduziu, de resto, o símbolo a uma função particular de tipo racional, a *hipotipose*, ou seja, a uma forma de tornar concreta uma exposição, exprimindo sensivelmente aquilo que é abstracto ou pensado. A hipotipose procederia de duas maneiras: ou esquematizando um conceito que dê ao entendimento «a intuição *a priori* correspondente», ou por uma simbolização que acrescenta a um conceito da razão «uma intuição em que o juízo estético usa um processo análogo à esquematização» ([19]).

De facto, os exemplos referidos por Kant mostram que este não distingue nitidamente o símbolo da alegoria: «Assim, diz ele, um Estado monárquico é representado por um corpo animado se é governado por leis imanentes do povo, ou por um moinho, se é dominado por uma vontade absoluta única.» O símbolo, no sentido kantiano, seria também uma relação «natural» de conveniência e de prazer mútuo, de tipo colectivo e estético: «O belo, diz ele, por exemplo, é o símbolo do bem moral e é só deste ponto de vista que ele agrada e aspira à adesão de todos».

A despeito da indigência das concepções kantianas do símbolo, elas apresentavam o interesse bastante evidente de propor um *desenvolvimento puramente antropológico* das suas interpretações. Eis porque, através do próprio Hegel, a influência de Kant se exerceu neste domínio até à nossa época sobre uma parte importante da simbólica «cultural e social» europeia, ilustrada por numerosos autores.

No entanto, em Hegel, podemos observar uma separação relativamente ao racionalismo kantiano no plano da concepção dos mitos, talvez sob a influência da obra de Friedrich Creuzer, citada por Hegel com muito apreço. Os mitos, segundo Hegel,

---

([18]) Swedenborg, *Arcana Caelestia*, § 342, 345.
([19]) Immanuel Kant, *Kritik der Urteilkraft*, [*Crítica da Faculdade de Julgar*], Berlim, 1908, p. 351.

A CIÊNCIA DOS SÍMBOLOS

contêm uma filosofia imediata e ideias gerais. Neles, aquilo que se manifesta e aquilo que é manifestado formam uma unidade concreta. Os deuses gregos não são símbolos, mas subjectividades que se bastam a si próprias. Na realidade, Hegel transpôs para o plano da ideia filosófica, da subjectividade livre e reflectida, uma concepção religiosa do símbolo, reduzida a um momento da consciência natural imediata ou não reflectida, segundo a qual o sujeito não está separado do objecto. A dialéctica idealista hegeliana conferiu ao movimento unificante e conciliante entre o conceptual e o real uma eficácia mística, segurando esta afirmação característica: «A ideia é o verdadeiro em e para si, a união absoluta do conceito e da objectividade. O seu conteúdo ideal não é mais do que o conceito nas suas determinações; o seu conteúdo real não é mais do que a sua apresentação, mesmo que ele se dê sob a forma de uma existência exterior...» [20]

O simbolismo, em Goethe, não é menos racional, na sua interpretação, que em Kant ou Hegel, na medida em que os símbolos são considerados principalmente segundo a perspectiva da arte clássica grega ou do neoclassicismo de um Lessing ou de um Winckelmann. A alegoria é considerada como a representação directa do geral pelo particular, ao passo que o símbolo exprime o carácter geral do particular. No entanto, Goethe admite que o símbolo é «a revelação viva e instantânea do inexplorável» (*als lebendig-augenblickliche Offenbarung der Unerforschlichen*, in *Maximen und Reflexionen*, Weimar, 1961, IX, p. 306). Por intermédio do símbolo, a ideia transforma-se em imagem e adquire assim uma actividade ilimitada e inefável. Esta identificação do símbolo com a imagem exerceu uma influência considerável na filosofia «vital» alemã, em Lessing, Klages e Jaspers. Quanto a Schelling e aos românticos, aquilo a que poderíamos chamar a corrente «sub-racionalista» da filosofia ocidental, atribuíram aos símbolos uma importância que, sob muitos pontos de vista, parece ter origem numa concepção tão «amplificadora» quanto a dos seus adversários fora abusivamente «redutora». Retendo da análise hegeliana apenas as propriedades enigmáticas e misteriosas da comunicação simbólica indi-

---

[20] *Encyclopäedie der Philosophischen Wissenschaften*, V, § 213, p. 190. [*Enciclopédia das Ciências Filosóficas em Epítome*, Lisboa, Edições 70]

recta, Kierkegaard e Nietzsche, apesar da diferença das suas orientações «cristã» e «dionisíaca», sofreram ambos a influência da corrente anterior que se prolonga, através de Nietzsche e Max Scheler, até Martin Heidegger.

Considerando o pensamento idealista, desde Platão a Hegel, como um pensamento da ideia, ou seja, daquilo que torna visível o oculto à actividade do sujeito, Heidegger demonstrou que se trataria apenas de uma inversão das relações com o ser. Submetendo-a *ao sujeito* através da objectividade e da «visibilidade» dos seus atributos psicológicos e metafísicos, os abusos da *ratio* enquanto razão que calcula e mede, desbotaram e extinguiram a própria claridade que emana espontaneamente das coisas e da natureza. Assim, em vez de atingir o real, o homem tornou-se técnico dominador e voluntário, desceu, degrau a degrau, até à «meia-noite do tempo do mundo» em que os deuses fugiram. De que deuses se trata? Dos *símbolos*. A conversão, a transformação (*kehre*) consiste, portanto, no pensamento do secreto, no que só é exprimível indirectamente por intermédio de uma palavra que se diz como quem se cala no «não-querer» e que «exclui até o querer do não-querer».

Eis, portanto, uma nova feição do símbolo no pensamento moderno: surge divinizado. Podemos descrever todo este professo estranho da filosofia burguesa do símbolo em duas palavras: sofreu uma *«hipotipose» em Kant e uma «apoteose» em Heidegger.*

Estes dois pontos opostos da oscilação do pêndulo filosófico correspondem também, um deles a um período de expansão do poder económico e político da burguesia financeira e mercantil ocidental, o outro às crises interiores e aos conflitos mundiais que ela foi incapaz de evitar e de resolver. O sentimento inconsciente destes fracassos históricos manifestou-se, como sucede em todas as crises nevróticas, através de uma espécie de «febre de simbolização» que, como se sabe, agitou incessantemente a Alemanha hitleriana durante os anos que precederam a segunda guerra mundial. Nunca a feitiçaria suspeita da «imagem simbólica» foi explorada de uma forma sistemática tão premeditada e tão eficaz do ponto de vista colectivo, como durante o nazismo [21].

---

[21] Cf. a minha investigação sobre *Hitler e as sociedades secretas.*

A CIÊNCIA DOS SÍMBOLOS

De resto, podemos comparar, sob muitos pontos de vista, certos aspectos do fim da época medieval com os que o nosso tempo apresenta e, em especial, estabelecer uma aproximação entre as consequências das grandes epidemias de peste e as das nossa guerras mundiais. A moda actual dos estados acerca da morte, intimamente misturados com a obsessão da sexualidade, o novo surto de práticas supersticiosas e da bruxaria, evocam singulares convergências com os temas dominantes da mentalidade do século XV. Da mesma maneira, o período da «conquista espacial» parece corresponder também ao das grandes viagens oceânicas e de forma tal que, sem se ser profeta, é possível anunciar que as mais importantes ocorrerão dentro de uns vinte anos.

Os temas «apocalípticos», a essência melancólica e pessimista da nossa época, o seu luxo bárbaro, as suas imaginações gastas, as suas preferências pelos anúncios necrológicos da «morte do homem» depois dos da «morte de Deus», todas essas características do declínio do mundo «moderno» e sobretudo da sua «solidificação» cada vez mais maciça e opaca, constituem outros tantos sinais patológicos de um esgotamento e de uma saturação dos grandes temas ideológicos sobre os quais a civilização burguesa pós-medieval assentou as suas bases depois do Renascimento. No entanto, tal como era possível prever, já no século XV, a aparição de um «espírito novo» e um voltar as costas às «coisas que morrem» a fim de contemplar melhor as que nascem no mesmo tempo e no mesmo lugar, diversos indícios permitem acreditar que outra sociedade seria capaz de pôr um termo ao «combate da natureza e do espírito».

Este conflito, a despeito do belicoso delírio de Hegel, só é uma «lei do mundo» para a filosofia *de uma sociedade dominada por uma visão dualista e conflitual das relações de exploração entre caçadores e presas*. Toda a concepção de um desenvolvimento histórico baseado numa visão do mundo semelhante a esta, seja ela «burguesa» ou «proletária», só pode reconhecer um princípio: o direito do mais forte, a única lei de selva e não a lei da civilização.

O homem é feito de tal maneira que não pode evitar nem o infra-humano nem o supra-humano, pois ele participa destas duas realidades que estão presentes no Universo. Esse carácter essencialmente «misto» da nossa condição não implica *necessa-*

238

A FILOSOFIA BURGUESA DO SÍMBOLO

riamente uma alternativa, mas exige uma mediação entre o inferior e o superior, um duplo movimento que faz «subir» um e «descer» o outro. A transfiguração da natureza é, pois, inseparável da incarnação do espírito. Perder a consciência de uma é condenar-se a uma abstracção crescente e, por fim, a uma alienação do outro. Sendo o símbolo, por excelência, o meio da transfiguração das coisas e dos seres, em virtude da base sempre *concreta* da analogia e, através disso, de toda a verdadeira actividade poética, dizer que a nossa sociedade perdeu o sentido do símbolo ou o sentido do *valor vital da poesia* é uma mesma e única constatarão do *seu delírio de abstracção ideológica.*

Historicamente, sabemos que na origem desta nevrose se situam a abstracção crescente do processo económico desde a Renascença e *uma mitologia da produção, necessária à exploração abusiva do homem e da natureza.* A estes dois erros fundamentais, não se pode opor uma exigência revolucionária que os iria reconstituir sob outras formas não menos repressivas. Eis porque todos os sistemas dogmáticos se esforçam por reduzir o simbolismo à insignificância e a actividade poética a jogos puramente literários. Na sua obra, Dan Sperber afirmou, de uma forma pertinente:

«Uma vez que o simbolismo é um dos fundamentos antropológicos da liberdade, o poder, sob todas as suas formas, tenta obstinadamente contê-lo. A exegese tradicional e a sua encarnação moderna, a semiologia, reflectem estas tentativas de repressão: a crítica científica desemboca, implicitamente, numa crítica política. Repensar o simbolismo é também pôr em causa os quadros ideológicos da nossa sensibilidade» ([22]).

([22]) Dan Sperber, *Le symbolisme en général*, Hermann, Paris, 1974.

ANEXOS

AS INVESTIGAÇÕES CONTEMPORÂNEAS NO DOMÍNIO DO ESTUDO INTERDISCIPLINAR DO SIMBOLISMO

I

OS «CAHIERS INTERNATIONAUX DE SYMBOLISME»

(Centro interdisciplinar de estudos filosóficos da Universidade de Mons)

Uma carta de Claire Lejeune sobre a história dos «Cahiers Internationaux de Symbolisme».

Caro René Alleau,

Era seu desejo que eu escrevesse um resumo histórico desta aventura que são os *Cahiers Internationaux de Symbolisme*. Efectivamente, a história da Sociedade de Simbolismo começa com os seus *Cahiers*, cujo número 1 surgiu em 1962.

Mas ela teve uma pré-história (na qual você participou), que durou mais de dez anos, no decurso dos quais as actividades que desenvolveu se limitaram à organização de congressos em Paris, Genebra, Viena e Basileia.

A que necessidade vinha ela responder? Eis o que escreveu a este propósito o seu fundador, o doutor Moïse ENGELSON, de Genebra:

«Um dos acontecimentos da minha existência foi a descoberta de que o sentido da vida era *compreender*. E que essa palavra designava uma mútua integração de dois princípios que constituem o pensamento: a consciência e o fenómeno. Uma vez isto assente, é claro que o ponto de impacto entre esses dois princípios, para se tornar inteligível, deve sofrer uma redução a um *denominador comum* que podemos designar pelo termo *simbolismo*.

Esta busca do simbolismo como denominador comum do sujeito e do objecto do conhecimento (como poder do verbo)

A CIÊNCIA DOS SÍMBOLOS

remonta às próprias origens da inteligência humana, e constitui – dentro das inúmeras sociedades consideradas iniciáticas – o 'eixo da Rota'. Mas a maior parte dessas sociedades secretas limitam-se a cultivar e a manter o 'venerável jardim', sem nunca praticar a *abertura* para a metamorfose permanente do mundo contemporâneo. Tal como as religiões, elas limitam-se a reproduzir incansavelmente os prestigiosos rituais de antanho, em vez de os submeter ao sacrifício da Fénix: a morte como condição de regeneração permanente.

Foi tendo em vista esta busca que em 1950 surgiu a Sociedade de Simbolismo, que se dedicou à abertura das gaiolas, das diversas 'prisões' onde o pensamento se encontra fechado; fechado tanto pelo próprio indivíduo, como pelos poderes constituídos, ciosos da sua hegemonia.

O destino da Sociedade de Simbolismo, cuja principal função consistiu, entre 1950 e 1960, em organizar colóquios interdisciplinares, esteve sujeita – como sucede a qualquer empreendimento novo – a grandes flutuações: as conferências organizadas oscilavam entre o melhor e o pior, até serem criados os *Cahiers Internationaux de symbolisme*, não para promover um sistema filosófico preferencial, mas para se tornarem no meio de expressão de todas as formas de pensamento integrante, e isto através de uma contínua e incessante transmutação.»

O texto inicial do *Cahier* número 1 é a mensagem que Gaston Bachelard nos dirigiu por ocasião do colóquio que organizamos sob a sua presidência no Palácio da Unesco em Junho de 1962 sobre *Os fundamentos do simbolismo à luz de várias disciplinas*.

Permita-me reproduzir na íntegra esse texto, que hoje surge como a certidão de nascimento dos *Cahiers:*

«Os organizadores do Congresso de Simbolismo concederam-me a honra de me pedir que presidisse aos vossos debates. A minha saúde precária impede-me de me juntar a vós. Mas desejo manifestar-vos a minha certeza do êxito dos vossos trabalhos.

O doutor Engelson conferiu um impulso novo às vossas investigações. Ele conhece as virtudes de união que o simbolismo encerra. O símbolo centraliza forças que existem no homem e forças dispersas em todos os seres do mundo. Nas vossas pes-

DOCUMENTOS E TEXTOS ANEXOS

quisas sobre a estrutura, estais certos de encontrar a coerência de forças estruturantes que agem simultaneamente no psiquismo e no cosmos. O passado, o imenso passado do símbolo, adquire subitamente uma actualidade e uma vida quando é meditado como uma força criadora. 0 símbolo é, assim, mais do que um desígnio, é um programa. Obras como a vossa permitir-nos-ão entrar no reino do simbolismo aberto. Graças a vós e aos vossos trabalhos, o símbolo torna-se um incitamento para avançar e a psicologia do símbolo é uma psicologia optimista, pois é uma psicologia da criação.

O simbolismo aberto prova-nos que o homem tem necessidade de imaginar, que tem o direito de imaginar, que tem o dever de aumentar o real. O vosso congresso é um ponto de partida. Vai provar que o símbolo é, ora uma força de concentração, ora uma força de polémica. O símbolo deve convencer. Mas precisa também de persuadir. Dai a utilidade de discussões amplas.

O meu desejo é que todas as vossas investigações e todos os vossos debates possam ser minuciosamente anotados de maneira a formar um belo livro, uma grande colectânea que nos torne sensíveis ao futuro do simbolismo.»

Gaston BACHELARD.

Constituiu-se um Comité de Direcção que incluía, além do doutor Engelson e da minha pessoa, Gilbert Durand, de Grenoble; André Guimbretière, de Paris; Bernard Morel, de Genebra; alguns anos mais tarde, Hans Witte, de Nimega, juntava-se a nós.

Devo dizer que, no principio dos anos sessenta, era precisa uma certa coragem, uma certa liberdade de pensamento, para apoiar tal empreendimento: a própria noção de simbolismo encontrava-se ainda fortemente tabuizada tanto pelo positivismo racionalista como pelo positivismo teológico, sem contar com as maldições, proferidas por alguns «tradicionalistas» irredutíveis, em que a nossa ânsia de abertura, e portanto de sacrilégio, nos fez incorrer.

Mas houve quem correspondesse ao nosso apelo e em breve nos vimos rodeados por um apoio universitário sem o qual não teríamos conseguido dobrar o perigoso cabo dos anos sessenta...

Foram organizados anualmente colóquios em Paris, Bruxelas e Genebra; em Lausana e Neuchâtel, apenas a titulo excepcional.

A CIÊNCIA DOS SÍMBOLOS

Devemos tudo à amizade e à generosidade das pessoas; foi a época de uma espécie de pesquisa artesanal frutuosa, subsidiada por um mecenato que o doutor Engelson incarnava praticamente sozinho.

1969 e 1970 foram anos difíceis, tanto pelo clima que reinava nos meios universitários, como pelas dificuldades inerentes à nossa própria administração. Em 1970, adoeci: uma vez que era a única a ocupar-me da redacção e administração dos *Cahiers*, deu-se uma ruptura no nosso ritmo de publicação. Mas talvez devamos ver, nesse breve eclipse, o sinal de uma necessária mudança de estrutura administrativa...

Precisamente nessa época, desenvolvia-se a jovem Universidade de Mons. Surgiu um projecto de aliança entre o centro de investigação interdisciplinar de iniciativa privada em que nos havíamos transformado (e que tinha no seu activo dez anos de experiência e vinte *Cahiers* publicados) e os poderes públicos da Bélgica, na ocorrência o *Service de la Recherche Scientifique* do Ministério da Educação Nacional e a Universidade de Mons. Este projecto concretizou-se no início de 1971, sob a forma de um *Centre interdisciplinaire d'Études Philosophiques de l'Université de Mons* (Ciéphum). Este Centro assumiu, entre outras, a responsabilidade de organizar colóquios e seminários, assim como a publicação dos *Cahiers Internationaux de Symbolisme*.

Foi nessa nova infra-estrutura que encontrámos os meios necessárias para a nossa segunda arrancada, que encontrámos novas amizades activas que uma iniciativa destas não pode dispensar, se quer sobreviver.

Na Primavera de 1967, foram dados à estampa os *Cahiers* números 31 e 32.

Quando se é, como me sucedeu a mim ainda antes do seu nascimento, a obreira de uma publicação, tem-se - por força do amor que lhe dedicamos - um olhar prospectivo. Mais raramente, o olhar pode ser retrospectivo, por falta de tempo. E, no entanto, o olhar crítico com que era necessário ver periodicamente a obra em curso, não pôde nascer senão do exercício dialéctico do olhar prospectivo e do olhar retrospectivo.

Se me dedico a reflectir sobre tudo isto neste fim do ano de 1975, é porque fui convidada a fazê-lo e porque encarei esse convite não apenas como uma possibilidade de alargamento da audiência dos *Cahiers*, mas também como uma ocasião para fazer o ponto da situação.

Existe uma filosofia dos *Cahiers*? Se existe, creio que ela foi definida logo no nosso primeiro texto por Gaston Bachelard:

> «*O vosso congresso é um ponto de partida.*
> *Obras como a vossa permitir-nos-ão entrar no reino do simbolismo aberto.*»

Ela foi reafirmada pelo nosso grande amigo há pouco desaparecido, Ferdinand Gonseth, sempre que – e foram sempre grandes momentos dos nossos Encontros – ele usou da palavra para se dirigir a nós. Se temos alguma filosofia, ela não pode deixar de aderir a esta «filosofia aberta», a esta filosofia da escuta com que ele, que perdera a vista, nos alimentou tão afectuosa e generosamente.

Os *Cahiers Internationaux de Symbolisme* não têm, certamente, como base, uma «pedra filosofal», a adesão secreta a uma ou outra tradição esotérica, mas, paradoxalmente, o *Aberto*. Nunca tivemos nada em comum com uma estrutura de capela, como uma clausura de qualquer espécie, com origem quer num subjectivismo, quer num objectivismo. Não é isso que pretendemos. Assim, podemos evitar cair na armadilha dos modos contemporâneos do pensamento, embora permaneçamos atentos e sensíveis a eles; embora sejamos marcados, modificados (não codificados) pela sua existência mais ou menos significativa, mais ou menos efémera.

Os *Cahiers* continuam a ser um lugar de ressonância, um lugar de interferências em que se informa, em que se trama o presente multidimensional do símbolo; creio poder afirmar hoje que somos efectivamente aquilo que Bachelard desejava que fôssemos há catorze anos; um livro – periódico – *que nos torna sensíveis ao futuro do simbolismo*, ou seja, à génese nunca acabada do nosso real, da nossa presença no mundo.

Assim, não se deve falar propriamente numa «história» dos *Cahiers Internationaux de Symbolisme*; eles estão no centro de uma rede de histórias mais ou menos evidentes, mais ou menos secretas, que certas circunstâncias de tempo e de lugar trazem à luz da consciência actual, que essas mesmas circunstâncias ocultam, potencializam... As histórias esquecidas não são, mui-

A CIÊNCIA DOS SÍMBOLOS

tas vezes, mais do que histórias «futurizadas», histórias diferidas, histórias que têm necessidade de regressar ao ventre da noite - ao reino de Hermes, para aí amadurecerem, sendo o símbolo a matriz de todos os possíveis.

Assim, os *Cahiers* constituem, no simbolismo, uma espécie de Dissertação discreta, povoada de leituras ainda por surgir, um viveiro do inaudito, que se opõe precisamente a uma estrutura dogmática em que o futuro do verbo se encontra sempre já impedido, codificado, recuperado na sagração imóvel da Origem, na deificação do unidimensional.

Tranquilamente, sem recorrer a violências publicitárias, os *Cahiers* continuam a sua tarefa de abertura, a sua obra de revolução permanente, na expectativa serena da felicidade de serem lidos.

Claire LEJEUNE.
Natal de 1975.

II

A SIMBÓLICA GERAL E A EXPLORAÇÃO DO IMAGINÁRIO
(Centro de Pesquisa pluridisciplinar e interuniversitária
sobre o Imaginário e o Símbolo: por abreviatura,
«Centro de Pesquisa sobre o Imaginário» ou C. P. I.)

A simbólica geral e a exploração do imaginário[1]

O enorme progresso das técnicas da informação visual, por um lado (fotografia, cinema, televisão, processos de ilustração e de reprodução, etc.), e as descobertas decorrentes da psicanálise feitas nos últimos cinquenta anos, colocaram a imagem no primeiro plano das investigações do antropólogo. A segunda metade do século XX assiste ao triunfo daquilo a que André Malraux e René Huyghe chamam «a civilização da Imagem» e André Leroi-Gourhan pergunta até – com menos optimismo que McLuhan – se a imagem não está a suplantar «o gesto e a palavra» no destino dos homens. Uma vez que o gesto foi deixado a cargo das máquinas, a palavra – e a sua fixação na escrita e na imprensa – está a ceder o lugar a uma linguagem (modo de expressão e de comunicação) em que a imagem visual ocupa o primeiro lugar. A informação, sob todas as suas formas, desde a obra científica até aos *mass media* e aos divertimentos, cada vez se visualiza mais: a documentação científica, a informação jornalística e livresca, a publicidade, a propaganda e difusão de ideias utilizam de forma crescente os recursos do espectáculo. Esta mudança tecnológica e civilizacional da própria base da informação exige epistemológica e metodologicamente a criação de um organismo de pesquisa pluridisciplinar – uma vez que

---

[1] Texto de apresentação do C.P.I. pelos seus fundadores e publicado com a sua autorização.

A CIÊNCIA DOS SÍMBOLOS

as antigas «disciplinas», antropologia, psicologia, ciências da literatura, sociologia, história, etc., assentam ainda num sistema de regulação que incide sobre conceitos e não sobre a imagem. As disciplinas tradicionais da Universidade revelam ser, sob a influência – entre outras – das descobertas irreversíveis da psicanálise, da psicologia das profundidades, do comparatismo estruturalista e das descobertas da antropologia cultural, tributárias em grande parte das problemáticas do Imaginário.

A criação de um Centro de Pesquisa Antropológica dedicado ao Imaginário – isto é, ao conjunto empírico das imagens e dos sistemas de imagens – impunha-se portanto. A Faculdade de Letras e Ciências Humanas de Grenoble iria ser pioneira neste campo, uma vez que foi uma das primeiras a centrar a pesquisa na Imaginação, na Imagem, no Símbolo, etc.

Deste 1956, existia já uma estreita colaboração entre a secção de Filosofia, e depois a de Psicologia e de Sociologia, e a secção de Literatura Francesa. Os professores Léon Cellier e Gilbert Durand organizavam seminários que giravam em torno dos problemas da Imagem, do Mito e do Símbolo em Literatura e em Antropologia. Esta orientação iria tornar-se cada vez mais exacta: em 1962, o professor L. Cellier entrava para o *Comité de Patronage* e G. Durand para a comissão de direcção dos *Cahiers Internationaux de Symbolisme*, publicação da Sociedade de Simbolismo que organizou durante vários anos colóquios com uma grande divulgação (Paris, Bruxelas, Genebra). Os professores Cellier e Durand, sobretudo, dedicavam uma boa parte das suas obras e artigos aos problemas do Imaginário. Citaremos apenas, de entre uma importante lista de trabalhos, traduzidos em cinco ou seis línguas, *L'Épopée romantique* (1954) (reeditada sob o título: *L'épopée humanitaire et les grands mythes romantiques*, em 1971), e *Mallarmé et la Morte qui parle* (1959) de L. Cellier; *Les structures anthropologiques de l'Imaginaire* (1960), 2ª ed. 1964, 3.ª ed. 1969), *Le décor mythique de la Chartreuse de Parme* (1961, 2ª ed. 1971), *L'Imagination symbolique* (1964) de G. Durand, sem falar dos numerosos artigos publicados por L. Cellier e G. Durand nos *Cahiers Internationaux de Symbolisme* e por G. Durand nos volumes do *Eranos Jahrbuch*. Finalmente, uma vez que os problemas do Imaginário obtinham grande sucesso junto dos jovens investigadores, numerosas teses de III ciclo e muitos diplomas eram orientados para estes problemas, tanto em Literatura francesa como em Línguas e Civilizações estrangeiras e nos diferentes departamentos das Ciências Humanas. Além disso, o C. P. I. despertou, desde a sua criação, o interesse de altas personalidades científicas francesas e estrangeiras que agora se encontram agrupadas no seu conselho científico permanente.

A criação do Centro de Pesquisa sobre o Imaginário

A 20 de Dezembro de 1966, o Conselho da Faculdade de Letras e Ciências Humanas de Grenoble decidia, por unanimidade, criar um *Centro Interdisciplinar de Pesquisa sobre o Imaginário* por proposta do professor G. Durand, titular de uma cadeira de Sociologia e de Antropologia Cultural e Social e director do Colégio Literário Universitário (C.L.U.) de Chambéry e do professor L. Cellier, titular de uma cadeira de Literatura Francesa. Esta proposta integrava-se perfeitamente nas perspectivas da Reforma do Ensino Superior, que preconizava a constituição de Centros de Estudos interdisciplinares de pesquisas programadas. A 13 de Março de 1967, realizava-se uma reunião preparatória no *Collège Littéraire Universitaire de Chambéry*, que incluía cerca de trinta investigadores de diversas disciplinas. O *Centro de Pesquisa sobre o Imaginário*, que recebeu provisoriamente o subtítulo de «Agrupamento cooperativo para o estudo do Imaginário e do Símbolo. Contribuição para as ciências do homem», estava fundado e a sua direcção foi atribuída, por unanimidade, ao professor Gilbert Durand.

O Centro iria prosseguir a sua estruturação no decurso de um certo número de reuniões. A partir de Outubro de 1967, constituiu-se uma lista que incluía os nomes de sessenta investigadores entre os quais se contavam professores de Literatura Francesa, de literaturas comparada e estrangeira, de Psicologia, médicos de hospitais psiquiátricos, psicólogos, sociólogos e estudantes de III ciclo ou de pós-graduação em diferentes disciplinas.

Uma vez ultrapassada esta primeira etapa que provara o interesse e a actualidade científica de tal instituição (oportunidade da coordenação interdisciplinar instaurada pelo Centro, um

A CIÊNCIA DOS SÍMBOLOS

êxito tanto junto dos mestres como dos jovens investigadores), era necessário empreender uma luta vigorosa para ultrapassar uma segunda etapa capital, a do reconhecimento oficial e da obtenção de um mínimo de auxílio material. As dificuldades foram inúmeras. Só depois de múltiplas tentativas, o director do C. P. I. e o seu saudoso colega Paul Deschamps obtiveram a criação oficial do Centro, autorizado nessa altura pelo Ministério da Educação Nacional. Essa criação foi notificada por decisão ministerial em 10 de Junho de 1968. O ministro reconhecia a criação de um *Centro de Pesquisa de Antropologia cultural*, que tinha como subtítulo *Centro de Pesquisa sobre o Imaginário*.

O Centro, animado pelo professor G. Durand, director da ex-C. L. U. de Chambéry, que desde o início funcionou efectivamente em Chambéry com pessoal do ex-C. L. U. e, em particular com a colaboração de um técnico e de um agente técnico postos à disposição do Centro pela C. L. U., devia materialmente implantar-se em Chambéry que em breve conseguia obter, dentro do âmbito da Lei de Orientação, a autonomia do seu Centro de Ensino Superior sob o título de *Centro Universitário de Sabóia*. Os estatutos do U. E. R. das Letras, Ciências Humanas e Sociais de Chambéry iria nessa altura formar, como Centro de Pesquisa ligado a esta U. E. R., o *Centro de Pesquisa Pluridisciplinar e Interuniversitária sobre o Imaginário e o Símbolo* (por abreviatura, Centro de Pesquisa sobre o Imaginário).

Finalmente, de acordo com as disposições do artigo 13 da Lei de Orientação do Ensino superior de 7 de Novembro de 1968, o Centro de Pesquisa sobre o Imaginário preparava um projecto de estatuto que, juntamente com os estatutos do U. E. R. das Letras, devia obter uma aprovação comum segundo um processo idêntico.

O funcionamento do C. P. I.

O Centro fundou uma biblioteca que inclui actualmente 3000 obras e cujos fundos vão aumentando com regularidade. Esta biblioteca contém obras pluridisciplinares (etnologia, psicologia, sociologia, religiões, artes, literaturas, etc.), abundantes materiais de antropologia cultural e obras especializadas respeitantes à imagem, ao mito, ao símbolo, etc. Essa biblioteca de consulta no próprio local e que também empresta livros ao domicílio está à disposição exclusivamente dos membros do C. R. I. Ela constitui a infra-estrutura indispensável à pesquisa e, graças aos seus ficheiros analíticos, alfabéticos, temáticos, etc., permite uma informação mais ampla e mais rápida aos investigadores.

Sendo o C. P. I. inicialmente e antes de tudo um agrupamento pluridisciplinar de universitários e de investigadores de horizontes diversos, tem por missão primordial pôr em contacto pessoas que até então trabalhavam isoladamente no âmbito das suas pesquisas pessoais (teses, T. E. R., etc.), embora em domínios comuns, ele possibilita trocas de informações bibliográficas, teóricas, metodológicas e permite uma «abertura» da pesquisa que tende assim a ultrapassar os limites da investigação solitária e das baias estritamente disciplinares da investigação universitária.

O C. P. I. não possui – pelo menos no actual estado de coisas – uma equipa de investigadores destacados ou contratados que trabalhem exclusivamente por sua conta. É uma superestrutura que engloba e coordena investigadores particulares profissionalmente comprometidos com organismos diversos. Apesar de tudo, a investigação no C. P. I. é organizada e sistemática. Assim a investigação é, antes de tudo, *investigação programada*, que se articula em volta de temas escolhidos pelo conjunto dos investigadores, porque encontram um eco exacto nos diferentes sectores dos trabalhos de pesquisa em curso. Na origem, foram seleccionados nove temas: «o olhar», «a máscara», «as cores», «o refúgio», «a queda», «os monstros» «*encaixes* e redundâncias», «a alegoria», «a ascensão». A este iriam juntar-se «*a imagem do corpo*» e depois «*o mito do mensageiro e do viajante*». Esta programação da pesquisa em volta de grandes temas (que aliás não excluem a possibilidade de determinar «subtemas» ou temas derivados), evolui a um nível triplo: ao nível do ensino universitário em que ela se esforça, na medida do possível, por coordenar tanto alguns certificados – em particular os C2 sobre o Imaginário criados em Grenoble e em Chambéry e os C3 de Sociologia das Belas-Ates e da Cultura criado em Grenoble – como os temas de T. E. R. de mestrado e de doutoramento. Assim, constituíram-se autênticos seminários

A CIÊNCIA DOS SÍMBOLOS

de estudantes de mestrado agrupados em volta de um mesmo tema, que cada um estuda num autor ou num «terreno» diferentes. A partir desses trabalhos, pôde encarar-se a realização de sínteses prontas a integrar-se no edifício da pesquisa e que constituem um contributo importante para avanço das ciências do homem e das civilizações. Ela é susceptível de se tornar verdadeiramente frutuosa. O segundo nível desta investigação programada é o do próprio trabalho do C. R. I.: reuniões de trabalho e publicações acompanham sistematicamente este programa temático. Finalmente, esta investigação programada facilita a pesquisa solitária na medida em que orienta os esforços de prospecção de cada investigador. Estes esforços concretizam-se num trabalho de realização de fichas (fichas analíticas por autor, fichas por imagens). A formação desses ficheiros surge como fundamental para o Centro uma vez que é uma base concreta e precisa para a «cooperativa» em que ele pretende tornar-se.

O C. P. I. organiza, durante o ano universitário, reuniões mais ou menos mensais de trabalho. Durante essas reuniões, os investigadores fazem o balanço da sua pesquisa sobre os grandes temas fundamentais e apresentam os seus métodos de abordagem do Imaginário. Estas reuniões consistem, geralmente, numa série de pequenas exposições que cristalizam o interesse e permitem iniciar uma discussão em que se defrontam pontos de vista e se estabelecem trocas proveitosas. A experiência de sete anos de funcionamento permitiu organizar ainda mais rigorosamente a programação e a evolução heurística para os próximos anos. Estão previstos dois tipos de reuniões de trabalho: o primeiro, por pequenas «oficinas» especializadas, convocadas duas ou três vezes por mês, que estabelecerá os fundamentos especializados da pesquisa. Essas «oficinas» serão móveis (isto é, poderão variar de um ano para o outro, conforme os imperativos do tema geral de pesquisa fixado em Assembleia geral), e confiadas a Mestres de Investigação especialmente qualificados. O segundo tipo de reunião será uma Assembleia geral que funciona como «cruzamento», em que se estabelecerão os programas anuais ou bi-anuais de Pesquisa e onde serão confrontados os resultados dos trabalhos das oficinas. Estão previstas quatro reuniões deste tipo por ano; elas serão objecto, como no passado, de relatórios policopiados.

DOCUMENTOS E TEXTOS ANEXOS

Além destas reuniões «ordinárias», o C. P. I. organiza anualmente Jornadas de Estudo que, embora «privadas», estão abertas a todas as pessoas seriamente interessadas nos problemas do Imaginário. Estas Jornadas compreendem conferências seguidas de discussões. Nelas podem participar personalidades vindas de diferentes universidades francesas ou estrangeiras.

Difusão da pesquisa e publicações ([2])

Os relatórios das reuniões de trabalho são, de uma forma regular, isto é, após cada reunião geral, publicados e remetidos aos membros do C. P. I., juntamente com todos os documentos complementares (bibliografias, textos, etc.). O C. P. I. encara a hipótese de publicar nos próximos anos (em *offset*) uma autêntica brochura de ligação.

O Centro publica anualmente uma importante colectânea (300 a 400 páginas) com o nome de *Circe* nas «Éditions des Lettres modernes» (Minard), em Paris. *Circe* dedica-se especialmente a estudos de temáticas, com os quais alternam números de metodologia. Os artigos são fornecidos, na sua maior parte, por investigadores efectivos do Centro; no entanto, certos artigos podem emanar de personalidades exteriores, mas ligadas ao C. P. I. pelo seu domínio de investigação e pelos seus interesses. *Circe* compõe-se de uma série de grandes artigos de fundo com cinquenta páginas, aproximadamente, seguidos de uma segunda parte mais curta («Pesquisas e trabalhos») que se refere aos trabalhos em curso sobre o tema do sumário e transcreve relatórios ou jornadas de estudo do C. P. I. Além disso, o êxito obtido por esta publicação levou o C. P. I. e o seu editor a encararem a possibilidade de criar uma colecção dedicada às teses e trabalhos de maior amplitude.

Estão autorizadas a tornar-se membros do C. P. I. as pessoas que já publicaram obras conhecidas sobre a matéria ou ainda que realizam uma investigação ao nível das teses de Estado, de Universidade, de especialidade e dissertações de mestrado, ou ainda que executam, de forma contínua, trabalhos semelhantes

---

([2]) Cf. Bibliografia das obras publicadas pelos membros do C.P.I., p. 259 ss.

A CIÊNCIA DOS SÍMBOLOS

em qualquer Universidade francesa ou estrangeira ou no sector da sua actividade profissional. As candidaturas destas pessoas são submetidas à apreciação da direcção do Centro, podendo, eventualmente, ser apresentadas por dois investigadores. Qualquer pessoa que deseje tornar-se membro do Centro deve fazer, pessoalmente e por escrito, o seu pedido e dirigi-lo ao Director do Secretariado geral.

A inscrição no C. P. I. é anual e as actividades do C.P.I. obedecem ao ritmo do ano universitário francês.

Balanço e perspectivas de futuro

O Centro de Pesquisa sobre o Imaginário não precisou de esperar pelos acontecimentos de Maio de 1968 para se considerar um organismo co-gerido, pluridisciplinar, que quebra as amarras das especialidades e proclama «os poderes do Imaginário». De facto, a originalidade e a especificidade do C. P. I. situam-se a três níveis: 1) Ao nível do funcionamento interno; 2) Ao nível do objecto da pesquisa e dos métodos; 3) Ao nível das relações com a investigação em ciências humanas em geral e, em especial, com a investigação respeitante ao Imaginário.

A própria vida do Centro assenta na participação activa de cada membro considerado – desde o professor titular ao estudante de mestrado – como investigador e também como administrador com plenos poderes. Todos os problemas do C. P. I. são discutidos em assembleia geral. A interdisciplinaridade é efectiva, pondo em relação directa literatos, linguistas, psicólogos, sociólogos, psiquiatras, etc., que beneficiam de uma colaboração proveitosa a partir dessa plataforma privilegiada que é o Imaginário. A hierarquia científica respeita-se a ela própria, sendo a qualidade e a intensidade dos trabalhos o único critério a que se obedece.

Algumas pessoas podem admirar-se – ou até indignar-se – com a designação de *Imaginário* que o Centro decidiu adoptar. Ao fazê-lo, ele pretendia afirmar que a sua pesquisa procurava fugir das especializações estritas que implicam outras designações parecidas, tais como «imagem», «imaginação», «iconologia», «simbolismo», etc. O C. P. I. pretendeu instaurar uma pes-

DOCUMENTOS E TEXTOS ANEXOS

quisa fundamental realmente interdisciplinar, que mobilizasse os recursos metodológicos e epistemológicos tanto da psicologia normal e patológica, como da história da arte, da história das religiões, da estética, das literaturas, da crítica literária, da etnologia, da mitologia, da iconologia, etc. O C. P. I. pretendeu trabalhar ao nível «antropológico» no sentido pluridisciplinar mais lato que lhe dá Claude Lévi-Strauss, visando, para além dos diversos métodos e das diferentes estratégias das necessárias disciplinas especializadas, uma síntese compreensiva fundamental desta energia hominal de base que a antropologia contemporânea reconheceu, finalmente, no universo imagético.

Por isso, a pesquisa da antropologia do Imaginário tende em definitivo para uma compreensão das últimas estruturas do comportamento hominiano. Esta compreensão torna-se mais indispensável do que nunca face ao conhecimento científico da Natureza adquirida pelo homem moderno e ao imenso – e por vezes inquietante – poder técnico que decorre desse facto. A pesquisa sobre o Imaginário, porque encara o Homem para além das classificações etnocêntricas e epistemocêntricas fatalmente redutivas, naquilo que de mais fundamental e ao mesmo tempo de mais concreto ele possui, atrevamo-nos a dizê-lo, na sua «natureza», e porque desemboca em «terapêutica» ou, pelo menos, em pedagogias que desequilibram as inevitáveis rotinas da divisão disciplinar da pesquisa antropológica, convém a um humanismo à escala dos últimos anos do século XX. O Centro de Pesquisa sobre o Imaginário é o primeiro a desbravar, no velho e venerável quadro universitário francês, uma via positivamente revolucionária, que se opõe aos preconceitos e obstáculos seculares e nada tem a ver com as revoltas e inovações utópicas e sem futuro. O C. P. I. tem consciência de que o seu exemplo foi seguido e de que ele não é o único a trabalhar nesta direcção. Ele estabeleceu uma rede de intercâmbio e de relações com os organismos e as personalidades que trabalham dentro das mesmas perspectivas. Assim, mantém ligações estreitas com a Sociedade Internacional de Simbolismo, com o Centro Interdisciplinar de Estudos Filosóficos da Universidade de Mons (o actual editor dos *Cahiers Internationaux de Symbolisme*), com o Instituto Internacional de Psicologia e Psicoterapia Ch. Baudouin, com o Grupo de Estudos C. G. Jung, com o Grupo de Pesquisas sobre os Símbolos da Universidade de Génova, com o Centro de Pes-

A CIÊNCIA DOS SÍMBOLOS

quisa em Simbólica da Universidade do Quebec, em Montréal, com a Fundação Eranos de Ascona, com a «Gesellschaft für wissenschaftliche Symbolforschung» de Colónia, com o Centro de Estudos Superiores de Civilização Medieval da Universidade de Poitiers e com os Seminários de Pesquisa das Universidades de Dijon, de Reims, de Bordéus e de Paris-Sorbonne.

Além disso, o Centro conquistou muito público junto de investigadores estrangeiros e assim tem «correspondentes» em diferentes pontos do mundo (Suíça, Alemanha, Espanha, Austrália, Argélia, Bélgica, Dinamarca, Países-Baixos, Marrocos, Irão, Itália, Israel, Japão, Coreia, Roménia, Togo, E.U.A., U.R.S.S, etc.).

Bibliografia das obras e publicações dos membros do C.P.I. relacionadas com a investigação sobre o imaginário

I. *Obras individuais do C.P.I*

ACHARD, Y., *Le langage de Krishnamurti*, Paris, Le Courrier du Livre, 1970 (thèse de IIIe cycle).

ALBOUY, P., *Mythes et mythologie dans la littérature française*, Paris, Armand Colin, 1981.

BAUDIN, H., *La science fiction*, Paris, Bordas, 1971.

BELLET, R., *Mallarmé: l'encre et le ciel*, Seyssel, Champ Vallon, 1987.

BIES, J., *Littérature française et pensée hindoue*, Paris, Klincksieck, 1973.
 – *Athos – Voyage à Sainte-Montagne*, Paris, Éd. Dervy, 1980.
 – *Passeport pour les Temps nouveaux*, Paris, Éd. Dervy, 1982.

BONARDEL, F., *L'hermétisme*, Paris, «Que Sais-je?», P.U.F., 1985.

BOSETTI, G., *Le mythe de L'enfance dans le roman italien contemporain*, Grenoble, ELLUG, 1987.

BOURGEOIS, R., *L'ironie romantique*, Grenoble, P.U.G., 1974.
 – *La Flèche et le but*, Grenoble, Éd. Université III, 1984.

BOURGEOIS, R., VIERNE, S., *Consuelo, de G. Sand, Meylan*, Éd. de l'Aurore, 1984.

BRIL, J., *L'invention comme phénomène anthropologique*, Paris, Klincksieck, 1973.
 – *A cordes et à cris*, Paris, Clancier-Guenaud, 1980.
 – *Lilith ou la mère obscure*, Paris, Payot, 1981.
 – *Origines et symbolisme des productions textiles: de la toile et du fil*, Paris, Clancier-Guenaud, 1984.

BRUNEL, P., *Le mythe d'Électre*, Paris, Colin, 1971.
 – *Le mythe de la métamorphose*, Paris, Colin, 1974.
 – *L'évolution des morts et la descente aux enfers*, Paris, S.E.D.E.S. 1974.
 – *Théâtre et cruauté ou Dionysos profané*, Paris, Méridiens, 1983.

BURGOS, J., *«L'enchanteur pourrissant» de Guillaume Apollinaire*, estudo temático, Paris, Minard, 1971 (esta obra obteve em 1972 o prémio atribuído à edição crítica.).

A CIÊNCIA DOS SÍMBOLOS

CAMBRONNE, P., *Recherche sur les structures de l'Imaginaire dans les «Confessions» de Saint Augustin*, Paris, Études Augustiniennes, 1982.

CAZENAVE, M., *La subversion de l'âme, mythanalyse de l'histoire de Tristan et Iseut*, Paris, Seghers, 1981.

CAZENAVE, M., AUGUET, R., *Les empereurs fous*, Paris, Imago, 1981.

CELLIER, L., *L'épopée humanitaire et les grands mythes romantiques*, Paris, S.E.D.E.S., 1971.
  – *Gérard de Nerval, l'homme et l'oeuvre*, Paris, Hatier, Boivin, 1974 (3ª éd.).
  – *Parcours initiatique*, Neuchâtel, La Baconnière et P.U.G., 1977.

CENTENO, Y. K., *A Alquimia e o «Fausto» de Goethe*, Lisboa, Editora Arcádia, 1983.

CENTENO, Y. K., *et all.*, *A viagem em «Os Lusíadas» de Camões. Símbolo e mito*, Lisboa, Editora Arcádia, 1980.

CESBRON, G., *Édouard Estaunié, romancier de l'être*, seguido de «Récits spirites», Genève, Droz, IM.

CHALAS, Y., *Vichy et l'imaginaire totalitaire*, Aries, Actes-Sud, 1985.

CHARON, J. E., *L'esprit, cet inconnu*, Paris, Albin Michel, 1977.

CHRISTINGER, R., *Le voyage dans l'imaginaire*, Genève, Éditions du Mont-Blanc, 1971.
  – *Le livre du soleil*, Paris, Denoël, 1974.

CHRISTINGER, R., SOLIER, P., SIEGENTHALER, F., *Récits mythiques et symbolisme de la navigation*, Paris, Dervy-livres, 1980.

CHRISTINGER, R., ERACLE, J., SOLIER, P., *La croix universelle*, Paris, Dervy-livres, 1980.

CRESPI, F., *Médiation symbolique et société*, Paris, Méridiens-Klincksieck, 1983.

CZYBA, L., *La femme dans les romans de Flaubert, mythes et idéologie*, Lyon, P.U.L., 1984.

DAVID M., *Letteratura e psicanalisi*, Milan, Mursia, 1967.
  – *La psicanalisi nella cultura italiana*, Turin, Boringhieri, 1970, 3ª ed. revista e aumentada.

DAUGE, Y. A., *Le barbare*, Bruxelles, Éd. Latomus, 1981.
  – *Virgile, Maitre de Sagesse*, Milan, Éd. Arche, 1984.

DORFLES, G., *Mythes et rites d'aujourd'hui*, Paris, Klincksieck, 1975.
  – *L'intervalle perdu*, Paris, Méridiens, 1984.

DUBOIS, C. G., *Celtes et Gaulois au XVIe siècle*, Paris, Vrin, 1972.
  – *La conception de l'histoire de France au XVIe siècle*, Paris, Nizet, 1977.
  – *L'imaginaire de la Renaissance*, Paris, P.U.F., 1985.

DUBORGEL, B., *Imaginaire et pédagogie*, Paris, «Le sourire qui mord», 1983.

DUCRET, A., *Oeuvre d'art et sens commun : l'apport de Lévi-Strauss*, in *Art et Société*, Bruxelas, Éd. Les Éperonniers, 1989.

DURAND, G., *Les structures anthropologiques de l'Imaginaire*, Paris, 1969.
  – *Science de l'homme et tradition*, Paris, Berg International, 1979.
  – *Figures mythiques et visages de l'oeuvre; de la mythocritique à la mythanalyse*, Paris, Berg International, 1979.
  – *L'âme tigrée. Les pluriels de psyché*, Paris, Denoël, 1980.

DOCUMENTOS E TEXTOS ANEXOS

– *Le décor mythique de la Chartreuse de Parme, les structures figuratives du roman stendhalien*, Paris, J. Corti, 1983.

– *L'imagination symbolique*, Paris, P.U.F., 1984 [*A Imaginação Simbólica*, Edições 70, Lisboa].

– *La foi du cordonnier*, Paris, Denoël, 1984.

DURAND, G., CAZENAVE, M., LE GOFF, J., *et all.*, *Mythe et histoire*, Paris, Albin Michel, 1985.

DURAND, Y., *L'exploration de l'imaginaire*, Paris, Éd. L'espace bleu, 1988.

DURAND, Y. e MORENON, J., *L'imaginaire de l'alcoolisme*, Paris, Éditions Universitaires, 1972.

FAIVRE, A., *L'ésotérisme au XVIIe siècle en France et en Allemagne*, Paris, Seghers, 1973.

– *Les conférences des Élus Cohens de Lyon 1774-1776. Aux sources du rite écossais rectifié, Braine-le-Comte*, Belgique, Éd. de Baucens, 1975.

– *Accès à l'ésotérisme occidental*, Paris, Gallimard, 1987.

FELMAN, S., *La «folie» chez Stendhal*, Paris, J. Corti, 1971.

GAGNEBET, C., *A plus hault sens: l'ésotérisme spirituel et charnel de Rabelais*, Paris, Maisonneuve et Larose, 2 vols., 1986.

GALLAIS, P., *Perceval et l'Initiation*, Paris, L'Agrafe d'Or, Éd. du Sirac, 1973.

– *Genèse du roman occidental, Essai sur Tristan et Iseut*, Paris, Éd. du Sirac, Tête de feuilles, 1974.

– *Dialectique du récit médiéval, Chrétien de Troyes et l'hexagone logique*, Amsterdam, Rodopi éd., 1982.

GLOWCZEWSKI, B., MATTEUDI, J. F., *La cité des Cataphiles*, Méridiens, 1983.

GODINHO, H., *O Mito e o estilo, introdução a uma mitoestilística*, Lisboa, Ed. Lisboa, 1982.

HILLMAN, J., *Le mythe de la psychanalyse*, Paris, Imago-Payot, 1977.

LERÈDE, J., *Les troupeaux de l'aurore*, Boucherville, Montréal, Les Éditions de Mortagne, 1983.

– *La suggestopédie*, Paris, «Que sais-je?», P.U.F., 1983.

LIBIS, J., *Le mythe de l'Androgyne*, Paris, Berg International, 1980.

MAFFESOLI, M., *La conquête du présent*, Paris, P.U.F., 1979.

– *L'ombre de Dionysos*, Paris, P.U.F., 1979.

– *Essai sur la violence banale et fondatrice*, Paris, Méridiens, 1984.

MARIGNY, J., *Le vampire dans la littérature anglo-saxonne*, Paris, Didier Érudition, 1985.

MATHIAS, P., *La Beauté dans les «Fleurs du Mal»*, Grenoble, P.U.G., 1977.

MILNER, M., *Le Diable dans la littérature française de Cazotte à Baudelaire, 1772-1861*, Paris, Corti, 2 vol., 1960.

– *Entretien sur l'homme et le diable*, Paris, Mouton, 1965.

– *La fantasmagorie. Essai sur l'optique fantastique*, Paris, P.U.F., 1982.

MIRANDA, M., *La société incertaine*, Paris, Méridiens, 1986.

MORIN, M., BERTRAND, C., *Le territoire imaginaire de la culture*, Québec, Hurtubise, 1979.

NICOLESCU, B., *Nous, la particule et le monde*, Paris, Payot, 1985.

PAQUES, V., *L'arbre cosmique dans la pensée populaire et dans La vie quotidienne du Nord-Ouest américain*, Paris, Ed. Musée de L'Homme, 1964.

A CIÊNCIA DOS SÍMBOLOS

PELLETIER, F., *Imaginaire du cinématographe*, Paris, Méridiens, 1983.

PENNACCHIONI, J., *La nostalgie en image*, Paris, Méridiens, 1983.

PERRIN, J., *Les structures de l'Imaginaire schelleyen*, Grenoble, P.U.G., 1973.

PETIT, M. C., *Les personnages féminins dans les romans de B. Perez Galdos*, Publications de l'Université de Lyon II, colec. Les Belles-lettres, 1972.

– *Galdos y la fontana de oro, genèse de l'oeuvre d'un romancier*, Ediciones Hispanoamericanas, 1972.

PESSIN, A., *La violence fondatrice*, (com colab. MAFFESOLI M.), Paris, Champ Valion, 1978.

– *La rêverie anarchiste 1848-1914*, Paris, Méridiens, 1982.

PESSIN, A., TORGUE, H., *Villes imaginaires*, Paris, Champ Urbain, 1980.

PIMENTA, A., *A (más)cara diante da cara*, Lisboa, Editorial Presença, 1981.

RECKERT, S. *et all.*, *A viagem entre o real e o imaginário*, Lisboa, Ed. Arcádia, 1981.

SACHS, V., *The Game of Creation*, Paris, M.S.H., 1982.

SACHS, V., (org.), *Le Blanc et le Noir chez Melville et Faulkner*, Paris, Mouton, 1974.

SANSONETTI, P. G., *Graal et Alchimie*, Paris, Berg International, 1992.

SANSOT, P., *Poétiqe de la ville*, Paris, Klincksieck, 1971.

– *Variations paysagères*, Paris, Klincksieck, 1980.

– *La France sensible*, Champ Valion, 1985.

– *Les formes sensibles de la vie sociale*, Paris, P. U. F., 1986.

SAUVAGEOT, A., *Figures de la publicité, figures du monde*, Paris, P.U.F., 1987.

SERVIER, J., *Les forges d'Hiram ou le genèse d'Occident*, Paris, Grasset, 1976.

– *L'homme et l'invisible*, Paris, Imago, 1980.

SIRONNEAU, J. P., *Sécularisation et religions politiques*, Paris, Mouton, 1982.

SOLIE, P., *Psychanalyse et imaginal*, Paris, Imago, 1980.

– *La femme essentielle*, Paris, Seghers, 1980.

TACUSSEEL P., *L'attraction sociale. La dynamique de l'imaginaire dans la société monocéphale*, Paris, Méridiens, 1984.

THOMAS, J., *Structures de l'Imaginaire dans «l'Énéide»*, Paris, Éd. Belles Lettres, 1981.

TRISTAN, F., *Houng, les sociétés secrètes chinoises*, Paris, Baliand, 1987.

TUZET, H., *Le cosmos et l'imagination*, Paris, Corti, 1965.

VIERNE, S., *Jules Verne et le roman initiatique, contribution à l'étude de l'Imaginaire*, Paris, l'Agrafe d'Or, Éd. du Sirac, 1973.

– *Rite, roman, initiation*, Grenoble, P.U.G., 1973.

– *L'ile mystérieuse de Jules Verne*, Paris, Hachette, 1973.

– *Jules Verne*, Paris, Balland, 1986.

– *Jules Verne, mythe et modernité*, Paris, P.U.F., 1989.

WUNENBERGER, J. J., *La fête, le jeu et le sacré*, Paris, Éd. Universitaires, 1977.

– *L'utopie ou la crise de l'imaginaire*, Paris, Delarge, 1979.

– *Le sacré*, Paris, «Que sais-je ?», P.U.F., 1981.

DOCUMENTOS E TEXTOS ANEXOS

II. Obras colectivas do C. P. I.

Espaces et imaginaires (org. de S. VIERNE), Grenoble, P.U.G., 1979.
La galaxie de l'imaginaire, dérive autour de l'oeuvre de Gilbert Durand; (org.de M. MAFFESOLI), Paris, Berg International, 1980.
Le retour du mythe (org. de S. VIERNE), Grenoble, P.U.G., 1980.
Essai sur l'imaginaire musical, Grenoble, ELLUG, 1984.
L'esprit et la science (org. de CHARON, J. E.), Paris, Albin Michel, 1984.
Imaginaire et réalités (org. de CHARON, J. E.), Paris, Albin Michel, 1984.
O imaginário e a simbologia da passagem (org. de PERIN ROCHA PITTA), Recife, Brasil, Ed. Massangana, 1984.
Imaginaire du changement (org. de DUBOIS, G.), Bordéus, P.U.B., 1984-1985.
Sciences et imaginaire, Grenoble, ELLUG, 1985.
Les valeurs heuristiques de la figure mythique d'Hermès (org. de A. VERJAT), Université de Barcelone, GRIM, 1985.
Itinéraires imaginaires Grenoble, ELLUG, 1986.
Le mythe et le mythique (org. de G. DURAND, S. VIERNE), Actas do colóquio de Cerisy, Paris, Albin Michel, 1987.

III. Revistas das diferentes equipas do C. P. I.

Iris, C.P.I. – Université de Grenoble III.
Anthropos, G.R.I.M. – Université de Barcelone.
Annales du Centre de recherches et d'applications psychologiques et sociologiques, Université de Savoie.
Cahiers du Centre de recherches sur l'image, le symbole et le mythe, C.P.I. – Université de Bourgogne.
EIDOLON, C.P.I. – Université de Bordeaux III.
Cahiers de recherches sur l'imaginaire, C.P.I. – Université d'Angers.

III

O UNIVERSO DO SÍMBOLO
por Gilbert Durand

Quando é concedida a alguém, como me sucede a mim esta noite, a temível honra de inaugurar os trabalhos de uma semana de Estudo dedicada ao «Símbolo», as pessoas esperam sempre ouvir definições peremptórias. Por isso, vou causar uma desilusão recusando-me a dar qualquer definição unívoca, precisamente porque, por um lado, a dificuldade do assunto que vamos tratar radica na sua plurivocidade constitutiva e, por outro, parece-me sempre suspeito pretender começar pelo fim. Ao mesmo tempo é minha intenção apresentar, em vez de definições operacionais – cujo esboço e cujo quadro incluí numa pequena obra de que sou autor ([1]) –, designações operativas, isto é, recolhidas após a experiência simbólica e mitológica de vinte anos de investigação.

É claro que, para satisfazer toda a gente, se pode partir da definição clássica do símbolo, tal como os autores a apresentam de há um século a esta parte, desde Creuzer a Jung, passando por Lalande ([2]): a compreensão da noção é delimitada por três caracteres. Em primeiro lugar, o aspecto *concreto* (sensível, em imagem, figurado, etc.) do *significante*, em seguida o seu carácter *optimal*, que é o melhor para evocar (dar a conhecer, sugerir, epifanizar, etc.) o *significado*; finalmente este último é «*algo*

([1]) Cf. G. Durand, *L'imagination symbolique*, P. U. F., 2ª ed., 1968, Introduction: Le vocabulaire du symbolisme. [*A Imaginação Simbólica*, Lisboa, Edições 70]

([2]) Cf. F. Creuzer, *Symbolik und Mythologie der alten Völker*, e C. Jung, *Psychologische Typen*.

A CIÊNCIA DOS SÍMBOLOS

impossível de ser percebido» (ver, imaginar, compreender, etc.) directamente ou de outra forma qualquer. Ou seja, o símbolo é um sistema de conhecimento indirecto em que o significado e o significante anulam mais ou menos a «corte», um pouco à maneira de Jacques Derrida que erige o «grama» contra o corte saussuriano [3]. O símbolo é um caso limite do conhecimento indirecto em que, paradoxalmente, este último tende a tornar-se directo – mas num plano diferente do sinal biológico ou do discurso lógico –, e o seu imediatismo visa o plano da *gnosis* como num movimento assimptótico. Vemos, assim, como é privilegiado o uso que os místicos e as correntes iluminativas farão do símbolo. No entanto, há que estabelecer uma última precaução, especialmente perante um público de teólogos, pois estes últimos atribuem ao «símbolo» e ao «sinal» uma acepção diametralmente inversa da que lhes é dada pelos antropólogos [4]. E pode suceder que sejam os teólogos que têm razão, pois aquilo a que nós, os antropólogos, chamamos «símbolo», não é de forma nenhuma o famoso «sinal de reconhecimento» (*symbolon*) por meio de duas metades de um objecto fragmentado; exige-se do símbolo algo completamente diferente do mecanismo unívoco do *symbolon*, pede-se-lhe precisamente que «dê um sentido», ou seja, que nos faça aceder ao domínio da expressão, para além do domínio da comunicação [5].

Uma vez tomadas estas precauções, vou esforçar-me por apresentar aqui os resultados de vinte anos de trabalho, de forma a estabelecer operativamente o vocabulário problemático de jornadas como a que se inicia esta noite. Desejaria – sumariamente, bem entendido, uma vez que não se trata de uma conferência – dar as três dimensões do símbolo tal como as concebo após uma longa experiência e várias tentativas para as tornar claras e para as pôr em acção. Não me vou deter nas duas primeiras dimensões: elas estão estabelecidas há, pelo menos – creio –, quinze ou vinte anos e limitar-me-ei a lembrar aquilo que escrevi sobre isso; em contrapartida, a terceira dimensão que subentende as problemáticas do mito parece-me mais actual e atrever-me-ei, por causa dela, a desequilibrar um pouco o plano desta conversa.

---

[3] Cf. J. Derrida, *Positions*, Ed. de Minuit, 1972, pp. 40, 50 sq.

[4] Cf. J.-L. Leuba, *Signe et symbole en Théologie*, em *Signe et Symbole*.

[5] Cf. o nosso artigo *Langage et métalangage*, em *Eranos Jahrbuch*, 39, 1970.

DOCUMENTOS E TEXTOS ANEXOS

Chamarei à primeira dimensão da problemática do símbolo a *dimensão mecânica*, querendo simplesmente dizer com isso que surge, desde as primeiras investigações realizadas sobre o símbolo, um conjunto de noções que, tanto no seu acordo estático como no seu funcionamento (de certa maneira cinemático), define um «aparelho» simbólico, um pouco na acepção em que Freud entendia o «aparelho psíquico». Foi a estas noções que dediquei outrora a Introdução ([6]) de um resumo de vários anos de reflexão sobre o símbolo. Nessa altura, induzia as categorias possíveis e funcionantes do símbolo e esboçava as modalidades de desqualificação simbólica, isto é, os processos a partir dos quais um símbolo é desafectado dos seus poderes específicos, e volta a integrar-se na categoria do signo, da alegoria, da metáfora, da metonímia, da parábola, etc.

Há três categorias que constituem, quanto a mim, o aparelho simbólico: o *Esquema* – a que chamei metaforicamente «verbal», uma vez que nas línguas naturais o verbo é aquilo que «exprime a acção» –, o mais imediato para a representação figurativa, que se vai buscar directamente –, com a ajuda das conexões até mesmo reflexas do «grande cérebro» humano –, ao inconsciente reflexo do corpo vivo. Os esquemas são o capital referencial de todos os gestos possíveis da espécie *Homo sapiens*. Foi isso que Bergson pressentiu na segregação do *Homo faber* em nós. Mas, ao colocar o esquema na raiz da figuração simbólica, separo-me simultaneamente da teoria jungiana que estabelece como a última causa da acção um depósito de arquétipos elaborados num inconsciente colectivo, e das reduções da figura simbólica, tanto freudianas (redução ao *sintoma* de uma única *libido* obcecada pelo buraco, digestivo e genital) como lacanianas (redução desta linguagem pré-linguística às sintaxes e aos trocadilhos de uma língua natural). Penso, como Mauss, que a primeira «linguagem», o «verbo», é a expressão corporal. E pergunto-me, como Fausto, que deveria ter lido Derrida, se era o verbo *ou* a acção que existia no «princípio». Porque o verbo *é* acção específica, e isso não sucede apenas no que se refere aos verbos «encher», «preencher», «atulhar», «engolir», etc., mas ainda no que respeita à motricidade dos

---

([6]) C. G. Durand, *Les structures anthropologiques de l'Imaginaire*, 1ª ed., P.U.F., 1960.

A CIÊNCIA DOS SÍMBOLOS

membros, à postura e, em primeiro lugar, à mão. Nem só o pénis é verbal! A mímica, a dança, o gesto – aquilo que Husserl designa por «pré-reflexivo» – são principais relativamente à palavra e, mais ainda, relativamente à escrita.

Os famosos arquétipos são apenas segundos ([7]). E essas «imagens primeiras e universais da espécie» dividem-se, segundo as categorias desse discurso metafórico que acabamos de esboçar, em *epitéticos* e *substantivos*, consoante se trata de «qualidades sensíveis» ou perceptivas, tais como alto, baixo, quente, frio, seco, húmido, puro, profundo, etc., ou de objectos percebidos e denominados substantivamente: luz, treva, abismo, criança, lua, mãe, cruz, círculo, sombras, etc. Os arquétipos estão a caminho da diferenciação perceptiva e da distanciação exógena.

Finalmente, os arquétipos especificam-se ainda sob a influência qualificadora dos incidentes puramente exógenos: clima, tecnologia, área geográfica, fauna, estado cultural, etc., associações por contacto, assonâncias e consonâncias fonéticas, etc. É a zona do aparelho simbólico que podemos designar por *«símbolo» stricto sensu*. Por exemplo, o arquétipo do Oriente, rodeado nesta península ocidental da Ásia que é a Ásia Menor e a Europa, por todo o cortejo simbólico do sol erguendo-se por trás das montanhas ou das terras desérticas, associado à cor dourada das areias, aparece, entre os antigos Mexicanos ([8]) – pois o sol nasce no húmido golfo do México donde sopram ventos portadores de chuva –, com as cores da Turquesa e o brilho do Astro no Oriente surge impregnado dos símbolos da fecundidade vegetal. Poder-se-ia igualmente mostrar como é que as *«línguas naturais»* acrescentam pelo seu fonetismo, ou, quando são escritas, pelo seu grafismo, derivações e idiotismos semânticos ao aparelho simbólico. A fundação apostólica da Igreja em Simão-Pedro é dada por um jogo de palavras, a quase-homonímia de *sema/soma* (prisão/corpo, em grego), de *Xiva/Xavá* (o Deus/o cadáver, em sânscrito); a caligrafia árabe do *ba* e do *alif* (*ba*, B, primeira letra

---

([7]) Acerca das ligações dos esquemas e arquétipos com o suporte biológico, cf. A. Portmann, *Das Problem der Urbilder in biologischer*, em *Eranos Jahrbuch*, 19 (1950); F. Alvedres, *Die Wirksamkeit von Archetypen in den Instinkthandlungen der Tiere*, em Zoll, Anzeiger, 119 (1939); K. Lorenz, *Die angeborenen Formen möglicher Erfahrung*, em *Zeitsch, für Tierpsychologie*, Berlim, 1943.

([8]) Cf. J. Soustelle, *La cosmologie des Anciens Mexicains*, Hermann, 1940.

DOCUMENTOS E TEXTOS ANEXOS

da eulógia inaugural do *Alcorão*, «*bismillâh*») [9] atestam o poder derivativo e criador dos símbolos das línguas naturais.

Mas estas «derivações» são o mecanismo limite para além do qual a definição geral do símbolo que demos no início desse estudo deixa de se aplicar: quando nos internamos nos particularismos culturais, nas situações e nos acontecimentos da crónica, o símbolo perde a sua plurivocidade: torna-se sintema [10], o sinal arquétipo que subsiste por vezes, mas desde que o sentido perde a sua equivocidade, o significante cada vez se separa mais do significado: o «símbolo» da cruz, tão arquetípico e tal como surge em oposição a tudo na ornamentária das igrejas cristãs, corre o risco de uma primeira particularização «histórica» e sentimental quando se especifica em *Crucifixo* e, finalmente, se reduz ao estado de sinal (no sentido em que os antropólogos o entendem!) da adição, absolutamente unívoco na linguagem matemática.

A queda da pregnância simbólica, a espécie de entropia que faz sempre com que a letra tape e oculte o espírito, esboça uma cinemática do símbolo: o simbolismo só «funciona» se existe distanciação, mas sem corte, e se há plurivocidade, mas sem arbitrariedade. É que o símbolo tem duas exigências: deve medir a sua incapacidade para «pôr à vista» o significado em si, mas tem que comprometer a crença na sua pertinência total. O simbolismo deixa de funcionar, ou por falta de distanciação na percepção, nas representações «directas» do psiquismo animal, ou por falta de plurivocidade nos processos de sintematização, ou por corte no caso da «arbitrariedade do signo», tão cara a Saussure.

Mas isso são casos limites difíceis de realizar pela espécie animal *Homo sapiens*, e assim somos levados a considerar as *dimensões* genéticas do símbolo.

A ordenação interna do aparelho simbólico leva, com efeito, a reflexões genéticas sobre a formação do símbolo, não só na criança, como fez Piaget, mas ainda no reino animal – se postularmos a evolução –, como os etnólogos contemporâneos e, em especial, Jacob von Uexküll [11].

---

[9] Cf. P. Ponsoye, *L'Islam et le Graal*, Denoël, 1957.

[10] R. Alleau, *De la nature du symbole*, Flammarion, 1958.

[11] Cf. G. Schaller, *The Mountain Gorilla*, Chicago, Univ. Press., 1963; K. Lorenz, *Man meets Dog*, Methuen, 1954; D. Morris, *Primate Ethnology*, Weidenfeld and Nicholson, 1967; J. von Uexküll, trad. franc., *Mondes animaux et monde humain*, seguido de *Théorie de la signification (Bedeutungslehre)*, Paris, Gonthier, 1966.

A CIÊNCIA DOS SÍMBOLOS

Se tentarmos resumir os trabalhos dos biologistas contemporâneos, podemos dizer que aquilo que distingue o comportamento do *homo sapiens* do dos outros animais, é que toda a actividade psíquica daquele, com raras excepções, é indirecta (ou reflexiva), isto é, não tem nem o imediatismo, nem a segurança, nem a univocidade do instinto. A «razão» do *animal rationabile*, tal como a «sapiência» do *Homo sapiens*, não passam de consequências desta mediatidade neuro-psicológica. O fracasso do bergsonismo é assinalado pelo facto do «dado imediato» da consciência não poder ser senão o inconsciente infra-humano. A marca anatomo-fisiológica de tudo isto é que um «terceiro cérebro» vem, no *Homo sapiens*, subsumir os dois cérebros histológica e fisiologicamente considerados já como distintos (¹²): o do mamífero (o rinencéfalo, o cérebro límbico) e o do vertebrado (o paleoncéfalo). O que significa, para simplificar, que tanto a agressividade mais «crocodiliana» (como lhe chama Laborit), como a emotividade afectiva mais límbica, são *interpretadas* –, isto é, acompanhadas de efeitos reflexos, de representações, de ideologias, etc. –, por esse «grande cérebro» humano, pois é o neoncéfalo que se encarrega delas. Como observou admiravelmente Ernst Cassirer (¹³), toda a actividade humana, todo o génio humano, é o conjunto de «formas simbólicas» diversificadas. Por outras palavras, «o Universo Simbólico» que temos o temível privilégio de apresentar esta noite, não é nada menos que o Universo Humano inteiro!

Não se deve confundir o progresso da consciência com o progresso tecnológico, como fazia Léon Brunschwig, pois ele integra-se numa genética cada vez mais avançada do símbolo. Não se trata, de forma nenhuma,– como defende uma perspectiva ainda mais etnocêntrica como a de H. Laborit ou J. Derrida (¹⁴) por exemplo –, de recalcar os dois cérebros pré-hominianos e até o «logos» em proveito de uma racionalidade lógico-mate-

---

(¹²) Cf. H. Laborit, *Psychologie humaine, cellulaire et organique*, Masson, 1961; *id.*, *Neurophysiologie. Aspects métabolique et pharmacologique*, Masson, 1969; J. M. R. Delgado, *Aggression and Defense under Cerebral Radio Control*, em *Aggression and Defense, Neural Mechanisms and Social Patterns* (Brain Function, 5), Los Angeles, 1965; Van Hoof, *Facial Expression in Higher Primates*, em *Symp. Pool. Soc. Land.*, 8 (1962).

(¹³) Cf. E. Cassirer, *Die Symbolischen Formen*.

(¹⁴) Cf. H. Laborit, *L'agressivité détournée*, U. G. d'Édition, 1970; J. Derrida, ob. cit., p. 48.

DOCUMENTOS E TEXTOS ANEXOS

mática: parece que tanto o biologista Laborit como o filósofo Derrida esqueceram o carácter agressivo, fundamental do primata carniceiro que é o *Homo sapiens*. O humanismo ocidental, que apenas se reconhece nos êxitos do computador e das planificações, peca por angelismo. O humanismo antropológico, pelo contrário, reconhece modestamente que «nada do que é infra-humano em mim me é estranho!» nem sequer o carniceiro que, em nós, constitui uma «segunda natureza».

Dirigi um volumoso trabalho colectivo, juntamente com uma dezena de sábios de diferentes especialidades, um «Atlas dos Mundos Imaginários» cujo plano – aprovado por este areópago científico – dá testemunho desta genética do *Homo signifer*, deste progresso da consciência que é o progresso da pregnância simbólica. Ao nível mais baixo – excluído deste «Atlas», –, ao nível pavloviano, em certa medida, o símbolo surge no mundo animal como complexos de sinais. A famosa carraça estudada por Von Uexküll não «simboliza», o seu universo significativo é feito de três dimensões unívocas, ao passo que no cão e, ao que parece, em todos os animais dotados de um cérebro, pelo menos nos pássaros, uma mímica postural, uma atitude «reflexiva» mostra que o reflexo, ou o instinto, pode – raramente, é um facto – ausentar-se do seu funcionamento directo de origem. O animal superior tem atitudes de circunspecção, o cão de Pavlov passa do indício ao sinal, e não é de pôr de lado a opinião de Adolf Portmann ([15]) segundo a qual os animais chegam a atingir representações fixas para a espécie, os *Urbilder*. Mas é incontestavelmente nesse primata tão especial, tão estranho que é o «macaco nú» ([16]), nesse primata «carniceiro» que é o homem, que existe a qualidade específica e compacta da simbolização. Talvez porque a distanciação entre desejo e realidade seja maior no primata humano, votado à «neotenia», à imaturidade, que nos seus irmãos símios. De qualquer maneira, é no *homo sapiens* que se desenvolve, de modo pleno, o processo de pensamento mediato, de compreensão por meio de um «signo»

([15]) Cf. A. Portmann, *Das Problem der Urbilder in biologischer Sicht*, em *Eranos Jahrbuch*, 19 (1950), pp. 413 sq; H. Hediger, *Bemerkungen zum Raum-Zeit System der Tiere*, em *Schweizerische Zeitsch. für Psychologie und ihre Anwendungen*, 4 (1946).

([16]) Cf. D. Morris, *Le singe nu*, trad. franc., Grasset, 1968; S. L. Washburn, *Classification and Human Evolution*, Methuen, 1964.

A CIÊNCIA DOS SÍMBOLOS

dos diversos campos de significação. Mas esta simbolização forma-se progressivamente.

Na criança ([17]), nesse estádio que designámos, na esteira de Jean Chateau, de Piaget e, sobretudo, de Bernard Andrey, por estádio da «imaginação restrita», porque o imaginário se encontra aí simultaneamente deturpado, estereotipado e recalcado pela grande imaturidade psico-fisiológica da criança humana, são os processos lentamente elaborados da colocação à distância do mundo que permitem a reflexão simbolizante, muito sobredeterminada pelas instituições de aprendizagem, pelas valorizações parentais e até pelas brincadeiras.

Também no doente mental, contrariamente a uma opinião corrente, o imaginário se encontra mutilado, sendo a distanciação necessária ao símbolo desorganizada pelas intrusões existenciais. A monopolização obsessional ou delirante impossibilitam a consciência da mediação.

Só com a aculturação surge plenamente o «Atlas do Imaginário» e também aí existem graus, desde a simples simbólica e mítica «derivada», desde as literaturas e as construções utópicas, até ao compromisso na própria trama do intercâmbio cultural. É com a arte, a filosofia, a religião – como Hegel pressentira – que a consciência simbólica atinge o seu mais alto nível de funcionamento. A obra de arte, o sistema filosófico, o sistema religioso – e acrescentamos o sistema das instituições sociais – constituem paradigmas de alta frequência simbólica. Quer dizer, as figuras que eles veiculam e que os constituem podem ser inesgotavelmente «retomadas» – como diria Ricoeur –, «interpretadas», traduzidas (e até algumas vezes traídas!) sem que o sentido se esgote. Para resumir, poderíamos dizer, chamando «mitológicas» a essas elevadas construções do Imaginário, que a mitologia é o aperfeiçoamento exemplar da génese do símbolo. Voltaremos a aludir a esta importância da mitologia quando tratarmos da dinâmica do símbolo. Para já, examinemos esse lugar supremo que concedemos à cultura, no cume da genética simbólica. Não se deve induzir desta apologia da aculturação que adoptamos uma posição culturalista, quando nos acusava há

([17]) Cf. J. Chateau, *Les sources de l'Imaginaire*, Ed. Universitaires, 1972. Eu próprio estudei outrora *Les trois niveaux de formation du symbolisme*, em *Cahiers internat. du Symbolisme*, I, (1962), o nosso artigo *Les Structures polarisantes de la conscience psychique et de la culture*, em *Eranos Jahrbuch*, 36 (1967).

DOCUMENTOS E TEXTOS ANEXOS

bem pouco tempo ainda, aliás falsamente, de sermos defensores de um baixo psicologismo reflexológico. Com efeito, entre a cultura, que pode ser tão morta de sentido como uma língua absolutamente morta (o etrusco ou o egípcio perante Champollion) e a natureza reflexológica que escapa ao consciente, há o «trajecto antropológico», esse «rasto» – como diria, talvez, Derrida –, acessível apenas como realidade científica da antropologia. O animal humano com o seu «grande cérebro» é funcionalmente cultivável, se assim me posso exprimir. Aquilo que diferencia radicalmente a criança humana ou o doente mental do macaco ou do cão, a sociedade – e a sua «consciência» que é a cultura –, é para o homem uma forma simbólica duplamente necessária pelos caracteres sociáveis do animal humano, tão desprovido de instintos de subsistência, e pelas qualidades de mediatização reflexiva do seu «grande cérebro». Este fenómeno da interpenetração do comportamento natural e dos dados culturais é permitida pelo fenómeno geral da neotenia ([18]) humana, pelo qual o cérebro vem ao mundo imaturo e incompleto; enquanto um jovem chimpanzé termina o seu crescimento cerebral nos doze meses que se seguem ao nascimento, é preciso um mínimo de seis anos, e depois mais dez ou doze anos para que o cérebro humano se desenvolva. Por outras palavras, não há desenvolvimento do cérebro sem «educação» cultural. O «trajecto antropológico», em vez de pôr a cultura no singular – uma vez que o homem tem um instinto demasiado frágil para que toda a espécie adopte um único comportamento social – pluraliza e singulariza «as culturas», sem esquecer a «natureza» biológica do homem que, para a ciência, não é de forma nenhuma um «paradigma esquecido» ([19]). Natureza «animal» e cultura singular são tão pouco separáveis para o «grande cérebro» humano como, dentro dele, as camadas primitivas da cerebralidade. Quando Lévi-Strauss demonstra magistralmente que «os homens sempre pensaram com a mesma perfeição» ([20]), recusando assim o etnocentrismo e todos os seus colonialismos, podemos induzir – e, ao que parece, o grande antropólogo não ousou fazê-lo – que existe uma «natureza» biológica do *Homo sapiens*, não «vazia», mas cheia de potencialidades, e que essas potencialidades se aplicam

([18]) Cf. D. Morris, *ob. cit.*, p. 33.

([19]) Cf. E. Morin, *Un paradigme oublié: la nature humaine*, Paris, Ed. du Seuil, 1973.

([20]) Cf. Cl. Lévi-Strauss, *La pensée sauvage*, Plon, Paris, 1962.

A CIÊNCIA DOS SÍMBOLOS

em infinitas actualizações. Essas actualizações, as culturas, constituem a marca privilegiada e específica do homem, mas são a causa, o «factor dominante» das suas representações.

É neste sentido que pensamos que a solução culturalista – tal como as perspectivas hegeliana, spengleriana ou comtiana – ao reduzir monoliticamente o pluralismo das soluções culturais do défice instintual humano a um totalitarismo e a um monismo da cultura é deformante porque parcial, e parcial porque etnocentricamente parcial. Tanto Spengler como Hegel demonstraram, é certo, que a mais alta instância da consciência coincide com o apogeu cultural (filosofia, arte, religião), mas nem um nem outro – sobretudo Hegel e Comte, que acrescentam ao monismo um etnocentrismo decidido – definiram uma cultura como um sistema de regulação em que funcionam instâncias contraditórias antagonistas, porque compensatórias. Se as culturas estão no cume da genética do aparelho simbólico humano, não pensamos de forma nenhuma em reduzir estas derivações culturais à solução totalitária do etnocentrismo e especialmente da nossa pedagogia e ideologia ocidentais.

Penso que esta divergência que mantenho (de uma forma menos tímida que Derrida que, na verdade, rejeita a «não-pertinência» do totalitarismo cultural, mas salvaguarda o dualismo lógico-matemático do nosso modelo cultural ocidental) com todos os modelos totalitários do Ocidente, quer eles se manifestem no método do cientismo e da nossa pedagogia, ou na verdade hedónica do liberalismo ou no socialismo, basta para explicar o dinamismo do símbolo. É realmente na *diferença* (ou «diferência» – *différance* –, se quisermos) ([21]) que se encontram os processos analíticos que permitem compreender a evolução, a transformação, as recorrências do aparelho simbólico.

E esta «diferência», para um antropólogo como eu, chama--se mito. Ela surge, não só aquém da «escrita», uma vez que o mito é palavra antes de ser escrito, mas aquém da língua natural que traduz o mito, dado que, por sua vez, o mito pode ser traduzido e é-o nessa «meta-linguagem» mitológica de que fala Lévi-Strauss ([22]), nessa linguagem «pré-semiótica» em que o aspecto gestual do rito, do culto, da magia, vem substituir a gra-

---

([21]) Cf. J. Derrida, *L'écriture et la différence*, Ed. du Seuil, 1967.

([22]) Cf. Cl. Lévi-Strauss, *Anthropologie structurale*.

DOCUMENTOS E TEXTOS ANEXOS

mática e o léxico. O mito é o discurso último em que se constitui a tensão antagonista fundamental para qualquer discurso, isto é, para qualquer «desenvolvimento» do sentido. Nietzsche ([23]) viu, de uma forma genial – contrariamente aos seus sucessores culturalistas – que o mito a que o pensamento grego se resume é o relato do antagonismo entre as forças apolíneas e as forças dionisíacas. Lévi-Strauss acentuará esse carácter dilemático do mito, «instrumento lógico», para conciliar diacronicamente as entidades semânticas que não podem sobrepor-se sincronicamente. Mas é a Max Weber ([24]) que devemos a tese mais explícita deste «politeísmo de valores» de onde decorre um determinismo «paradoxal» indutor de lógicas não bivalentes. E quando há uns vinte anos eu constatava que as «Estruturas antropológicas do Imaginário» se classificavam em três séries isomorfas *irredutíveis*, afirmei que não há continuidade homogénea – contrariamente ao que defende a doutrina freudiana *da* libido – entre os três regimes estruturais, simplesmente porque não há homologia entre os suportes anatomo-fisiológicos desses regimes. Os trabalhos dos sucessores de Freud, especialmente os de Adler e de Rank deixam entrever que não existe *uma única* libido ([25]). Adler, neste ponto, está perfeitamente de acordo com os dados da anatomo-fisiologia cerebral contemporânea que localizou no paleo-encéfalo uma área da agressividade. Claro que, na época, para caracterizar esses três regimes estruturais, eu utilizava desajeitadamente o termo «sínteses» que podia sugerir que as «Estruturas sintéticas» eram o culminar de uma dialética totalizante como a de Hegel, de Ricoeur ou ainda de J.-P. Richard. Ora, não pretendi nunca chegar a uma resolução sintética à maneira de Hegel. E se eu quisesse dar hoje um nome a essa categoria de estruturas, hesitaria entre uma denominação lévi-straussiana, como «estruturas diacrónicas», ou uma denominação derridesca, tal como «estruturas disseminatórias ([26]), pois trata-se simultanea-

[23] Cf. F. Nietzsche, *La naissance de la tragédie*.

[24] M. Weber, trad. franc.: *L'éthique protestante et l'esprit du colonialisme*, Plon, 1965 (1905) e sobretudo *Le Savant et le politique*, Plon, 1969.

[25] Cf. igualmente os etnólogos que insistiram nas condutas de agressividade e de defesa como sendo primordiais: D. Morris e R. Morris, *Men and Snakes* e *Men and Pandas*, Hutchinson, 1966; cf. também M. Bastock, D. Morris, M. Moynihan, *Some Comments on Conflict and Thwarting in Animals*, em *Behavior*, 6 (1953).

[26] Cf. J. Derrida, *La dissémination*, Seuil, 1972.

A CIÊNCIA DOS SÍMBOLOS

mente de estruturas que integram o tempo – e por consequência o *tempo* do relato e de estruturas que assinalam «uma multiplicidade irredutível e generativa». Ora, o mito, enquanto «relato», inclui-se finalmente neste conjunto estrutural, mas sobretudo subsume «irredutivelmente» e «generativamente» o conjunto dos três regimes estruturais. Ele é passível de uma lógica dos antagonistas, tal como a que foi estudada por Stéphane Lupasco ([27]) e que Derrida designaria por «conflitorial».

É evidente que há também um mecanismo interno no relato místico que faz com que, à semelhança do símbolo que se distende semanticamente em sintemas, o mito se distenda em simples parábola, em conto ou fábula, e finalmente em qualquer relato literário ([28]) ou ainda seja incrustado por acontecimentos existenciais ou históricos e venha, por isso, a esgotar o seu sentido pregnante nas formas simbólicas da estética, da moral ou da história. o mito é fruto da pregnância simbólica dos símbolos que ele inclui no relato: arquétipos ou símbolos profundos, ou então simples sintemas episódicos.

Mas o importante aqui é a natureza última do mito nos processos de integração explicativa. Freud mostrou-se genial ao ir buscar à velha mitologia grega Édipo, Jocasta ou Diana como paradigmas últimos de situações que não podem ser explicadas – como sucede em Platão – por nenhuma razão «dialéctica». O mito, disseminação diacrónica de sequências (mitemas) e de símbolos, sistema último, assimptótico de integração dos antagonismos, é o último discurso e esse último discurso exprime finalmente a «Guerra dos deuses». Espero que esta expressão – tal como a de «politeísmo» que fui buscar a Weber – não escandalize os teólogos cristãos que me ouvem! Ela constitui, na boca de um filósofo como Platão ou de um antropólogo como eu, um sinal de humildade: a sabedoria humana, tal como a ciência humana, não podem deixar de se deter perante este limite para além do qual se articulam as teologias e, mais ainda, as místicas. Claro que não pretendemos, ao colocar na raiz da antropologia a «Guerra dos deuses», um regresso fácil a um heraclitismo ou a um empedo-

---

([27]) Cf. M. Beigbeder, *La contradiction ou le Nouvel Entendement*, Bordas, 1973.

([28]) Cf. a obra de M. Eliade e Ch. Baudouin, *Le Triomphe du Héros*, Plon, 1952.

DOCUMENTOS E TEXTOS ANEXOS

clismo lendários. É ainda a biologia mais contemporânea que assinala que, na raiz do hominídeo, existe esta contradição ([29]) fundamental entre um comportamento de primata – isto é frugívoro ou insectívoro – e o de um carniceiro terrestre. Para o biologista contemporâneo, «abandonar o Jardim do Éden» reveste-se de um significado quase científico. A condição do hominídeo, *Homo erectus*, *Homo faber* e *Homo sapiens*, é ser constitutivamente dividido entre a esfera frugívora, arborícola da sua estrutura primata, e a esfera carnívora e terrestre do seu comportamento de carniceiro caçador. A «Guerra dos deuses» anuncia-se sempre no *Homo sapiens* pelo antagonismo inultrapassável entre Marte e Vénus, Apolo e Dioniso, entre aquilo a que outros chamaram princípio do prazer e princípio da realidade. Mas, desde que existe teogonia, as potências constitutivas do último em nós são os elementos simbólicos extremos para além dos quais nada se pode dizer mais, e que por comodidade designamos por «deuses». Deuses e «Guerra dos deuses» que constituem os limites do nosso destino de homem e de todos os humanismos. Mas que, por isso, são o domínio último da antropologia. Não são os politeísmos «pagãos», como é evidente, que ilustram mais claramente a nossa tese: tanto a *Ilíada* como a *Baghavad-Gîta* mostram que os deuses combatem connosco, em nós. Mas demonstrei algures que em monoteísmos tão severos como o Islamismo ([30]), o «politeísmo» dos valores – mais dulias do que latrias, é claro – era constitutivo do próprio discurso religioso. Desde que existe economia da salvação, mediação, a «Guerra dos deuses» surge na tradição abraâmica, a nossa, e traduz-se em termos de nostalgia, de queda, de pecado, de rebelião de exílio, mas também em termos de redenção. E é esta disseminação das potências místicas que constitui a admirável *Resposta a Job*, na profunda análise de Jung. Mas ela também constitui essa *Epopeia romântica* que Léon Ceiller detectou ([31]).

([29]) D. Morris, *Le Singe nu*, 18: «Punha-se um dilema aos grandes macacos ancestrais: agarrarem-se àquilo que restava da antiga floresta onde viviam, ou enfrentar a expulsão do jardim do Paraíso.» Morris, na esteira de Yerkes, de Zurckerman ou de Lorenz, permitimos entrever uma solução genética na famosa nostalgia do Paraíso que Rank considerava a único traumatismo do nascimento.

([30]) G. Durand, *Structure et fonction récurrentes de la figure de Dieu*, em *Eranos Jahrbuch*, 37 (1968).

([31]) Cf. L. Cellier, *L'Épopée romantique*, 1954, reeditada sob o título mais explícito de *L'Épopée humanitaire et les grands mythes romantiques*, S. E. D. E. S., Paris, 1971.

A CIÊNCIA DOS SÍMBOLOS

Quando afirmo que o mito constitui a dinâmica do símbolo, não quero apenas significar que ele faz subsistir os símbolos através do «drama» ([32]) discursivo que anima, através da conflagração dos antagonismos e dos aprofundamentos «dialécticos» (no sentido socrático do termo!) com que alimenta a simbólica. Quero dizer, sobretudo, que ao longo das culturas e das vidas individuais dos homens – durante aquilo que alguns designam pelo nome confuso de «história», mas a que Goethe prefere chamar *Schiksal*, destino –, é o mito que, de certa maneira, distribui os papéis da história e permite decidir aquilo que «faz» o momento histórico, a alma de uma época, de um século, de uma idade da vida.

Este «evemerismo ao contrário» é, sem dúvida, aquilo que mais deve chocar o etnocentrismo ocidental, em que a hipóstase da história se funda num cristianismo mal assimilado e nos «progressos» da tecnologia e dos «meios de produção». Ora, o mito é o último referencial a partir do qual a história se compreende, a partir do qual o «ofício do historiador» é possível, não o inverso. O mito caminha à frente da história, atesta-a e legitima-a, tal como o Antigo Testamento com as suas «figuras» garante a um cristão a autenticidade histórica do Messias. Sem o mito, a batalha de Filipe ou de Waterloo não passariam de ocorrências pouco relevantes. Limito-me a apresentar como prova disto – e faço-o de uma forma muito resumida – a activação dos símbolos no fim do século XVIII e no início do século XIX na Europa, que permitiram no âmbito de um messianismo mítico indubitável, o ressurgimento literário e ideológico do velho mito de Prometeu e a encarnação histórica desse mito em Napoleão Bonaparte. No que se refere ao mito de Napoleão, tanto no seu apogeu como no seu declínio, é obrigatória a consulta dos sugestivos trabalhos de Jean Tulard ([33]). Mas este mito de Napoleão «cativo supremo num rochedo», só é plausível porque assenta no enorme ressurgimento do mito de Prometeu durante todo o período pré-romântico e romântico ([34]). Embora

---

([32]) Cf. o nosso artigo *Dualisme et dramatisation: régime antithétiques et structures dramatiques de l'imaginaire*, em *Eranos fahrbuch*, 33 (1964).

([33]) Cf. J. Tulard, *L'anti-Napoléon*, Julliard, 1965, e *Le mythe de Napoléon*, A. Colin, 1971.

([34]) Cf. P. Albouy, *Mythes et mythologies dans la littérature française*, II, cap. I, e 3, A. Colin. 1969.

278

DOCUMENTOS E TEXTOS ANEXOS

alguns, como Maistre, estabeleçam uma ligação entre o Titã mártir e a Paixão de Cristo, e outros, como Shelley, oponham o Titã à religião e às Igrejas, é o mesmo mito que obceca a alma romântica de 1780 a 1865, desde Goethe, Byron, Ballanche, Hugo, Michelet a Quinet, Louis Ménard, Marx, Louise Ackermann, para ir naufragar finalmente contra a muralha da herança nietzschiana dos *Prometeus* de Spitteler ou de Gide, de Élémir Bourges, de André Suarés ou de Aragon. E vemos Sísifo e sobretudo Dioniso [35] substituir progressivamente Prometeu, invadir a cena mitológica à medida que declina a moda ideológica de Prometeu. O destino do Ocidente é também esta trama mitológica em que se defrontam heróis, titãs e deuses. Sobretudo, não se trata de *reduzir* o prometeísmo à «morte do pai» de 1792, ou às conquistas da «revolução industrial dos anos de 1840»: Prometeu existe desde 1780, desde antes do regicídio, antes do primeiro motor a vapor explorado, o do barco de Fulton em 1807. A Revolução Francesa, o aparecimento tecnológico do vapor são, pelo menos, «síncronos» ao mito de Prometeu. Alguns mitos de época – isto é, que explicam uma época –, não se extinguem sequer com a época que os produziu: Unamuno demonstrou de forma inequívoca que o «quixotismo» não teve necessidade de uma incarnação histórica do Cavaleiro da Triste Figura, e que Dom Quixote ainda estava vivo no nosso século, no entanto tão afastado já da proeza cavalheiresca [36].

A dinâmica do Símbolo que constitui o mito e consagra a mitologia como «mãe» da história e dos destinos ilumina *a posteriori* a genética e a mecânica do símbolo. Efectivamente, ela substitui o elemento simbólico, o gesto ritual ou o mitema nesta meta-história, *in illo tempore*, que lhe confere o seu sentido óptimo. Não é à história, ao momento cronológico desta ou daquela ocorrência material de um facto que o símbolo se refere, mas ao aparecimento constitutivo das suas significações. Por exemplo, durante muito tempo, os nossos historicistas fizeram-nos encarar o relato das famosas origens de Roma sob um prisma errado. Só com George Dumézil [37]

---

[35] Cf. J. Brun, *Le retour de Dionysos*, Desclée, 1969; o nosso artigo publicado em *Romantisme* (*Revue de la Société des Études romantiques*): *Les mythes et symboles de l'intimité et le XIX siècle.*

[36] Cf. M. Unamuno, *La vie de Don Quichote et de Sancho Pança*

[37] Cf. G. Dumézil, *L'héritage indo-européen à Rome*, Gallimard, 1949; *Naissance de Rome*, 1944; *Rituels indo-européens à Rome*, 1954; *Tarpéia*, Gallimard, 1947.

A CIÊNCIA DOS SÍMBOLOS

ficou demonstrado, aliás magistralmente, que todo o relato da fundação, *ab urbe condita*, ia buscar a sua perenidade e a sua pregnância ao facto de constituir o paradigma mítico de toda a história, de toda a ideologia, de todo o destino da sociedade romana.

Após esboçar resumidamente os contornos deste Universo do Símbolo que, finalmente, surge como o império do homem, o mundo das parábolas e dos paradigmas que constituem o Espírito humano, na sua grandeza e na sua relatividade, na sua finitude e nas suas esperanças, depois de apontar as grandes definições que suscita uma «operação» atenta sobre a imagem simbólica há mais de vinte anos e ter chegado a esta «mecânica», a esta «genética» e a esta «dinâmica» da actividade essencial do *Homo sapiens* – ou se quisermos do *Adam Kadmon*, que significa o mesmo –, que é o pensamento simbólico, limito-me – como antropólogo que teve a honra de ser convidado por teólogos! – a congratular-me por ver, como desejei em 1959, após a publicação das conclusões da Comissão Conciliar sobre a Liturgia, quando os dominicanos me pediram para situar o *Estatuto do Símbolo e do Imaginário hoje* ([38]), teólogos ecumenicamente reunidos, exorcizarem-se dos fúnebres velórios da Morte de Deus, desviarem-se do agnosticismo tão em moda e das insolências iconoclastas dos positivismos, e afirmarem-se realmente «católicos», reconhecendo que toda a revelação – até aquela que está mais situada na história –, necessita, para desempenhar o seu papel soteriológico e escatológico, de ter raízes naquilo que ultrapassa a história, naquilo que «existiu sempre, em todos os tempos e em toda a parte», no fundamento da condição do homem.

E se me permitem fazer um voto para este colóquio, e para o futuro da teologia ocidental, direi que desejo, caros colegas teólogos, um regresso desmistificador às decisões do II Concílio de Niceia, direi que desejo uma teologia iconófila, uma teologia humilde que se debruce sobre esta condição humana – sobre este «mundo intermediário, nem anjo, nem animal» –, e que ninguém esqueça, apesar de tudo, que o homem é feito «à imagem e semelhança de Deus».

([38]) Cf. G. Durand, *Le Statut du Symbole et de l'Imaginaire aujourd'hui*, em *Lumière et Vie*, 16 (1967).

BIBLIOGRAFIA

I. Dicionários de símbolos.

BEIGBEDER, Olivier, *Lexique des symboles*, Saint-Léger-Vauban, Zodiaque, 1969.

BONNEFOY, Yves (dir. de), *Dictionnaire des mythologies*, Paris, Flammarion, 1981.

CIRLOT, Juan Eduardo, *A Dictionary of Symbols*, Londres, Routledge and Kegan, 1952.

Dictionnaire des symboles, dir. de Jean Chevalier, com a colaboração de Alain Gheerbrandt, Paris, Laffont, 1969.

II. Simbolismo e simbólica geral.

ALLEAU, René, *De la nature des symboles*, Paris, Flammarion, 1958.

ALLEMANN, Beda *et all.*, *Le symbole*, Paris, Fayard, 1959.

ALLENDY, R., *Le symbolisme des nombres*, Paris, 1948.

ANDRONIKOF, Constantin, *Le sens des fêtes*, Paris, Éd. du Cerf, 1970.

    – *Le cycle pascal (Le sens des fêtes II)*, Paris, l'Âge d'Homme, 1985.

    – *Eucharistie et symbole*, Angers, Université catholique de l'Ouest, 1985.

    – *Le sens de la liturgie*, Paris, Éd. du Cerf, 1988.

BEIGDEBER, Olivier, *La symbolique*, Paris, «Que sais-je?», P.U.F., 1957.

BENOIST, Luc, *Signes, symboles et mythes*, Paris, 1975 [*Signos, Símbolos e Mitos*, Lisboa, Edições 70].

BERENDA, C. W., *World Visions and the Image of Man*, Nova Iorque, Vintage Press, 1965.

CASSIRER, Ernst, *An Essay on Man*, New Haven, Yale Univ. Press, 1957.

    – *Language and Myth*, N.I., Harpers & Brothers, 1946.

CAZENEUVE, Jean, *Les mythologies à travers le monde*, Paris, Hachette, 1966.

CHAMPEAUX, G. de e STERCKX, Dom Sébastien, *Introduction au monde des symboles*, Saint-Léger-Vauban, Zodiaque, 1966.

A CIÊNCIA DOS SÍMBOLOS

DEONNA, Waldemar, *Le symbolisme de l'oeil*, Paris, de Boccard, 1965.

DUBY, G., *Les trois ordres ou l'imaginaire du féodalisme*, Paris, Gallimard, 1978.

DUNCAN, H. Daziel, *Symbols in Society*, Londres e N. Iorque, Oxford Univ. Press, 1968.

DURAND, Gilbert, *L'imagination symbolique*, Paris, P.U.F., 1966. [*A Imaginação Simbólica*, Lisboa, Edições 70]
  – *Les structures anthropologiques de l'imaginaire*, Paris, P.U.F., 1963.

DUMÉZIL, G., *Mythe et épopée*, Paris, Gallimard, 1968.

EATON, R. M., *Symbolism and Truth, an Introduction to the Theory of Knowledge*, N.I., Dover Publication, 1964.

ELIADE, Mircea, *Le mythe de l'éternel retour*, Paris, Gallimard, 1949. [*O Mito do Eterno Retorno*, Lisboa, Edições 70]
  – *Images et symboles, essai sur le symbolisme magico-religieux*, Paris, Gallimard, 1952.
  – *Traité d'histoire des religions*, préfacio de Georges Dumézil, Paris, Payot, 1953.
  – *Forgerons et alchimistes*, Paris, Flammarion, 1956.
  – *Mythes, rêves et mystères*, Paris, Gallimard, 1957. [*Mitos, Sonhos e Mistérios*, Lisboa, Edições 70]
  – *Naissances mystiques*, Paris, Gallimard, 1959.
  – *Aspects du mythe*, Paris, Gallimard, 1963. [*Aspectos do Mito*, Lisboa, Edições 70]
  – *Le sacré et le profane*, Paris, Gallimard, 1965.
  – *Histoire des croyances et des idées religieuses*, Paris, Payot, 1986.

FESTUGIÈRE, A. J., *La révélation d'Hermés Trismégiste*, Paris, Les Belles-Lettres, 1981.

GHYKA, Matila, *Philosophie et mystique du nombre*, Paris, Payot, 1952.

GUÉNON, René, *Symboles fondamentaux de la science sacrée*, Paris, Gallimard, 1962.
  – *Le symbolisme de la croix*, Paris, Gallimard, 1950, 10/18, 1970.
  – *Le règne de la quantité et les signes des temps*, Paris, Gallimard, 1950.
  – *La grande triade*, Paris, Gallimard, 1957.
  – *Aperçus sur l'initiation*, Paris, Éditions Traditionnelles, 1953.
  – *Aperçus sur l'ésotérisme chrétien*, Paris, Éd. Traditionnelles, 1954.
  – *Formes traditionnelles et cycles cosmiques*, Paris, 1970.

GUIRAUD, Pierre, *Index du vocabulaire du symbolisme*, Paris, Klincksieck, 1953.

GUSDORF, Georges, *Mythe et métaphysique*, Paris, Flammarion, 1953.

IZARD, M., SMITH P. (dir.), *La fonction symbolique*, Paris, Gallimard, 1979.

JUNG, Carl Gustav, *Métamorphoses et symboles de la libido*, Paris, Éditions Montaigne, 1932.
  – *Introduction à l'essence de la mythologie* (com Charles Kerényi), Paris, Payot, 1953.
  – *Métamorphoses de l'âme et ses symboles*, Paris, Buchet-Chastel, 1966.

JUNG, C. G. *et all.*, *L'homme et ses symboles*, Paris, Pont-Royal, 1964.

KEPES, Gyorgy, *Sign, Image, Symbol*, Nova Iorque, Braziller, 1966.

KOCH, Rudolph, *The Book of Signs*, Londres, Dover Publication, 1960.

BIBLIOGRAFIA

LEHNER, Ernst, *Symbols, Signs and Signets*, Nova Iorque, Dover Publication, 1969.
LÉVI-STRAUSS, Claude, *Anthropologie structurale*, Paris, Plon, 1958.
   – *La pensée sauvage*, Paris, Plon, 1962.
   – *Mythologiques*, I, *Le cru et le cuit*, Paris, Plon, 1964;
             II, *Du miel aux cendres*, Paris, Plon, 1967;
             III, *L'origine des manières de table*, Paris, Plon, 1968.
   – *La voie des masques*, Genève, Skira, 1975.
   – *La potière jalouse*, Paris, Plon, 1985. [*A Oleira Ciumenta*, Lisboa, Edições 70]
NATAF, Georges, *Symboles, signes et marques*, Paris, Berg, 1973.
OTTO, R., *Le sacré*, Paris, Payot, 1949. [*O Sagrado*, Lisboa, Edições 70]
RIVIÈRE, C., *Anthropologie religieuse des Evé du Togo*, Paris, Nouvelles éditions africaines, 1981.
ROSOLATO, Guy, *Essais sur le symbolique*, Paris, Gallimard, 1969.
RUYER, Raymond, *Esquisse d'une philosophie de la structure*, Paris, 1930.
   – *L'animal, l'homme, la fonction symbolique*, Paris, Gallimard, 1962.
   – *Le conflit des interprétations*, Paris, Seuil, 1969.
   – *Dieu des religions, Dieu de la science*, Paris, Flammarion, 1970.
   – *Les nourritures psychiques*, Paris, Calmann-Lévy, 1975.
THOM, R., *Modèles thématiques de la morphogénèse*, Paris, Bourgois, 1980.
TODOROV, T., *Théorie du symbole*, Paris, Seuil, 1977. [*Teorias do Símbolo*, Lisboa, Edições 70]
   – *Symbolisme et interprétation*, Paris, Seuil, 1978. [*Simbolismo e Interpretação*, Lisboa, Edições 70]
TUZET, Hélène, *Le Cosmos et l'imagination*, Paris, Corti, 1965.

III. *Símbolos psicológicos et psicanalíticos.*

BACHELARD, Gaston, *Psychanalyse du feu*, Paris, Gallimard, 1938.
   – *L'eau et les rêves*, Paris, Corti, 1942.
   – *L'air et les songes*, Paris, Corti, 1943.
   – *La terre et les rêveries de la volonté*, Paris, Corti, 1948.
BASTIDE, R., *Le rêve, la transe et la folie*, Paris, Flammarion, 1972.
   – *Le sacré sauvage*, Paris, Payot, 1976.
BAUDOUIN, Charles, *Psychanalyse du symbole religieux*, Paris, Seuil, 1964.
DUVIGNAUD, J., *La banque des rêves. Essai d'anthropologie du rêveur contemporain*, Paris, Payot, 1979.
FOUCAULT Michel, *Maladie mentale et psychologie*, Paris, P.U.F., 1965.
FRÉTIGNY, R., VIREL, A., *L'imagerie mentale*, Genève, Éd. du Mont-Blanc, 1968.
FREUD, Sigmund, *Le rêve et son interprétation*, Paris, Gallimard, 1940.
   – *Totem et tabou*, Paris, Payot, 1947.
   – *Introduction à la psychanalyse*, Paris, Payot, 1959.
   – *L'interprétation des rêves*, Paris, P.U.F., 1967.
GIRARD R., *La violence et le sacré*, Paris, Grasset, 1972.

A CIÊNCIA DOS SÍMBOLOS

JACOBI, Jolan, *Complex, Archetype, Symbol in the Psychology of C. G. Jung*, Nova Iorque, Pantheon Books, 1959.

LASSWELL, Harold D., *The Comparative Study of Symbols, an Introduction*, Standford Univ., California, Standford Univ. Press, 1952.

LOPEZ-PEDRAZA, R., *Hermès et ses enfants dans la psychothérapie*, Paris, Imago, 1980.

MARCUSE, Herbert, *Éros et civilisation, contribution à Freud*, Paris, Éd. de Minuit, 1963.

MENDEL, Gérard, *La revolte contre le père*, Paris, Payot, 1968.

PIAGET, Jean, *La formation du symbole chez l'enfant*, Paris, Delachaux et Niestlé, 1945.

VALABREGA, J. P., *Phantasme, mythe, corps et sens*, Paris, Payot, 1980.

WINNICOTT, D. W., *Jeu et réalité*, Gallimard, 1975.

IV. *Símbolos e mitos.*

ABRAHAM, K., *Rêve et mythe*, Paris, Payot, 1977.

BARORA, J. C., *Les sorcières et leur monde*, Paris, Gallimard, 1973.

BATFROI, S., *Du chaos à la lumière*, Paris, Éd. de la Maisnie, 1978.

BOEHME J., *De la signature des choses*, Paris, Sebastiani, 1975.

BOUNOURE, Vincent, *Le mythe*, Encyclopédie thématique Weber, Paris, 1971.

CAILLOIS, Roger, *Le mythe et l'homme*, Paris, Gallimard, 1938. [*O Mito e o Homem*, Lisboa, Edições 70]
 – *L'homme et le sacré*, Paris, Gallimard, coll. Idées, 1950. [*O Homem e o Sagrado*, Lisboa, Edições 70]
 – *Les jeux et les hommes*, Paris, Gallimard, 1958.
 – *Le rêve et les sociétés humaines*, Paris, Gallimard, 1967.

CARLYLE, T., *Les héros, le culte du héros et l'héroïsme dans l'histoire*, Paris, Colin, 1988.

CORBIN, Henry, *L'imagination créatrice dans le soufisme d'Ibn Arabî*, Paris, 1958.
 – *L'homme de lumière dans le soufisme iranien*, Paris, 1971.
 – *Corps spirituel et terre céleste*, Paris, Buchet/Chastel, 1979.
 – *Alchimie comme art hiératique*, Paris, L'Herne, 1986.

DANIÉLOU, Jean, *Le signe du Temple*, Paris, Gallimard, 1942.
 – *Les symboles chrétiens primitifs*, Paris, 1961.

DAVY, Marie-Madeleine, *Initiation à la symbolique romane*, Paris, Flammarion, 1967.
 – *Clefs de l'art roman; la symbolique romane*, Paris, Berg, 1973.

DÉTIENNE, M., *Dionysos mis à mort*, Paris, Gallimard, 1977.

DE DIÉGUEZ, M., *Le mythe rationnel de l'Occident*, Paris, P.U.F., 1980.

DIEL, Paul, *Le symbolisme dans la Bible*, Paris, Payot, 1976.
 – *Le symbolisme dans la mythologie grecque*, Paris, Payot, 1952.

ELIADE, Mircea, *Le sacré et le profane*, Paris, Gallimard, 1965.
 – *Aspects du mythe*, Paris, 1963. [*Aspectos do Mito*, Lisboa, Edições 70]
 – *Images et symboles*, Paris, 1952.

BIBLIOGRAFIA

- *Mythes, rêves et mystères*, Paris, 1957. [*Mitos, Sonhos e Mistérios*, Lisboa, Edições 70]

EVOLA, J., *Le mystère du Graal et la tradition gibeline*, Paris, Éditions Traditionnelles, 1977.

FRAZER, J. G., *Le rameau d'or. Étude de magie et d'histoire religieuse*, Paris, Schleicher, 1903-1911.
- *Mythes sur l'origine du feu*, Paris, Payot, 1931.
- *Le cycle du rameau d'or*, Paris, Geuthner, 1925-1935.

GRODECKI, Louis, *Symbolisme cosmique et monuments religieux*, Paris, 1953.

GUARDINI, Abbé Romano, *Les signes sacrés*, Paris, Éditions Spes, 1951.

GUEDEZ, A., *Les mythes vivants du compagnonnage*, in Cause commune, Paris, 1976/1; U.G.E. 10/18, 1976.

GUSDORF, Georges, *L'experience humaine du sacrifice*, Paris, P.U.F., 1948.

HANI, Jean, *Le symbolisme du temple chrétien*, Paris, La Colombe, 1962. [*O Simbolismo do Templo Cristão*, Lisboa, Edições 70]

KIRCHGASSNER, A., *La puissance des signes, origines, formes et lois du culte*, Tours, Mame, 1962.

KRAPPE, A. H., *Mythologie universelle*, Paris, Payot, 1930.
- *La genèse des mythes*, Paris, Payot, 1962.

LÉVY-BRUHL, *Le surnaturel et la nature dans la mentalité primitive*, Paris, Alcan, 1931.
- *La mythologie primitive. Le monde mythique des Australiens et des Papous*, Paris, Alcan, 1935.
- *L'experience mystique et les symboles*, Paris, P.U.F., 1938.

LEROI-GOURHAN, A., *Le geste et la parole*, T. I: *Technique et langage*, Paris, A. Michel, 1964. [*O Gesto e a Palavra*, Tomo I: *Técnica e Linguagem*, Lisboa, Edições 70]
- *Le geste et la parole*, T. II: *La mémoire et les rythmes*, Paris, A. Michel, 1965. [*O Gesto e a Palavra*, Tomo II: *A Memória e os Ritmos*, Lisboa, Edições 70]

SAUVY, Alfred, *La mythologie de notre temps*, Paris, Payot, 1965.

SOLE, J., *Les mythes chrétiens de la Renaissance aux Lumières*, Paris, Albin Michel, 1979.

STABLES, Pierre, *Deux clefs initiatiques de la légende dorée: La Kabbale et le Yi-King*, Paris, Dervy, 1975.

VERNANT, J. P., *Mythe et pensée chez les Grecs*, Paris, Maspéro, 1969;

VERNANT, J. P., DÉTIENNE, M., *La cuisine du sacrifice en pays grec*, Paris, Gallimard, 1979.

VEYNE, P., *Les Grecs croyaient-ils à leur mythes?*, Paris, Seuil, 1983. [*Acreditaram os Gregos nos seus Mitos?*, Lisboa, Edições 70]

ZIMMER, H. R., *Mythes et symboles dans l'art et la civilisation de I'Inde*, Paris, Payot, 1951.

V. *O simbolismo nas suas relações com a iconologia, a linguagem e a filosofia.*

ABELLIO, Raymond, *La structure absolue*, Paris, Gallimard, 1965.

A CIÊNCIA DOS SÍMBOLOS

ATLAN, H., *A tort et à raison. Intercritique de la science et du mythe*, Paris, Seuil, 1986.

BERGER, P., GLUCKMANN, T., *La construction sociale de la réalité*, Paris, Méridiens-Klincksieck, 1986.

BLOCH, E., *Le principe espérance*, Paris, Gallimard, 1982.

BRETON, André, *L'art magique*, Club français de l'Art, Paris, 1957.

CARNAC, P., *Architecture sacrée. Le symbolisme des premières formes*, Paris, Dangles, 1978.

CASSIRER, Ernst, *The Philosophy of the Symbolic Forms*, New Haven, Yale Univ. Press, 3 vol., 1953-1957.

DAGOGNET, F., *Philosophie de l'image*, Paris, Vrin, 1984.

ESPAGNAT, B. d', *A la recherche du réel. Le regard d'un physicien*, Paris, Gauthier-Villars, 1979.

FOCILLON, H., *Vie des formes*, Paris, P.U.F., 1981. [*A Vida das Formas*, Lisboa, Edições 70]

LE FORESTIER, R., *Maçonnerie féminine et loges académiques*, Milan, Arche, 1979.

FRANCASTEL, P., *L'image, la vision et l'imagination. De la peinture au cinema*, Paris, Denoël-Gonthier, 1983. [*A Imagem, a Visão e a Imaginação*, Lisboa, Edições 70]

GILLES, R., *Le symbolisme dans l'art religieux*, Paris, éd. de la Maisnie, 1979.

GIRARD, R., *Des choses cachées depuis la fondation du monde*, Paris, Grasset, 1978.

HAUTECOEUR, Louis, *Mystique et architecture, symbolisme du cercle et de la coupole*, Paris, 1954.

LECLERQ, H., *Dictionnaire d'archéologie chrétienne et de liturgie*, Paris, 6 vols., 1907-1927.

LEFEBVRE, Henri, *Le langage et la société*, Paris, Gallimard, 1964.
– *La présence et l'absence. Contribution à la théorie des représentations*, Paris, Casterman, 1980.

MERLEAU-PONTY, Maurice, *Signes*, Paris, Gallimard, 1960.
– *Le visible et l'invisible*, Paris, Gallimard, 1964.

MOLES, A., ROHMER E., *L'image, communication fonctionnelle*, Paris, Casterman, 1981.

PANOFSKY, Erwin, *L'ouvre d'art et ses significations; essais sur les arts visuels*, Paris, Gallimard, 1969;
– *Essais d'iconologie; les thèmes humanistes dans l'art de la Renaissance*, Paris, Gallimard, 1967.

ROUSSET, J., *Forme et signification*, Paris, Corti, 1982.

SAISON, M., *Imaginaire, imaginable*, Paris, Méridiens-Klincksieck, 1988.

SARTRE, Jean-Paul, *L'imaginaire*, Paris, Gallimard, 1940.
– *L'imagination*, Paris, P.U.F., 1950.

SECHEHAYE, M.-A., *La réalisation symbolique*, Berne, H. Huber, 1947.

SIGANOS, A., *Les mythologies de l'insecte*, Paris, Méridiens-Klincksieck, 1985.

SORVAL, G. de, *Le langage secret du blason*, Paris, Albin Michel, 1981.

VIEL, Robert, *Les origines symboliques du blason, l'hermétisme dans l'art héraldique*, Paris, Berg International, 1971.

BIBLIOGRAFIA

VI. *O imaginário e o simbolismo na modernidade urbana quotidiana.*

AGEL, H., *Cinéma et nouvelle naissance*, Paris, Albin Michel, 1981.
BAUDRILLARD, J., *L'échange symbolique et la mort*, Paris, Gallimard, 1971. [*A Troca Simbólica e a Morte*, Lisboa, Edições 70].
CAUQUELIN, A., *Court traité du fragment. Usages de l'ouvre d'art*, Paris, Aubier, 1983.
DORFLES, G., *Mythes et rites d'aujourd'hui*, Paris, Klincksieck, 1975.
FERRAROTTI, F., *Une théologie pour athées*, Paris, Méridiens-Klincksieck, 1984.
GOUVION, C., VAN de MERT, F., *Le symbolisme des rues et des cités*, Paris, Berg International, 1974.
LÉVY, F. P., *La ville en croix*, Paris, Méridiens, 1984.
MAFFESOLI, M., *Le temps des tribus*, Paris, Méridiens, 1988.
MORIN, E., *La rumeur d'Orléans*, Paris, Seuil, 1969.
   – *Le cinéma ou l'homme imaginaire. Essai d'anthropologie*, Paris, Éd. de Minuit, 1956.
THOMAS, L. V., *Civilisations et divagation. Mort, fantasmes, science-fiction*, Paris, Payot, 1979.
   – *Fantasmes au quotidien*, Paris, Méridiens, 1984.
   – *Anthropologie de la mort*, Paris, Payot, 1988.

VII. *A simbólica geral nas suas relações com as mito-políticas.*

ALLEAU, R., *Hitler et les sociétés secrètes*, Paris, Grasset, 1969.
   – *Epistémologie du mythique et du symbolique dans les discours politiques de la Terreur*, Paris, P.U.F., 1989.
BALANDIER, G., *Anthropologie politique*, Paris, P.U.F., 1984.
   – *Le détour. Pouvoir et modernité*, Paris, Fayard, 1985.
COHN, N ., *Histoire d'un mythe. La conspiration juive et les protocoles des sages de Lion*, Paris, Gallimard, 1967.
GIRARDET, R., *Mythes et mythologies politiques*, Paris, Seuil, 1986.
PELASSY, D., *Le signe nazi*, Paris, Fayard, 1983.
POLIAKOV, L., *Le mythe arien*, Paris, Calmann-Lévy, 1971.
RESZLER, A., *Mythes politiques modernes*, Paris, P.U.F., 1981.
SFEZ, L., *L'enfer et le paradis*, Paris, P.U.F., 1978.
   – *La symbolique politique*, Paris, «Que sais-je?», P.U.F., 1988.
SIRONNEAU, J. P., *Sécularisation et religions politiques*, Paris, Mouton, 1982.

VIII. *Principais revistas sobre o simbolismo.*

Cahiers internationaux de symbolisme, Mons, Bélgica, C.I.E.P.H.U.M.

A CIÊNCIA DOS SÍMBOLOS

Eranos Jahrbuch, Rhein-Verlag, Zurique.
Cahiers de l'hermétisme, Paris, Albin Michel.
Cahiers de l'Université Saint-Jean de Jérusalem, Paris, Berg International.
Hermès, Paris, Éd. Hermès.

ÍNDICE

INTRODUÇÃO 7
As bases da simbólica geral 11
Processo analógico e processo tautológico 16

PRIMEIRA PARTE
A PROBLEMÁTICA DO SÍMBOLO 23

I - ORIGEM E SEMÂNTICA DA PALAVRA
   «SÍMBOLO» 25
A dispersão sémica do símbolo 25
A etimologia latina e grega da palavra símbolo 28
O significado simbólico das insígnias sagradas 32
Aliança e totemismo 34
O totemismo cultual 36
A sobreposição totémica e o «tempo do sonho eterno» 37

II - SINAL E SÍMBOLO 43
Definições e abordagens semiológicas do símbolo 43
A necessidade da palavra «sintema» 48
A interpretação «estruturalista» dos símbolos 50
A concepção «tradicional» da origem «não-humana» do símbolo 55
A semiologia psicanalítica 61

A CIÊNCIA DOS SÍMBOLOS

SEGUNDA PARTE
A ANALOGIA 65

III - AS ORIGENS EXPERIMENTAIS DO PROCESSO
ANALÓGICO 67
A experiência corporal da iniciação 67
O significado simbólico dos rituais mágico-religiosos
dos paleantropos 71
Os fenómenos do mimetismo 74
A nutrição e as origens miméticas da analogia 78

IV - A LÓGICA DA ANALOGIA 83
Definição da analogia 83
O processo analógico 87
As analogias inconscientes e involuntárias 90
A analogia e o conhecimento indirecto do excedente
experimental e conceptual 92
A analogia na economia dos sinais e dos valores 94

TERCEIRA PARTE
O SINTEMA 101

V - A FUNÇÃO SINTEMÁTICA DO SIMBOLISMO 103
Os sintemas lógico-matemáticos 103
Os sintemas lógico-científicos 109
As aplicações diversas da sintemática 112

QUARTA PARTE
A ALEGORIA 117

VI - A FUNÇÃO ALEGÓRICA DO SIMBOLISMO 119
Metáfora e anáfora 119
A exegese alegórica em Fílon de Alexandria 126
A estrutura críptica dos textos sagrados 130

VII - O APÓLOGO, A FÁBULA E A PARÁBOLA 135
O apólogo e a fábula 135
A parábola e o ensinamento evangélico 138
Fábulas e mitos 144

ÍNDICE

VIII - A DIVISA E O EMBLEMA 149
Definição de divisa 149
Os emblemas e as cores 155

IX - ALEGORIA E ICONOLOGIA 161
O declínio do simbolismo no século XV 164
A «revolução cultural» do século XV 169
Alegoria e arqueologia 173

QUINTA PARTE
O TIPO 177

X - A FUNÇÃO SIMBÓLICA DO SIMBOLISMO 179
Sinalização e significação 180
O intervalo, a consciência e o tempo 183
A impressão e o modelo 188

XI - A ADIVINHAÇÃO E A INTERPRETAÇÃO SIMBÓLICA DO
  COSMOS 193
A hermenêutica adivinhatória mesopotâmica 195
Enigmas e oráculos antigos 198
A decifração dos sinais do mundo 200
As relações analógicas entre os sectores do cosmos 204

XII - O MITO E O RITUAL 209
O valor moral do mito 210
O mito japonês da revelação de Uzumé 211
O mito grego da dança de Baubó 215
As sacerdotisas de Elêusis e as famílias sagradas 218
A transmissão poética do mito 220

XIII - A FILOSOFIA BURGUESA DO SÍMBOLO 227
A filosofia hegeliana do símbolo 227
A filosofia kantiana do símbolo 231

DOCUMENTOS E TEXTOS ANEXOS
  AS INVESTIGAÇÕES CONTEMPORÂNEAS NO
  DOMÍNIO DO ESTUDO INTERDISCIPLINAR DO
  SIMBOLISMO 241

A CIÊNCIA DOS SÍMBOLOS

I. OS *CAHIERS INTERNATIONAUX DE*
    SYMBOLISME 243

II. A SIMBÓLICA GERAL E A EXPLORAÇÃO DO
     IMAGINÁRIO 249
A simbólica geral e a exploração do imaginário 249
A criação do Centro de Pesquisa sobre o Imaginário 251
O funcionamento do C. P. I. 252
Difusão da pesquisa e publicações 255
Balanço e perspectivas de futuro 256
Bibliografia dos membros do C.P.I.
   referentes à pesquisa sobre o imaginário 259

III. O UNIVERSO DO SÍMBOLO, por Gilbert Durand 265

BIBLIOGRAFIA 281

Paginação, impressão e acabamento
Papelmunde - SMG, Lda.
para
EDIÇÕES 70, Lda.
Março 2001